김인회의
사법개혁을 생각한다

김인회의
사법개혁을 생각한다

'사법부의 독립' 도그마를 넘어서

김인회 지음

뿌리와
이파리

머리말

이 책의 문제의식은 간단하다. 왜 사법개혁은 실종되었는가? 이것이 문제의식이다. 지금은 사법개혁이라는 말이 생소하게 들릴 정도로 사법개혁은 우리 시야에서 사라졌다. 김명수 대법원장이 임명될 때만 하더라도 사법개혁이 과거에 비해 훨씬 폭 넓고 깊게 진행될 것이라 생각했다. 김명수 대법원장은 기존의 법원행정처 출신의 주류 엘리트 판사가 아니었기 때문에 더욱 기대를 갖게 만들었다.

사법부 외부 상황도 좋았다. 촛불혁명이라는 거대한 민주화운동이 개혁을 뒷받침하고 있다. 문재인 정부는 촛불혁명의 영향으로 탄생해 촛불혁명의 요구를 수행하려고 노력하고 있다. 개혁적이고 민주적인 시대에 개혁적이고 민주적인 정부이다. 사법개혁을 촉발할 도화선도 있었다. 전임 양승태 대법원장 시절 벌어진 판사 블랙리스트와 재판거래 사건은 기존의 법조비리 수준을 한참 뛰어넘은 사변이었다. 법원이 법원을 망가뜨리면서 정치권력과 거래하는 기막힌 현실을 청산하지 않고는 사법부는 신뢰를 되찾을 수 없는 상황이었다. 사법부 내부의 법관들도 판사 블랙리스트와 재판거래 사건의 진상을 밝히고 책임자를 처벌하라는 목소리를 냈다. 이보다 더 사법개혁이 절실한 시기는 지금까지 없었다.

그런데 사법개혁은 무대에서 빠르게 사라졌다. 전통적으로 다루어온 사법개혁 과제도, 촛불혁명 이후 시급히 개혁되어야 할 사법제도도 논의에서 사라졌다. 다만 사법부의 독립, 법관의 독립만이 개혁 과제로 논의되고 있을 뿐이다.

판사 블랙리스트와 재판거래 사건은 사법개혁의 촉발점이 아니라 수사의 대상으로 전락했다. 판사 블랙리스트와 재판거래 사건은 사법부의 현실을 적나라하게 보여주는 사건이었다. 이 사건으로 촉발된 사법행정의 문제는 사법개혁 과제 중의 하나이다. 그러나 이 큰 사건은 사법개혁의 계기가 되기보다는 수사의 대상으로 전락했고, 사법부 내부의 불신, 사법부와 검찰의 갈등, 나라의 걱정거리로 전락했다. 이 과정에서 청와대를 중심으로 한 행정부는 마치 판사 블랙리스트와 재판거래 사건이 존재하지 않는다는 듯, 혹은 사법개혁에 대해서는 아무것도 모른다는 듯 침묵한다.

사법개혁은 실종되었다. 그런데 도대체 왜 실종되었는가? 외부 환경은 개혁을 강하게 요구하고 있다. 주체적으로 개혁적이고 민주적인 정부가 들어섰고 사법부의 수장도 개혁적인 인물이다. 그런데 왜 결과는 정반대로 나타나는 것일까? 이 글은 바로 이 문제의식에서부터 시작되었다. 이런 문제의식을 가지기 시작한 것은 2017년 말부터이다. 김명수 대법원장이 취임한 이후 사법개혁에 대한 청사진이 연말까지 나오지 않았던 것은 좋지 않은 징조였다. 2018년 초 판사 블랙리스트와 재판거래 사건의 2차 조사 이후 처리 방식을 두고 문제의식은 더 깊어졌다. 근본적이고 본격적인 사법개혁을 할 의지나 능력이 없는 것은 아닐까?

문제의식은 더 구체적으로 발전한다. 구체적인 문제의식은 세 가지이다. 첫째, 법원은 왜 판사 블랙리스트와 재판거래 사건 하나 제대로 처리하지 못하고 있는가? 둘째, 사법개혁이 실종되었는데 왜 사법부 내부나 행정부, 시민단체는 아무런 말도 하지 않고 있는가? 셋째, 현재의 사법개혁 과제는 무엇일까? 이 세 문제의식은 서로 연결되어 있다. 뿌리가 같기 때문이다. 왜 사법개혁이 실종되었는가라는 뿌리에서 파생된 문제의식들이다.

사법개혁 실종의 원인은 이론적으로 하나로 모아진다. 바로 사법부 독립을 어떻게 이해할 것인가 하는 문제이다. 사법부 독립을 사법부 독점, 사법부 중심주의로 이해하는 순간 법원은 자신의 적폐 청산과 사법개혁에 실패한다. 다만 법원 내부의 개혁을 법원 중심으로 추진할 뿐이다. 사법부 독립을 도그마로 이해하는 순간 국가 법무행정을 담당하는 행정부는 사법부 문제에 침묵한다. 사법부 독립이 신성시되면 될수록 시민단체 역시 사법부의 문제를 지적하고 이를 고치는 것을 주저한다. 사법개혁 과제는 국민의 손을 떠나고 법원 내부의 인사, 구체적으로는 대법원장이 단독으로 결정하게 된다.

현재 법원은 법원 내부의 개혁에만 약간 관심이 있을 뿐 큰 틀의 사법개혁, 국가적 수준의 사법개혁에는 관심도, 능력도 없다. 법원 내부의 개혁 역시 큰 틀의 변화는 아니다. 이미 사법부가 하나의 권력기관, 기득권이 되었기 때문이다. 기득권이 된 사법부는 법관 개인에게까지 영향을 미친다. 법관 개인도 보수화, 기득권화되었다. 체질적으로 시민보다는 국가에, 노동보다는 자본에, 인권보다는 권력에, 약자보다는 강자에 편향되어 있다. 개혁적인 법관도 있겠지만, 법원이 경향적으로 권력의 편, 기득권의 편에 서 있는 현실은 부정하기 어렵다. 법원은 또한 사법부 독립 원리에 기반한 엘리트주의, 무오류주의에 빠져 있다. 법원 내부에서는 국가적 수준의 사법개혁을 할 동력이 없는 상태이다.

이 글의 목적은 첫째, 사법부의 독립, 법관의 독립이라는 중요한 원칙이 왜 사법개혁을 가로막는지 그 원인을 밝히는 것이다. 이를 위해 먼저 사법개혁 실종 현상과 원인을 살펴본다. 그중에서도 특히 사법개혁 실종의 이론적 원인으로서 사법부 독립, 법관 독립 원리를 분석한다. 이 과정에서 우리는 올바른 의미의 사법부 독립 원리를 이해할 것이다. 사법부 독립은 사법개혁과 대립되는 것이 아니다. 사법개혁의 목적 중의 하나가 사법부 독립 원리의 실현이므로, 사법개혁과 사법부 독립이 서로 배치될 리 없다. 사법부 독립 원리를 제대로 이해하면 사법개혁의 주체를 세울 수 있다. 사법개혁 주체의 확립 문제도 이 책의 주요한 과제 중의 하나이다. 이를 위해 전단계로 사법개혁 실종 현상을 자세하게 다루었다. 사법개혁 실종 현상은 현재 진행 중이다.

둘째, 이 글의 또 다른 목적은 사법개혁 과제를 모색하는 것이다. 사법개혁 과제를 구체적으로 정해야 사법개혁이 진행된다. 현 시기 사법개혁 과제의 선정은 사법개혁 주체들의 권한이자 의무이다. 사법개혁 과제는 밀실에서 자의적으로 정해져서는 안 된다. 사법개혁 과제는 광범위한 국민의 의견 수렴과 함께 이론적, 역사적인 검토를 거쳐 과학적으로 정해져야 한다. 사법개혁 과제는 사법개혁의 역사를 비판적으로 고찰하는 과정에서 도출된다. 특히 노무현 대통령의 참여정부와 이용훈 전 대법원장의 사법개혁 성과는 충분히 연구되어야 한다. 사법개혁을 본격적으로 시도했고 상당한 성과를 냈기 때문이다. 역사적 분석은 현 시대에 필요한 사법개혁 과제에 대한 문제의식을 던져준다. 사법개혁 과제는 사법부에 초점을 맞추는 전통적인 사법개혁 과제와 새롭게 부각되는 사법제도개혁 과제로 나눌 수 있다. 사법개혁 과제는 사법개혁 주체의 설정과 함께 사법개혁의 성패를 좌우하는 핵심이다.

셋째, 이 글은 또한 사법개혁의 출발점이면서 목표인 판결의 중요성과 사법의 신뢰에 대해서 살펴본다. 사법개혁을 하는 이유는 좋은 판결과 믿을 만한 사법부를 갖기 위해서이다. 사법개혁을 해도 지금과 같이 기득권에 기울어진 판결이 나온다면 사법개혁을 할 필요가 없다. 기득권에 기울어진 판결이 나오면 사법의 신뢰는 떨어질 뿐이다. 사법의 신뢰와 관련하여 중요한 것은 윤리와 교육이다. 제도는 어디까지나 무대장치일 뿐, 그 무대에서 활동하는 것은 살아 있는 인간들이다. 무대에서 주체적으로 활동하는 인간에게 필요한 것은 경제나 정치의 법칙만이 아니라 더 높은 곳을 지향하는 윤리이다. 윤리의식의 제고는 교육으로 가능하다.

사법개혁의 실종 사태, 실종의 원인인 사법부 독립의 원리에 대한 올바른 이해, 사법개혁의 역사, 사법개혁 과제의 선정, 사법개혁의 성과로서 좋은 판결, 사법개혁을 추동하고 정착시키는 윤리와 교육의 순서로 사법개혁을 검토하는 것은 사법개혁의 중요한 부분을 말하지만 사법개혁의 모든 것은 아니다. 사법개혁에 관한 하나의 견해일 뿐이다. 하지만 지금 필요한 것은 사법개혁에 대해 아무도 말하지 않는 이상한 현실을 깨는 것이다. 사법개혁에 대해 이야기를 하지 않으면 사법개혁은 진짜 사라진다. 사법개혁을 이야기해야 사법개혁 과제도 제대로 정할 수 있고, 사법개혁의 주체들의 리더십도 형성된다. 사법개혁을 이야기해야 사법개혁을 제대로 추진할 수 있다. 사법개혁에 대한 진지한 논의가 실종된 지금, 사법개혁에 대한 문제의식을 여러 사람들과 공유할 필요가 있다. 사법부도 법원 바깥에 있는 법원의 좋은 친구들의 목소리에 귀 기울여야 한다.

이 책을 한승헌 변호사님께 바친다. 우리의 법치주의와 사법제도, 사법개혁은 한승헌 변호사님에게 빚을 졌다. 법치주의를 제고하고 사법개혁을 추진하려면 한승헌 변호사님의 철학과 경험을 배워야 한다. 한승헌 변호사님은 최근 『법치주의여, 어디로 가시나이까』(삼인, 2018)를 출판하는 등 여전히 활발한 활동을 하고 있다. 한국 법치주의에 대한 냉정한 분석과 사랑이 함께 보이는 좋은 글들이 실려 있다. 한승헌 변호사님과 함께 한국의 법치주의 수준을 높이고 사법개혁을 완결할 필요가 있다.

한국외국어대학교 법학전문대학원 정한중 교수님은 이 글을 읽고 교정과 함께 의견까지 주었다. 사법제도개혁추진위원회 활동 때 만나 우정을 쌓은 정 교수님의 두터운 관심에 깊은 감사를 드린다. 이 글의 내용을 토론자료로 제공했을 때 의견을 주신 「민주사회를 위한 변호사 모임」 사법위원회 변호사님들께도 감사드린다. 마지막으로 어려운 출판환경 속에서도 흔쾌히 책으로 묶어준 뿌리와이파리의 정종주 사장님께도 깊은 감사를 드린다.

2018년 9월
김인회

차례

제1장
길을 잃어버린 사법개혁

1. 김명수 대법원장 체제의 화려한 출발

새로운 대법원장을 만든 것은 촛불혁명이다. 새롭고 파격적이고 개혁적이라는 김명수 대법원장을 임명할 수 있었던 것은 임명권자가 문재인 대통령이었기 때문이다. 촛불혁명이 없었더라도 문재인 대통령은 탄생했겠지만, 촛불혁명이 없었다면 김명수 대법원장은 없었을 것이다. 대통령과 대법원장의 임기 때문이다. 양승태 전 대법원장의 임기는 2017년 9월 24일, 박근혜 전 대통령의 임기는 2018년 2월 24일이었다. 만일 촛불혁명이 일어나지 않고 박근혜 전 대통령이 탄핵되지 않았더라면, 박근혜 전 대통령은 2017년 8월경 헌법 규정대로 양승태 전 대법원장의 후임자를 임명했을 것이다. 아마 양승태 전 대법원장과 비슷하거나 더 심한 엘리트 법관, 보수적이고 관료적인 제왕적 대법원장을 임명했을 것이다.

누구도 예상하지 못한 촛불혁명이 일어났다. 촛불혁명은 박근혜 전 대통령 탄핵과 문재인 정부의 탄생으로 이어졌다. 이로써 민주정부에게 신임 대법원장 임명의 기회가 돌아갔다. 모든 것의 뿌리는 촛불혁명이었던 것이다.

촛불혁명으로 탄생한 문재인 정부는 적폐 청산을 핵심적 국정과제로 선정했다. 여기에는 사법개혁도 포함된다. 검찰개혁, 경찰개혁, 국정원개혁 등 공권력 개혁이 요구되는 시점에 형사절차를 다루는 사법개혁이 빠질 수는 없다. 양승태 전 대법원장을 정점으로 하는 법원행정처의 판사 사찰과 재판거래 사건은 법원 내의 개혁 목소리를 낳았다. 개혁이 절실한 시점에서 개혁적인 대통령이 개혁적인 대법원장을 임명했다. 사법부와 대한민국에게 다행스러운 순간이었다. 김명수 대법원장은 촛불혁명을 사법부 단위에서 완성해야 하는 역사적 사명을 부여받았다. 그는 취임부터 퇴임까지 촛불혁명과 개혁에서 자유로울 수 없다.

서열을 깬, 비주류 김명수 대법원장이라는 파격

문재인 대통령의 김명수 대법원장 임명은 여러 가지 면에서 파격적이었다. 김명수 대법원장의 임명은 서열 파괴, 법원 개혁, 적폐 청산이라는 의미를 가지고 있다. 개혁적인 시기에 대법원장의 파격적인 인사는 사법개혁의 기대를 높였다.

첫째, 김명수 대법원장의 임명은 법원의 서열을 파괴하고, 비주류를 등장시켰다는 점에서 파격적이었다. 젊고 법원행정 경험이 적은 대법원장을 임명하여 법원의 변화를 추동하려고 한 것이다. 김명수 대법원장의 경력은 전임 대법원장에 비하여 단출하다. 사법시험 25회, 사법연수원 15기, 임명 당시 나이는 58세로 춘천지방법원장이었다. 전임 양승태 대법원장(임기 2011. 9. 25.~2017. 9. 24.)의 임명 당시 나이 63세, 이용훈 전 대법원장(임기 2005.9.25.~2011.9.24.)의 임명 당시 나이 63세에 비하면 다섯 살 젊다. 김명수 대법원장의 경험은 춘천지방법원장이 최고 경력이다. 양승태 전 대법원장은 지방법원장, 법원행정처 차장, 대법관, 중앙선거관리위원장을 거쳐 대법원장이 되었다. 이용훈 전 대법원장 역시 법원행정처 차장 재직 도중 대법관에 임명되었고 중앙선거관리위원장을 겸직했다. 김명수 대법원장은 법원행정처 차장이나 대법관을 경험하지 못했다. 소위 정통 엘리트 판사의 코스를 밟지 않은 것이다.

엘리트 판사의 코스를 밟지 않은 것은 대법원장직을 수행하는 데에 장점이면서도 단점이라고 한다. 개혁에는 장점이지만 조직의 안정에는 단점이라는 것이다. 이러한 평범한 평가에는 주의해야 한다. 조직의 안정이란 기존 시스템의 존속을 말하고, 기존 시스템의 존속이란 엘리트 판사 중심의 관료적, 보수적 사법시스템 존속을 의미한다. 조직의 안정이라는 표현 뒤에는 개혁에 대한 반대가 숨어 있다. 김명수 대법원장 임명은 신진 세력에게는 개혁이라는 희망을, 기득권 세력에게는 퇴조와 몰락이라는 불안을 의미했다.

김명수 대법원장 임명이 의미하는 서열 파괴, 비주류의 등장은 법원 내부 기존 질서의 변화를 예고했다. 법원 내부의 기존 질서 중 가장 우선적인 것은 서열이다. 서열은 법원 운영의 관습이기는 하지만 법원의 자율성, 법관의 자주성을 파괴하는 주범 중의 하나이다.

법조일원화 이전에는, 판사들은 모두 사법연수원 출신이었다. 사법연수원에서 공무원으로서 이미 기수와 성적으로 서열을 몸에 익힌다. 사법연수원을 마치고 초임 판사로 임용되면 합의부에 배속되어 배석판사로 경력을 시작한다. 이후 단독판사, 부장판사, 고등 부장판사, 지방법원장, 고등법원장, 법원행정처 차장 등을 거쳐 대법관이 되는 것이 순서다. 경력의 시작, 승진은 모두 서열로 이루어진다. 서열, 즉 순서를 정해놓으면 조직은 안정화되지만 그에 비례하여 조직은 경직된다. 조직은 능력에 따라 운영되지 않는다.

서열에 따라 판사 내부에 주류와 비주류가 생겨난다. 주류와 비주류는 실적과 능력에 따라 결정되는 것이 아니다. 사법시험 기수, 사법연수원 기수, 시험 성적에 따라 서열이 정해진다. 귀족계급과 평민계급 같은 주류와 비주류가 생긴다. 주류는 법원의 이해관계와 자신의 이해관계가 같으므로 법원의 이익을 지키기 위하여 최선을 다한다. 주류에 들어가려면 대법원장, 법원행정처, 법원장의 지시에 충실히 따라야 한다. 이들의 이해관계가 바로 법원의 이해관계이기 때문이다. 대법원장 등의 지시에 따라야 자신도 법관으로서 승진도 할 수 있고 출세도 할 수 있다. 고위직 판사가 되어 중요한 사건을 처리하고 싶지 않은 법관이 어디에 있겠는가. 그런데 대법원장 등의 지시에 따르는 순간 법관의 독립, 재판의 독립은 위기에 처한다.

법관은 재판에서 예단과 편견이 없어야 한다. 재판이 아닌 법원행정에는 대법원장의 명령, 지시에 따라야 하지만, 재판에서는 대법원이나 법원행정처의 영향을 받아서는 안 된다. 이 두 개의 영역, 즉 행정과 재판의 영역은 엄격히 구분된다. 그런데 주류 법관들은 이 경계를 뛰어넘는다. 행정도 재판의 일부라고 생각한다. 이번 '양승태 게이트'에서 법원행정처 판사들이 재판에 개입한 것은 재판을 행정의 일부라고 생각했기 때문이다. 이때 법관들이 얻는 것은 대법원장에 대한 순응이며 출세이고, 잃는 것은 헌법이 요구하는 법관의 독립이다.

비주류 법관들은 법원행정에 영향을 미칠 수 없다. 행정에 참여할 수 없으므로 일상적인 때에는 침묵한다. 예외적이지만 민주화 시기에는 행정에 의한 압박이 약해지기 때문에 성명서와 같은 형태로 의사를 표현한다. 이것이 사법파동이라고 불리는 법관들의 성명서 발표 사태이다. 비주류 법관들은 능력이 있어도 주류가 되지 않으면 아무것도 할 수 없다. 민주정부가 들어서기 전까지 법원 내 '우리법연구회'와 같은 모임이 실제 법원행정에 영향을 미칠 수 없었던 것은 비주류 법관들이었기 때문이다. 이 모든 것의 뿌리에는 서열이 있다.

그런데 이번 대법원장 임명에서 서열이 깨졌다. 비주류 법관이 법원의 수장이 된 것이다. 대법원장부터 서열이 파괴되었으므로 이제 법관 인사에서 서열은 더 이상 중요한 기준이 될 수 없게 되었다. 주류 법관이 되어서 차곡차곡 승진하면서 법원의 이해관계를 지키고 법원 주류의 권한을 확대하지 않아도 법원의 수장, 고위직 법관이 될 수 있다는 사실이 확인되었다. 누구나 능력이 충분하다면 법원 내 의미 있는 자리에 갈 수 있음이 확인되었다. 법원의 이해관계가 아닌 시민의 자유와 인권을 지키는 법관이 불이익을 받지 않게 되었다. 법관의 독립이 실질적으로 이루어질 가능성이 높아진 것이다.

"그 자체로 사법부의 변화와 개혁을 상징"

둘째, 김명수 대법원장의 임명은 사법개혁을 전면에 내세웠다는 점에서 파격적이었다. 서열 파괴, 비주류의 등장은 그 자체로 조직의 변화를 예고한다. 하지만 방향은 불분명하다. 서열 파괴, 비주류의 등장은 명확한 방향이 없다면 일회적인 변화에 그친다. 사법개혁을 통한 법원의 변화까지 마무리되어야 파격적인 인사의 의미를 살릴 수 있다. 김명수 대법원장 임명은 서열 파괴에 더하여 사법개혁이라는 방향을 분명하게 보여주었다.

청와대는 김명수 후보자를 지명하면서 "법관 독립에 대한 확고한 소신을 가지고 사법행정의 민주화를 선도하여 실행하였으며 공평하고 정의로운 사법부를 구현함으로써 국민에 대한 봉사와 신뢰를 증진할 적임자"라고 발표했다. 민주당도 "김 후보자가 평소 사법개혁에 대한 강한 소신과 의지를 표명해왔다는 점에서 '새로운 대한민국'을 위한 사법개혁을 이끌 적임자로 평가"한다고 하면서 "무엇보다 법의 정의가 국민 모두에게 공평하게 실현되는, 국민이 실제적으로 체감할 수 있는 사법개혁의 성과를 기대"한다는 입장을 밝혔다. 사법개혁의 적임자로 김명수 대법원장의 성격이 규정되었다.

김명수 대법원장도 사법개혁을 의식하고 있었다. 김명수 대법원장은 취임사에서 "사법부 안팎의 현실이 참으로 엄중하고 변화와 개혁을 요구하는 목소리가 어느 때보다 높다"고 전제하고 "통합과 개혁의 소명을 완수"할 것을 다짐했다. 본인 스스로도 자신의 "대법원장 취임은 그 자체로 사법부의 변화와 개혁을 상징"하는 것이라고 말했다. 이처럼 사법개혁의 필요성은 대통령과 대법원장, 청와대와 사법부, 집권 여당이 모두 공감하고 있었다.

법원의 수장이 자신의 취임이 사법부 변화와 개혁을 상징하는 것으로 이해하고 자신의 임무가 사법개혁임을 인식하고 있다는 것은 향후 사법개혁이 넓고 깊게 진행될 것임을 예고하는 것이었다. 사법부 내 사법개혁의 총책임자는 대법원장이기 때문이다. 다만 사법개혁의 구체적 과제가 무엇인가를 두고는 서로 생각이 달랐다. 이 점은 이후 사법개혁의 방향과 추진에 상당한 영향을 미치게 된다.

'양승태 게이트'와 관료사법의 청산

셋째, 김명수 대법원장의 임명은 양승태 전 대법원장 체제 청산을 목적으로 했다는 점에서 파격적이었다. 김명수 대법원장은 경력 측면에서 양승태 전 대법원장과 대척점에 서 있다. 이것은 문재인 정부의 사법개혁, 김명수의 사법개혁이 관료주의를 강화해온 양승태 전 대법원장 체제 탈피를 목표로 한다는 점을 보여준다. 청와대가 사용한 "사법행정의 민주화"라는 표현은 양승태 전 대법원장이 강화해온 법원 관료주의의 청산을 의미한다.

김명수 대법원장의 취임사 중 "수직적이고 경직된 관료적 리더십이 아니라 경청과 소통, 합의에 기반을 둔 민주적 리더십", "법관의 독립을 침해하려는 어떠한 시도도 온몸으로 막아내고, 사법부의 독립을 확고히 하는 것이 국민의 준엄한 명령", "대법원 판결에 사회의 다양한 가치가 투영될 수 있도록 대법관 구성 다양화", "사법행정이 재판의 지원이라는 본래의 역할을 충실히 수행할 수 있도록 재판 중심의 사법행정을 실천"하겠다는 표현이 바로 이를 보여준다. 양승태 전 대법원장이 남긴 관료사법을 청산하겠다는 의지의 표현이다.

관료사법 청산은 법원의 적폐 청산 중의 하나이다. 양승태 전 대법원장 임기 동안 법원행정처의 권한은 확대되어 법원과 법관 전부를 장악했다. 관료주의는 심화되었고 재판에 대한 간섭도, 법관에 대한 감시체제도 생겨났다. 그 일단이 확인된 것이 판사 블랙리스트, 즉 사찰이었다. 소문으로만 떠돌던 판사에 대한 사찰은 법원행정처 법관의 컴퓨터에서 확인되었다. 청와대의 우병우 민정수석과 사건을 의논한 사실, 재판을 통해 청와대과 교감하면서 상고법원 제도를 추진한 것도 확인되었다. 법원의 정치적 목적을 위하여 재판을 조작하고 거래하려고 한 것이다. 사법부의 독립은 재판의 독립을 의미하는데, 재판의 독립을 정치권력이 침해하기도 전에 대법원장과 법원행정처가 먼저 나서서 팔았다.

양승태 전 대법원장 시기 법원은 청와대와 직접 거래하는 정치법원으로 변질되었다. 독립을 지켜야 할 사법부, 정치권력과 거리를 두어야 하는 사법부, 정치권력의 압력에 저항해야 하는 사법부가 먼저 정치권력과 거래를 하면서 사법부의 독립, 법관의 독립을 팔아넘겼다. 그것도 대법원장이 나서서 재판을 거래했다. 사실 대법원장의 가장 중요한 의무는 정치권력이 재판에 개입하려고 할 때 모든 법관을 대표하여 정치권력에 저항하고 사법부의 독립을 지켜내는 데에 있다. 양승태 전 대법원장은 정반대로 행동했다.

관료사법은 사법부의 독립을 침해하고 법원의 적폐가 되었다. 사법개혁을 내걸고 출범한 김명수의 대법원은 사법개혁의 출발점으로서 적폐 청산, 구체적으로는 판사 블랙리스트와 재판거래 사건을 해결해야 하는 짐을 지게 되었다. 판사 블랙리스트와 재판거래 사건은 사법개혁의 부담이면서 또한 동력이기도 하다. 법원 내부에서 발생한 사건을 법원이 공개해야 하는 것, 동료 법관을 징계하거나 고발해야 하는 것은 부담이다. 하지만 판사 블랙리스트와 재판거래 사건은 사법개혁의 동력으로 작용할 수 있다. 지금까지 우리 역사상 사법개혁 동력 중의 하나는 사법 불신을 초래하는 구체적인 사건이었다. 그 사건의 의미를 분석하고 해결책을 모색하는 가운데 근본적인 사법개혁의 필요성이 부각되었고 구체적인 사법개혁 과제가 정리되었다. 이번 사건도 사법개혁의 큰 동력을 될 가능성이 매우 높다.

시대의 변화는 사법개혁을 원하고 있고 사법개혁의 요구는 개혁적인 김명수 대법원장에게 모아지고 있었다. 사법개혁의 주체가 김명수 대법원장에게 한정되지는 않는다. 김명수 대법원장으로 대표되는 사법개혁의 주체들이 있다. 여기에는 청와대로 대표되는 행정부, 시민단체, 일반 시민, 전문성으로 무장한 학자와 실무가들, 법원 내부의 개혁적인 법관들이 모두 포함된다. 촛불혁명과 판사 블랙리스트와 재판거래 사건을 겪고 민주적인 정부가 탄생했을 당시, 사법개혁의 필요성과 가능성은 역사상 그 어느 때보다도 높았다.

2. 사법개혁의 실종

뒤늦은, 지나치게 협소하고, 법원중심적인

김명수 대법원장이 취임한 이후 거의 1년이 되었다. 그러나 사법개혁의 움직임은 보이지 않는다. 개혁은커녕 변화도 없다. 변한 것은 판사 블랙리스트와 재판거래 사건에 대한 재조사와 검찰의 수사, 그리고 몇몇 고위 법관 인사 정도다. 개혁적인 시대에 개혁적인 대법관이 임명된 것에 비하면 너무 초라한 행보다. 더 심각한 것은 개혁의 방향과 과제, 중요 내용이 확정되지 않았다는 것이다.

사법개혁과 관련하여 사법부가 내세울 수 있는 것은 사법발전위원회의 출범일 것이다. 하지만 사법발전위원회는 사법개혁을 이끌기에는 한계가 많다. 시기의 문제, 개혁 과제의 문제, 구성의 문제가 있다. 사법부는 2018년 2월 27일 "국민과 함께하는 사법발전위원회"를 구성했다. 대법원장 취임 후 6개월이나 지난 후였다. 법무부, 검찰청, 경찰청의 개혁위원회에 비하여 상당히 늦은 출발이다.

법무부는 법무부와 검찰을 개혁하기 위하여 법무부장관 자문기관으로 2017년 8월 19일 법무검찰개혁위원회를 만들었다. 박상기 법무부장관의 취임 한 달 만이었다. 대검찰청도 검찰개혁을 하기 위하여 검찰총장 자문 기관으로 2017년 9월 19일 검찰개혁위원회를 만들었다. 대검찰청의 검찰 개혁위원회도 문무일 검찰총장의 취임 후 두 달이 되지 않은 시기였다. 경찰청은 2017년 6월 16일 경찰개혁위원회를 만들었다. 경찰청이 가장 빨리 경찰개혁위원회를 만든 것은 경찰청장의 교체가 없었기 때문이다.

법원의 사법발전위원회는 출발이 늦었다. 준비가 부족했기 때문이다. 준비의 부족은 개혁 과제의 불충분, 위원 구성의 문제를 낳는다. 늦은 출발은 늦은 개혁을 의미한다. 일찍 시작한 법무부, 검찰, 경찰 개혁은 마무리 단계이다. 법원의 개혁은 전반적으로 개혁의 큰 흐름을 타지 못하고 있다.

사법발전위원회는 2018년 3월 16일 1차 회의를 개최했다. 활동 시한은 2018년 말이고, 6개월 연장할 수 있다. 사법발전위원회의 개혁 과제는 다음과 같다.

1. 적정하고 충실한 심리를 위한 재판 제도 개선
2. 재판 중심의 사법행정 구현을 위한 제도 개선
3. 좋은 재판을 위한 법관인사제도 개편
4. 전관예우 우려 근절 및 법관 윤리와 책임성 강화를 통한 사법신뢰 회복 방안 마련 등

사법발전위원회의 개혁 과제는 재판제도 개선, 법원행정 개선, 법관인 사제도 개편, 법관 윤리 강화라고 요약할 수 있다. 사법개혁 전반이 아니라 법원 내부의 과제에 집중하고 있다. 사법개혁은 법원개혁을 포함하는 더 큰 개념이다. 법원개혁도 재판제도 개혁이나 법원행정 개혁에 국한되지 않는다. 사법발전위원회는 사법개혁을 말하면서 개혁 과제를 줄이고 있다.

사법발전위원회에 과제를 부여한 것은 대법원장이므로, 사법개혁의 범위를 축소한 것은 대법원장이다.

사법발전위원회의 개혁 과제를 과거 사법개혁의 경우와 비교해보자. 2003년 참여정부 당시 만들어졌던 사법개혁위원회는 노무현 대통령과 최종영 대법원장이 서로 합의하여 만든 기구였다. 당시 사법개혁위원회는 다섯 가지의 주요 개혁 과제를 선정했다.

1. 대법원의 기능과 구성(대법원 구성의 다양화 포함)
2. 법조일원화와 법관임용방식 개선(변호사 경력자 판사 임용)
3. 법조인 양성 및 선발(법학전문대학원 제도 도입)
4. 국민의 사법참여(국민참여재판제도 도입)
5. 사법서비스 및 형사사법제도(공판중심주의 형사소송법 개정 등)
*추가안건: ① 재판기록 및 재판정보의 공개, ② 공익소송 및 공익법률시스템의 구축, ③ 효율적인 분쟁처리제도, ④ 징벌배상제도

사법발전위원회가 선정한 개혁 과제는 사법개혁위원회의 과제에 비하면 지나치게 협소하고 법원중심적이다. 사법발전위원회 과제 중에서 사법개혁위원회 과제에 해당하는 것은 법관임용방식의 개선, 법조윤리 정도이다. 사법개혁 과제를 이렇게까지 축소한 경우는 지금까지 없었다. 사법개혁 과제의 축소는 비판을 면할 수 없다. 첫째, 사법개혁 과제가 사회의 변화를 반영하지 못하고 있다. 구체적으로 촛불혁명이 요구한 적폐 청산 및 과거사 정리, 공정성 강화, 국민주권주의 강화, 국민참여 강화, 법치주의 제고 등의 요구는 반영되어 있지 않다. 사회개혁 프로그램의 일부로서의 사법개혁이라는 철학이 부족하다. 둘째, 법원의 독립, 법관의 독립을 지나치게 강조함으로써 사법제도개혁 과제를 놓치고 있다. 셋째, 법원 내부의 개혁에

만 집중함으로써 법원이 중심이 되고 국민과 전문가를 개혁과정에 참여시키지 못하고 있다.

왜소한 사법발전위원회, 축소된 개혁 과제

개혁 과제가 축소되면 추진기구의 인적 구성도 왜소화된다. 사법발전위원회의 위원장은 전대법관인 이홍훈 서울대학교 이사장이다. 위원은 판사 2명, 판사 출신 변호사 2명, 변호사 1명, 언론인 2명, 교수 1명, 여성계 1명으로 되어 있다. 위원에 판사 출신이 너무 많다. 전문위원은 24명이다. 전문위원 중 판사가 압도적으로 많은 11명이다. 사법개혁이라는 국가적 과제를 수행하는 데에 전체적으로 숫자도 적고 외부의 참여도 부족하며, 판사 중심이다. 외부의 시각이 부족하다는 것은 위원장이 법원 출신이라는 점에서도 확인할 수 있다.

2003년의 사법개혁위원회와 다시 비교해보자. 당시 사법개혁위원회는 대법원 산하기관으로 있었지만 청와대, 대한변협, 법무부, 검찰, 교육계, 노동계, 언론계 등 사법과 관련된 거의 모든 분야에서 참여했다. 위원장은 민변 초대 간사였던 고 조준희 변호사가 맡았다. 부위원장은 법원에서 담당했고, 위원은 법원 2명, 법무부 2명, 변호사회 2명, 법학교수 2명, 행정부 2명, 시민단체 2명, 언론계 2명, 국회 1명, 헌법재판소 1명, 경제계 1명, 노동계 1명, 여성계 1명으로 모두 19명이었다. 사법개혁위원회는 실무를 뒷받침하기 위하여 전문위원도 두었다. 전문위원은 대법원 5명, 법무부 5명, 대한변협 5명, 교수 및 시민단체 9명, 교육부 1명, 국방부 1명으로 총 26명이었다. 판사의 비중은 5분의 1 정도였다.

사법개혁위원회의 건의를 바탕으로 사법개혁 과제를 구체적으로 추진하기 위하여 구성된 것은 2005년 사법제도개혁추진위원회였다. 사법제도개혁추진위원회 위원장은 국무총리와 국무총리급 인사인 한승헌 변호사였다. 위원은 장관을 포함하여 18명이었다. 법원 1명, 행정부 9명, 노동계 1명, 변호사회 1명, 학계 3명, 언론계 1명, 시민단체 1명, 경제계 1명이었다. 이 정도의 구성은 거의 국무회의 수준이다. 실무위원회는 차관급으로 구성되어 본 위원회 안건을 사전에 심의했다. 실무위원회는 위원장을 포함하여 모두 18명이었다. 여기에서도 법원이 차지하는 비중은 5분의 1 정도였다.

사법제도개혁추진위원회는 사법개혁 과제의 실질적인 추진을 위해 기획추진단을 구성했다. 기획추진단장은 대통령비서실 김선수 사법개혁비서관이었고, 간사는 대통령비서실 법무비서관실 행정관이었다. 파견 직원 중 사법개혁과 직접 관련이 있는 법률가는 판사 4명, 검사 7명(일부 교체 파견), 국방부 군법무관 1명, 경찰 1명이었다. 전문계약직으로 변호사 7명이 있었고, 교수는 5명이 있었다. 판사의 비중 역시 5분의 1이었다.

2018년의 대법원 산하 사법발전위원회의 구성의 특징은 적은 인원, 판사 중심이라고 규정할 수 있다. 판사 중심의 협소한 위원 구성은 개혁 과제를 축소하는 원인이 된다. 사법개혁 과제와 사법개혁 기구는 서로 영향을 미친다. 현재는 서로 축소지향적인 영향을 미치고 있다.

법원의 사소한 변화들

사법발전위원회 다음으로 굳이 변화를 찾는다면 전국법관대표회의 신설, 영장전담 판사 변화, 기획법관 제도 폐지 등이 있다. 이 변화는 사법개혁과 관련이 없지는 않지만 본격적인 사법개혁 과제로 보기에는 매우 미흡하다.

대법원은 2018년 2월 22일 김명수 대법원장과 대법관 13명이 참석하는 대법관회의를 열고 전국법관대표회의 상설화 규칙을 의결했다. 전국법관대표회의는 사법행정과 법관 독립 관련 사항에 대해 의견을 표명하거나 건의할 수 있다. 또 사법행정 담당자에게 설명과 자료 제출을 요청할 수 있다. 하지만 의견 표명이나 건의로 대법원장의 사법행정 권한을 제대로 견제할 수 있을지는 불명확하다. 어디까지나 강제력이 없는 의견, 건의이기 때문이다.

서울중앙지방법원은 2018년 2월 23일 영장전담 판사 6명을 전원 고참 부장판사로 교체했다. 영장전담 판사의 변화는 영장 심사를 신중하고 철저하게 하려는 의도로 보인다. 최근 중요한 사건에 대한 영장 심사에 대해 검찰과 정치권, 시민들의 비판이 이어져왔다. 영장 발부 여부가 유무죄 판결만큼 중요한 현실에서 영장심사 절차를 공정하게 하는 것은 법원 재판의 공정성을 높이는 것이다. 하지만 영장전담 판사의 변화는 영장재판의 수준을 높이는 것이 목적이지 사법개혁 과제는 아니다. 법원 내부의 절차 개선에 해당한다.

법원행정처는 2018년 2월 19일 사무 분담을 각급 법원의 자율에 맡기고 기획법관을 폐지한다고 발표했다. 기획법관은 법원행정처에 매달 주요 사항을 보고하고 법원 내부 기획 업무를 담당해왔다. 기획법관은 법원행정처와 긴밀하게 협조하면서 법원행정처가 각급 법원을 통제하는 데에 일조했다는 비판을 받았다. 법원행정처의 권한을 축소하고 법관의 자율성을 높이기 위한 조치로 보인다. 하지만 이 역시 사법개혁 과제는 아니다. 좁은 의미의 법원개혁 과제 중에서도 하위 과제인 법원행정 개혁 과제 중의 일부에 지나지 않는다.

김명수 대법원장은 정녕 절박한가

사법개혁, 그중에서도 법원개혁의 리더십은 대법원장에게서 나온다. 대법원장의 사법개혁, 법원개혁에 대한 인식은 그 누구의 인식보다도 중요하다. 그런데 김명수 대법원장의 사법개혁 인식은 그리 깊지 않은 것으로 보인다. 사법발전위원회의 사법개혁 과제를 보면 과거 참여정부 당시의 사법개혁과 많은 차이를 보인다. 참여정부 당시의 사법개혁 과제는 노무현 대통령과 최종영 대법원장이 결정했고, 지금의 사법발전위원회 사법개혁 과제는 김명수 대법원장이 단독으로 만들었다. 과제 선정 주체의 차이가 과제 수준의 차이를 낳은 가장 큰 이유일 것이다. 김명수 대법원장의 사법개혁에 대한 인식은 취임사에서 확인할 수 있다.

김명수 대법원장은 취임사에서 "사법부 안팎의 현실이 참으로 엄중하고 변화와 개혁을 요구하는 목소리가 어느 때보다 높다는 것을 잘 알고 있다"고 하면서 "수직적이고 경직된 관료적 리더십이 아니라 경청과 소통, 합의에 기반을 둔 민주적 리더십"으로의 전환을 약속했다. 이를 위해 법관의 독립을 지키고, 사법신뢰를 회복하고, 전관예우의 우려를 근절하고, 상고심제도를 개혁하고 사법행정을 재판의 지원에 한정하도록 할 것을 약속했다. 모두 바람직한 개선사항들이다. 하지만 본질적인 사법개혁, 법원개혁에 대한 절박한 느낌은 없다. 사법개혁 과제에 대한 구체적인 제시도 보이지 않는다.

이용훈 전 대법원장의 2005년 9월 26일 취임사와 비교해보자. 그는 먼저 사법부의 과거를 반성하고 있다. 법원의 과거, 법원의 적폐를 청산하지 않고는 법원의 개혁도 없고 사법의 신뢰도 없다는 것을 명확히 하고 있다. 인용 부분을 읽어보면 그의 위기의식, 당시 법원의 위기의식이 느껴진다. 이 위기의식은 사법개혁, 법원개혁에 대한 의지로 발전한다.

이 땅에 근대사법이 도입된 이후 암울한 식민지 시대를 거쳐, 전쟁과 분단의 아픔 속에서 사법 작용은 그 기능을 다하지 못한 시절도 있었습니다. 독재와 권위주의 시대를 지나면서 그 거친 역사의 격랑 속에서 사법부는 정치권력으로부터 독립을 제대로 지켜내지 못하고, 인권 보장의 최후의 보루로서의 소임을 다하지 못한 불행한 과거를 가지고 있습니다.

이제 우리 국민들은 사법부가 과거의 잘못을 벗어던지고 새롭게 거듭나기를 간절히 원하고 있습니다. 국민을 위하여 봉사하고 있다는 우리들의 자부심에도 불구하고, 여전히 국민 위에 군림하는 과거의 모습을 버리지 못하고 있다는 목소리 또한 높습니다. 우리는 사법부가 행한 법의 선언에 오류가 없었는지, 외부의 영향으로 정의가 왜곡되지는 않았는지 돌이켜보아야 합니다. 권위주의 시대에 국민 위에 군림하던 그릇된 유산을 깨끗이 청산하고, 국민의 곁에서 국민의 권리를 지키는 본연의 자리로 돌아와야 합니다.

사법부의 시각에서 이루어진 묵은 제도와 낡은 관행을 과감히 버리고, 국민의 입장에서 쉽고 편리하게 이용할 수 있는 조직과 제도를 만들어야 합니다. 그리하여 재판의 결론은 물론이고, 재판의 과정 역시 공정하고 투명하도록 하여야 합니다. 스스로를 냉철하게 돌아보고, 참된 봉사자의 자세로 전환하여야 합니다.

이것만이 잃어버린 국민의 신뢰를 되찾을 수 있는 유일한 길입니다. 여기에는 무엇보다도 지난 잘못을 솔직히 고백하는 용기와 뼈를 깎는 자성의 노력, 그리고 새로운 길을 여는 지혜의 결집이 요구됩니다. 저는 사법부가 국민의 뜻에 따라 새롭게 거듭날 수 있도록, 제가 가지고 있는 모든 역량을 쏟아부을 것입니다.

이용훈 전 대법원장은 과거사 정리의 의의와 필요성을 주장한 다음, 사법부의 독립, 사법개혁, 사법제도 선진화, 국민의 신뢰 등을 호소하고 있다. 사법부 독립에 대한 의지는 현 김명수 대법원장과 큰 차이가 없어 보인다. 하지만 사법개혁의 필요성, 사법부의 위기에 대한 인식, 사법개혁의 방향 등에서는 차이가 있다. 날카로운 문제의식과 위기의식이 느껴진다. 취임사가 그만큼 구체적이기 때문이다.

현실을 구체적으로 알면 인식은 깊어지고 구체적인 해결책도 나온다. 현실을 모호하고 추상적으로 인식하면 문제의식은 생기기 어렵고 구태의연한 해결책만 나온다. 문제의식이나 해결책이 추상적이라면 현실 인식이 추상적인 것이다. 김명수 대법원장과 이용훈 전 대법원장의 차이는 여기에 있다. 구체성의 차이가 취임사의 차이를 만들었다.

그렇다고 이용훈 전 대법원장이 사법개혁, 법원개혁에 대해 가장 잘 알고 가장 개혁적인 인물이라는 것은 아니다. 이용훈 전 대법원장도 외부에서 보면 사법개혁과 법원개혁에 대해 불충분한 인식을 가지고 있었다. 실제로 어떤 사법개혁 과제에 대해서는 적극적이지 않았고, 취임사에서 이야기한 과거사 정리도 임기 중에 완성하지 못했다. 하지만 개혁적인 대법원장으로서 최소한의 문제의식은 가지고 있었다고 평가된다. 과거사 문제에 대해 이렇게 솔직하게 평가한 대법원장은 지금까지도 없다. 이용훈 전 대법원장이 이러한 인식에 도달한 개인적 요인은 판사를 그만두고 변호사로서 활동한 경험, 법원 외부의 시각에서 법원을 바라본 경험 덕분이었다(권석천, 2017, 76쪽). 사회적 요인은 당시 한창 진행되고 있었던 사법개혁이었고, 더 크게는 국가적 차원에서 진행되던 개혁 작업이었다.

이용훈 전 대법원장의 취임 전, 사법개혁위원회의 건의에 기초하여 설립된 사법제도개혁추진위원회가 활발하게 활동하고 있었다. 사법제도개혁추진위원회는 한국의 사법제도 전반을 개혁의 대상으로 했다. 대법원 구성의 다양화, 법조일원화, 법학전문대학원 제도, 공판중심주의 형사소송법 개정, 법원의 검찰 견제 역할 강화, 법조윤리 확립, 군 사법제도 개혁 등 거의 모든 사법개혁 과제를 검토하고 추진하고 있었다. 그리고 사법개혁과 관련이 깊은 검찰개혁과 경찰개혁은 이미 다른 곳에서 추진되고 있었다. 사법과 관련된 국가적인 개혁 작업은 이용훈 전 대법원장의 인식에 영향을 미쳤을 것이다.

국가적인 과거사 정리도 이용훈 전 대법원장의 인식과 활동에 영향을 미쳤다. 노무현 대통령은 제주 4·3 사건에 대해 국가를 대표하여 사과를 했다. 2004년 8월 15일 대통령의 광복절 경축사 이후 진실화해위원회가 만들어져서 과거사를 정리하고 있었고, 국방부, 경찰 등 국가공권력 기관도 과거사를 정리하고 있었다. 특히 국가공권력의 권한남용 문제를 해결하지 않고는 새로운 대한민국을 건설할 수 없다는 절박한 인식이 국가기관 모두에 널리 퍼져 있었다. 이런 시대의 상황이 이용훈 전 대법원장의 인식에 반영되어 있었다.

이에 비해 김명수 대법원장의 취임사에는 시대정신, 개혁의 필연성과 필요성, 사법개혁을 계속해야 하는 절박함이 제대로 보이지 않는다. 시대정신이 반영되지 않은 평범한 취임사이다. 이런 취임사, 사법개혁의 인식으로는 사법개혁의 필연성과 필요성을 도출할 수 없고 사법개혁 과제를 제시할 수도 없다.

3. 판사 블랙리스트 사태와 법원의 무능력

사법부의 존재이유, 그 근본을 무너뜨린 '양승태 게이트'

현재 법원의 당면 문제는 판사 블랙리스트와 재판거래 사건이다. 이 사건을 일부에서는 사법행정권 남용 사건이라고 한다. 그런데 이 말은 너무 추상적이다. 양승태 대법원장과 양승태의 지휘를 받는 법원행정처는 동료 판사를 사찰하여 리스트를 만들어 판사들을 관리했다. 그리고 정치권력과 내통하여 재판의 공정성을 무너뜨리고 재판의 결과를 왜곡시켰다. 양승태와 법원행정처 판사들은 판사의 선을 훌쩍 뛰어넘었다. 이들은 권모술수에 능한 정치인이었고, 법원행정처는 부패한 정당과 다름없었다. 이들의 행위는 사법행정권 남용이 아니라 정확하게는 불법행위이고 범죄행위이다. 사법행정권 남용이라고 표현하면 원래 할 수 있는 일을 조금 초과했다는 이미지를 준다. 하지만 판사를 사찰하고 정치권과 거래하는 것은 애초에 법원행정처가 해서는 안 되는 범죄일 따름이다.

　판사 블랙리스트와 재판거래 사건은 사법부의 기초를 무너뜨린 사건이다. 첫째, 법원행정처가 마치 국가정보원과 같이 판사를 사찰했다. 국가정보원의 국민 사찰로 국가의 기초가 무너졌듯이, 법원행정처의 판사 사찰로 사법부의 기초가 무너졌다. 국가정보원이 국민 사찰을 계기로 개혁의 대상이 된 것처럼, 법원행정처도 판사 사찰을 계기로 개혁을 피할 수 없게 되었다.

둘째, 판사 블랙리스트와 재판거래 사건은 정치권력과 내통하면서 구체적인 사건을 조작하려고 한 사건이다. 정치권력을 위하여 사건을 조작하고 사법부의 권력을 최대한 확대하려고 한 것이다. 사법부가 정치권력화한 현상, 기득권 세력이 된 현상을 적나라하게 보여준 사건이었다. 재판을 통하여 정의를 실현한다는 사법부의 기본 원칙, 인권의 최후의 보루라는 사법부의 근본 위상이 붕괴되었다. 역시 정치권력과 내통한 정치검찰이 개혁을 피할 수 없듯이 정치권력과 내통한 사법부도 개혁의 대상이 되어버렸다.

셋째, 판사 블랙리스트와 재판거래 사건은 사법부의 독립, 법관의 독립을 법원 스스로 파괴한 사건이다. 지금까지 우리는 외부의 정치권력이나 자본권력이 사법부를 파괴하는 줄 알았다. 선량한 법관들은 마음이 약하여 저항하지 못하고 굴복한다고 알고 있었다. 사실은 그것이 아니었다. 법원이 적극적으로 정치권력과 함께 나라를 통치하고 있었던 것이다. 법원의 역사와 본질을 이렇게까지 노골적으로 보여준 사건은 없었다.

넷째, 판사 블랙리스트와 재판거래 사건은 법관의 양심을 침해한 사건이다. 사찰을 한 법관은 양심을 팔았고, 사찰을 당한 법관은 인간의 내밀한 양심을 도둑맞았다. 양심이 없는 법관은 재판을 할 수 없고 해서도 안 된다. 우리 헌법은 "법관은 헌법과 법률에 의하여 그 양심에 따라 독립하여 심판하여야 한다"(제103조)고 규정하고 있다. 즉, 법관은 헌법, 법률, 양심을 기준으로 재판을 한다. 이 중 법관을 법관으로 만드는 것은 양심이다. 판사 블랙리스트와 재판거래 사건은 판사들이 가장 중요하다고 보는 헌법을 위반했다. 헌법 위반은 곧 국가의 기초를 흔드는 사건이다. 박근혜 전 대통령도 헌법을 위반하여 탄핵을 당했다.

헌법과 법률은 국민과 입법부가 만든다. 공동체의 의사가 집결된 것이 헌법과 법률이므로 다수의 의사가 중요하다. 이에 반해 양심은 개인적이고 독립적이다. 다수의 의견을 존중하면서도, 이에 무조건 따르지는 않으며 권력에 굴복하지도 않는다. 헌법과 법률이 민주주의 원칙인 다수결에 따른 다면, 양심은 다수결로 보호받지 못하는 소수자를 보호하는 데에 관심을 갖는다. 국가권력으로부터 개인의 자유와 인권을 지키는 기초가 양심이다. 법관의 양심은 법관 독립의 핵심이고 사법부 독립의 기초이며 국민의 자유와 인권을 지키는 근본 요소이다. 그래서 법원을 인권의 최후의 보루라고 부르는 것이다. 그런데 이 사건에서 법관의 양심이 침해되었다. 사법부의 존재 근거가 무너진 것이다.

다섯째, 판사 블랙리스트와 재판거래 사건은 공정한 재판을 받을 국민의 권리를 침해했다. 사법부가 재판을 통하여 거래를 하려고 했으니, 재판을 받는 국민의 권리는 안중에도 없었다. 판사 블랙리스트와 재판거래 사건은 재판의 근본, 사법부의 근본을 무너뜨렸다. 그래서 이 사태의 피해자는 재판을 받는 국민들이다. 판사들은 사찰을 당했다고 하지만, 결정적인 피해자는 아니다.

이 정도로 사법부의 근본을 무너뜨린 사법부의 사건은 지금까지 없었다. 6월항쟁 이전에는 중앙정보부와 국가안전기획부가 직접 사법부를 길들였다. 법원 내부에서는 민복기 전 대법원장처럼 유신체제에 충성한 사람도 있었지만, 그때도 법원행정처가 나서서 판사를 사찰하고 재판을 왜곡하지는 않았다. 6월항쟁 이후에는 민주화가 진행되어 정보기관의 압력과 사건 조작은 줄어들었다. 물론 정치적인 사건에서 검찰의 무리한 수사와 기소를 통제하지 못하고 정권과 함께 정치적인 사건을 조작하거나 혹은 정치권의 요구대로 처리한 사례는 있다. 대표적으로 이른바 '강기훈 유서 대필 사건' 이 그것이다. 그렇지만 법원 스스로 동료 판사를 정치권력의 희생양으로 바친 적은 없었다. 양승태 전 대법원장은 사법부의 근본을 무너뜨리는 완전히 새로운 단계를 선보였다.

그런데 법원은 무엇을 하고 있는가

판사 블랙리스트와 재판거래 사건의 전개 과정은 새로운 의문을 낳는다. 왜 법원은 판사 블랙리스트와 재판거래 사건을 빨리 해결하지 못하는 것일까? 법원의 진상 규명 과정은 지지부진했고, 후속조치는 아예 없었다. 후속조치가 어떤 것이어야 하는지, 그 결과가 어떨 것인지는 대부분의 사람들이 이미 알고 있다. 누가 책임자인지 이미 알려져 있지 않은가?

모두가 행복한, 아무도 다치지 않는 결과는 있을 수 없다. 범죄행위, 불법행위를 저질러놓고 모두가 행복하고 아무도 다치지 않는 결과를 바라는 것은 마치 호수에 무거운 바위를 던지고 그 바위가 연꽃으로 변해 두둥실 떠오르기를 바라는 것과 같다. 후속조치는 단순명료하다. 법원 차원의 완전한 공개와 엄격한 책임 추궁이다. 범죄행위에 대한 후속조치인 형벌이 단순한 것처럼 후속조치는 단순명료하다. 그런데 후속조치는 나오지 않았다. 다른 개혁 과제를 준비하고 시행해야 할 금쪽같은 시간이 허비되고 있다. 도대체 법원은 왜 이런 간단한 문제를 해결하지 못하는 것일까?

모든 조직은 문제를 해결하는 일정한 패턴을 가지고 있다. 판사 블랙리스트와 재판거래 문제가 해결되지 못하고 있는 것은 법원의 문제 해결 방식이 폐쇄적, 배타적이고 너무 절차중심적이기 때문이다. 또 현재의 상황을 위급상황, 절체절명의 상황이라고 보지 않기 때문이다. 법원의 문제 해결 방식은 법원의 사법개혁에도 그대로 적용된다.

이런 미증유의 사건은 첫째, 최대한의 힘을 모아, 둘째, 최대한 신속하게, 셋째, 최대한 근본적으로 해결해야 한다. 법원의 기초를 파괴한 행위이므로, 법원의 기초를 다시 세우려면 일상적인 조치가 아닌 특단의 조치가 필요하다. 또한 이 사건은 법원행정에 관한 것이지 법원의 재판에 관한 것이 아니기 때문에 외부인사와 함께 철저하게 진상을 규명해야 한다. 그리고 무엇보다도 이 사건은 빨리 해결해야 한다. 시간을 끌면 내부의 분열은 심각해지고 사건은 더욱 커진다. 신속하게 해결함으로써 내부 법관들의 신뢰를 회복함과 동시에 국민들로부터 용서를 받아야 한다. 그래야 사법부를 재건할 동력을 마련할 수 있고 미래의 사법부 설계를 위한 사법개혁의 동력을 찾을 수 있다.

이 원칙은 마키아벨리가 제시한 원칙에 따른 것이다. 근대 정치학의 문을 연 마키아벨리는 군주는 잔인한 행위를 해서는 안 되지만 잔인한 행위가 정당화되는 조건이 있다고 본다(마키아벨리, 2017). 마키아벨리가 표현한 잔인한 행위는 현대 상황에 대입하면 특단의 근본적인 조치라고 할 수 있다. 마키아벨리가 정리한 조건은 첫째, 목적. 위급상황, 절체절명의 상황이라면 잔인한 행위, 특단의 조치가 허용된다. 둘째, 횟수. 횟수는 적을수록 좋다. 특단의 조치는 어쩌다 있는 것이지 자주 있어서는 안 된다. 셋째, 보상. 잔인한 행위 뒤에는 신민에게 최대의 이익을 주는 방향으로 행동해야 한다. 잔인한 행위가 어쩔 수 없는 선택이었음을 보여주어야 한다. 이 원칙에 따라 행위를 하면 국가의 동요는 최소화되고 군주의 지위도 흔들리지 않는다고 한다.

이 원칙을 현재의 사법부 상황에 대입하면, 바로 최대의 힘으로 최대한 신속하게, 최대한 근본적으로 해결한다는 원칙에 도달하게 된다. 한번에 문제를 해결했어야 했다. 하지만 법원은 이 원칙을 따르지 않았다. 절체절명의 위기상황이라는 인식은 부족했고, 법원의 존망이 걸린 일임에도 집중력도 없었고 시간만 끌었다. 조사를 여러 번, 시간을 끌면서 했고, 진상도 완전히 밝히지 않았고, 후속조치도 없었다. 사건의 진상은 수사 과정에서 조금씩 밝혀지고 있을 뿐 법원이 자발적으로 밝히지는 않는다. 법원 스스로 이 사건을 조기에 끝낼 생각이 없는 것처럼 행동한다. 사실 법원이 원한 것은 아마 국민들이 지쳐서 더 이상 판사 블랙리스트와 재판거래 사건에 관심을 가지지 않는 것이었을 터이다.

판사 블랙리스트와 재판거래 사건의 제1차 진상조사는 양승태 전 대법원장의 조사이므로, 불충분한 것은 어쩌면 당연하다. 문제는 제2차, 제3차 진상조사이다. 제1차 진상조사 이후 판사 블랙리스트와 재판거래 사건의 심각성은 더욱 명백해졌다. 이때라도 법원은 외부의 인사가 주축이 되어 철저한 진상조사를 하면서 근본적인 후속조치를 준비했어야 했다. 이 사건의 본질이 공정한 재판을 받을 국민의 기본적인 권리를 침해한 것이므로, 외부인사의 참여는 불가피했다. 외부인사가 참여했다면, 진상조사는 철저했을 것이고 후속조치는 근본적이었을 것이다. 하지만 진상조사는 불철저했고, 법원 단위의 단호한 후속조치는 없었다.

이런 사태 앞에서 '사법부의 독립'인가

법원이 판사 블랙리스트와 재판거래 사건 진상조사에 외부의 참여를 배제한 것은 고의적이다. 법원은 외부의 참여를 싫어한다. 그 원인은 여러 가지가 있다. 심리적으로 법원 내부의 추악한 모습을 외부에 보이기 싫었을 것이다. 자신이 자신의 추악한 모습을 보는 것도 괴로운데 외부인이 자신의 추악한 내면을 보는 것은 말할 것도 없이 싫다. 하지만 자신의 더러운 면도 자신의 일부이다. 더러운 자신의 일부를 보지 않고 멀리하면 자기혐오에 빠질 뿐이다. 허상에 집착하기 때문이다. 자신의 추악한 면을 직시하고 그 추악한 면도 자신의 일부라고 인정할 때 이를 개선할 여유가 생긴다. 조직은 더 심하다. 조직의 추악한 부분은 개인의 추악한 면보다 훨씬 추악하기 때문이다.

자신의 추악한 면을 직시하지 않으면 아무것도 할 수 없다. 자신의 추악한 면을 개선하기 위해서는 자신의 모습을 솔직하게 인정할 필요가 있다. 그다음 외부의 도움이 필요하다. 외부에는 상대방을 이용만 해먹는 탐욕스러운 인간이나 조직만 있는 게 아니다. 서로 격려하고 도움을 주는 건전한 친구들도 있기 마련이다. 만일 이런 친구가 없다면, 그것이야말로 진짜 문제이다. 하지만 걱정할 것은 없다. 사법부 같은 조직이 도움을 받지 못할 정도로 우리의 공동체가 붕괴된 것은 아니다. 만일 없다면 지금부터 만들면 된다. 외부 친구로부터 도움을 받는 것은 자신의 잘못을 제대로 해결하고 자신이 원하는 삶을 사는 원동력 중의 하나이다(야스토미 아유무, 2018).

외부의 도움을 받는다고 사법부의 권위가 약화되는 것도 아니다. 재판과정에서 판사는 자신이 모르는 분야이면 다른 전문가의 도움을 받는다. 혈액 감정, DNA 감정, 지문 감정, 혈흔 감정, 탄도 감정, 혈중알코올농도 감정, 사인死因 감정, 정신감정 등이 그것이다. 과학적인 감정 때문에 재판부의 권위나 판결의 무게감이 적어지는 것이 아니다.

법원의 외부인사 배척의 근거에는 심리적인 이유만 있는 것이 아니다. 심리적인 근거는 다른 사람을 설득하기에는 부족하다. 많은 사람과 조직들이 자신의 문제점을 분석하면서 성장하는 것이 현실이다. 심리적으로 자기혐오에 빠져 자신의 추악한 면을 직시하지 않는 것은 유아적인 사고방식일 뿐이다.

법원의 외부인사 배척에는 좀더 깊은 뿌리가 있다. 그 이론적인 원인은 사법부 독립 이데올로기이다. 사법부는 사법부 독립을 법원중심주의, 법원폐쇄주의로까지 해석한다. 사법부 독립을 법원중심주의로 해석하면 법원의 일은 법원만 처리하는 것이 원칙이 된다. 법원중심주의 단계에서는 외부의 관여는 있어도 그만, 없어도 그만인 장식품 정도가 된다. 사법부 독립이 법원폐쇄주의로 발전하면 외부의 관여는 모두 간섭이 되고 일체 배격해야 하는 대상이 된다. 외부의 관여는 사법부의 독립을 침해하는 것이기 때문이다. 이제 외부의 관여는 장식품이 아니라 해로운 것이 된다. 여기에 법원의 엘리트주의가 결합하면 외부의 관여는 도덕성도 떨어지고 실력도 모자라는 자의 투정으로 변질된다. 이쯤 되면 법원 외부는 상종하지 말아야 하는 암덩어리가 된다.

법원중심주의, 법원폐쇄주의는 사법부 독립에 대한 오해에서 비롯된 것이다. 사법부의 독립은 정치권력으로부터 사법부를 독립시킴으로써 재판의 공정성을 확보하는 데에 있다(장영수, 2017, 269쪽). 사법부의 독립은 정치권력으로부터의 독립이라는 소극적, 수동적인 무기로서 정치권력이 먼저 사법부의 독립을 침해했을 때 사후적, 소극적, 수동적으로 작동한다. 이를 사전적, 적극적, 능동적인 무기로 해석하면, 정치권력의 정당한 통제, 행정부의 국가 법무행정, 시민들의 비판과 참여 등 민주사회에 필수적인 견제를 모조리 배제하는 결과가 된다.

현재 법원의 외부에 대한 시각은 법원중심주의를 넘어서 법원폐쇄주의로까지 발전한 단계로 보인다. 법원의 법원중심주의, 법원폐쇄주의는 사회가 타락하면 타락할수록 더욱 강화된다. 정치가 비정상적으로 움직이고 행정부가 국정농단사태를 벌일 정도로 망가지면, 사법부는 상대적으로 우위에 선다. 사회의 공정성, 공평성이 붕괴되면 될수록 사법부는 자신감을 가진다. 상대적으로 깨끗하다는 것이다.

하지만 실상은 그렇지 않다. 사회가 타락하고 오염되면, 그만큼 사법부도 타락하고 오염된다. 사법부는 사회와 동떨어져 존재하는 섬이 아니다. 실제로 사회의 부패와 법조비리는 상관관계가 매우 높다. 과거 부패 정도가 높았을 때 전관예우는 공개적으로 횡행했다. 국정농단 사태와 함께 법원의 판사 사찰과 재판거래 문제가 터졌다. 어떤 경우에는 법조비리가 사회의 부정부패를 초래하기도 한다. 사회의 투명성이 높아지면서 사법부도 부패에서 조금씩 벗어나고 있다.

재판과 관계없는 법원행정에 대해서는 사법부의 독립이 제한적으로 해석되어야 한다. 심지어 재판의 경우에도 오판이라는 합리적 의심이 있다면 외부의 조사를 피할 수 없다. 이미 참여정부 당시 '진실과 화해를 위한 과거사 정리 위원회'는 확정판결에 대해서도 조사를 하여 재심을 하도록 권고한 바 있다.

　　사법부의 독립을 법원중심주의, 법원폐쇄주의로 해석하고 이번 판사 블랙리스트와 재판거래 사건에 적용하려는 생각은 결국 법원의 피해를 최소화하겠다는 생각으로 이어진다. 이렇게 되면 같은 법원 식구끼리 서로 상처를 주는 일을 최소화하는 것이 중요하게 된다. 이런 이유로 제2차 진상조사는 컴퓨터 파일을 모두 확인하지 않았다. 제3차 진상조사는 후속조치를 함께 발표하지 않았다. 사안의 중요성에 비추어 신속하고 과감하게 사건의 진상을 모두 공개하고 책임을 졌어야 했으나 아무도 책임지지 않았다.

4. 법원, 행정부, 국회, 시민단체는 왜 모두 침묵하는가

법원—대법원장은 보이지 않고

사법개혁 실종 사태의 일차적인 책임은 사법부, 구체적으로는 대법원장에게 있다. 개혁적인 시대에 개혁적인 대법원장을 임명했지만, 실제로 개혁은 진행되고 있지 않다. 대법원장은 사법개혁과 법원개혁의 핵심 리더십이다. 대법원장에게는 사법개혁, 법원개혁을 추진할 권한과 권위가 있다. 법원 내부 개혁을 추진해야 하는 일차적인 책임은 대법원장과 대법원장을 중심으로 한 법관들에게 있다. 법원을 뛰어넘는 사법개혁 역시 대법원장의 역할이 필요하다. 법원 내부 개혁이든 법원을 뛰어넘는 개혁이든 대법원장의 리더십은 필수적이다.

현재 사법개혁에서 대법원장과 법원의 리더십은 보이지 않는다. 법원 내부 개혁이든 법원의 틀을 뛰어넘는 개혁이든 핵심 역할을 해야 하는 대법원장이 보이지 않는다. 대법원장과 법원의 리더십 실종 사태의 원인은 첫째, 대법원장이 개혁 과제와 계획을 정확하게 확정하지 않았기 때문이다. 위기의 시대, 개혁의 시대에 취임한 대법원장은 개혁 과제를 정확하게 확정지었어야 했다. 개혁 과제는 법원 내부의 법원개혁 과제와 법원을 뛰어넘는 사법개혁 과제로 구성된다. 개혁 과제를 추진하기 위한 계획도 필요하다. 개혁은 당장의 성과는 기대할 수 없는 장기간의 일이다. 계획은 시간이라는 변수를 포함시켜 로드맵 수준으로까지 발전시켜야 한다. 개혁 과제의 확정과 계획 발표는 개혁을 위한 출발점이다. 대법원장은 취임 직후 개혁 과제와 계획을 발표했어야 했다. 법원개혁에 대한 국민의 요구에 부응하기 위해서도, 법원 내부 개혁에 대한 법관들의 관심에 답하기 위해서도 개혁 과제와 계획은 발표했어야 했다. 하지만 발표는 없었고 이를 통한 리더십 확보도 없었다. 지금의 사법개혁 실종은 개혁 과제와 계획이 없다는 것과 대법원장과 법원의 개혁 리더십이 확인되지 않았다는 점에 기인하는 바가 크다.

둘째, 대법원장이 판사 블랙리스트와 재판거래 사건 해결 과정에서 보인 무능력도 대법원장 실종의 하나의 원인이다. 판사 블랙리스트의 존재는 이미 양승태 전 대법원장 임기 중에 드러났다. 남은 것은 신속한 조사와 처리였다. 양승태 전 대법원장의 유산을 이어받지 않은 김명수 대법원장으로서는 당연히 철저하고 신속하게 조사와 처리를 했어야 했다. 그러나 대법원장은 판사 블랙리스트와 재판거래 사건을 주도적으로 해결하지 못했고 검찰의 수사에 기대야 할 정도로 수동적이고 소극적이었다. 불법행위, 범법행위에 대해서는 단호하게 대처해야 한다. 법원의 일회적이고 우연한 불법행위도 단호하게 대처해야 하는데 상시적이고 계획적이며 조직적인 불법행위는 말할 것도 없다. 판사 블랙리스트와 재판거래 사건은 법원행정처라는 공적인 기구를 동원한 범죄행위로서 정상 참작 여지도 없다.

판사 블랙리스트와 재판거래 사건은 사법개혁에 대한 시금석이다. 이 문제를 제대로 해결하면 사법개혁도 할 수 있다. 이 문제를 해결하지 못하면 사법개혁을 할 수 없다. 그런데 이 문제를 소극적, 수동적으로 처리함으로써 사법개혁 동력을 확보하지 못했다.

법원의 개혁 리더십은 매우 약하다. 대법관들도 나서서 사법개혁에 반대할 지경이다. 지난 2018년 1월 23일 대법원장을 제외한 대법관들이 이례적으로 모두 모였다. 대법관들은 '원세훈 전 국가정보원장 재판' 개입 의혹과 관련해 "외부의 영향을 받았다는 건 사실이 아니다"라고 반박했다. 역사상 처음 있는 대법관 전원의 의견 발표였다.

재판개입 의혹은 법원행정처가 청와대와 '부적절한 소통'을 하고 판사들을 '사찰'한 사실이 공개되었기 때문에 발생했다. 원세훈 재판과 관련한 청와대와의 교감은 법원에서 만든 비밀 문건에서 확인되었다. 남은 것은 문건을 만든 법원의 해명이었고 검찰의 수사였다. 그런데 갑자기 대법관들은 자세한 해명 없이 청와대와의 부적절한 소통은 없었다고 일방적으로 주장했다. 증거는 없었다. 대법관들이 하는 말이니 증거가 없어도 진리라고 생각한 듯하다. 대법관들은 법원행정처의 법관 독립 침해 행위는 규탄하지 않고 언론에 대해 깊은 우려와 유감을 표명했다. 언론에 대한 유감 표시는 사실 시민들에 대한 유감 표시이다. 대법관들은 이번 사태에 대해 우려와 유감을 표명할 권리가 없다. 우려와 유감을 표명할 권리가 있는 사람은 공정한 재판을 받을 권리를 침해당한 시민들이다. 대법관들은 시민들의 우려와 유감을 증거를 가지고 해소해야 할 의무가 있을 뿐이다.

대법관들의 이런 행동은 판사 블랙리스트와 재판거래 사건을 힘으로 무마하려는 의도에서 비롯된 것으로 보인다. 나아가 판사 블랙리스트로 표현된 법원의 적폐를 해소하지 않겠다는 것을 의미한다. 판사 블랙리스트나 재판거래 의혹 자체를 부정함으로써 법원의 적폐 자체를 부정하는 것이다. 적폐가 없으면 개혁도 없다. 결국 대법관들은 법원개혁, 사법개혁에도 반대하고 있는 것이다. 대법관들이 나서서 법원개혁을 실종시키고 있을 뿐 아니라 대법원장과 법원 내부의 개혁 리더십을 흔들고 있다. 개혁에 대한 본격적인 반발이라고 할 것까지는 없지만 법원개혁을 반대하는 세력이 실제 존재함을 보여주는 사례이다.

청와대와 행정부—사법개혁은 사법부 일?

사법개혁, 법원개혁의 실종은 행정부도 마찬가지이다. 행정부는 이상할 정도로 사법개혁, 법원개혁에 대해 아무런 말이 없다. 청와대는 김명수 대법원장을 임명할 때 "법관 독립에 대한 확고한 소신을 가지고 사법행정의 민주화를 선도하여 실행하였으며 공평하고 정의로운 사법부를 구현함으로써 국민에 대한 봉사와 신뢰를 증진할 적임자"라는 논평을 한 이후 사법개혁, 법원개혁에 대하여 한마디 말도 한 적이 없다. 마치 김명수 대법원장 임명으로 청와대로서는 사법개혁을 다했다는 느낌을 준다. 청와대가 사법개혁에 대하여 이렇게까지 조용한 것은 이해하기 힘들다. 사법개혁, 법원개혁은 문재인 정부의 100대 국정과제에도 빠져 있다. 검찰개혁, 경찰개혁, 국정원개혁만큼 중요한 사법개혁, 법원개혁이 국정과제에서 누락되어 있는 것이다.

행정부의 침묵은 법무부의 태도에서도 확인된다. 청와대는 국정을 책임진다면 법무부는 국가의 법무행정을 책임진다. 국가의 법무행정에는 사법행정도 포함된다. 예를 들어 「국민의 형사재판 참여에 관한 법률」을 개정하여 국민참여재판, 즉 배심제를 확대하려면 법무부가 법안을 제출해야 한다. 실제로 법무부는 19대 국회에서 「국민의 형사재판 참여에 관한 법률」개정안을 정부법안으로 국회에 제출한 바 있다. 사법의 지방분권 역시 법무부의 소관업무이다. 이들 업무는 국가의 법무행정이고 법무부가 담당해야 하는 것이다.

법원의 과거사 정리 역시 법무부와 함께 해야 할 작업이다. 국가공권력을 남용하여 사건을 조작한 과거사 사건 정리는 검찰만으로 완결되지 않는다. 법원의 힘만으로도 안 된다. 수사에서 왜 권력이 남용되어 인권침해가 발생했는지, 재판에서 왜 그러한 인권침해를 통제하지 못했는지는 법원과 검찰이 함께 밝혀내야 할 영역이다. 이것은 곧 법무부와 법원이 함께 과거사 사건의 진상을 조사하고 해결방안을 마련해야 하는 것을 말한다.

법무부는 사법개혁 과제 중에서 징벌배상제도, 집단소송제도, 국민소송제도 등을 추진하고 있다. 하지만 이들 과제가 사법개혁 과제로서 추진되는 것이 아니다. 국민소송제도 도입은 반부패개혁으로 청렴한국 실현이라는 관점에서, 집단소송제도는 재벌 총수 일가 전횡 방지 및 공정거래 감시 역량 및 소비자 피해 구제 강화라는 관점에서 추진되고 있다. 법무부에서 추진 중인 형사공공변호인제도 역시 형사절차상 국민의 인권 보장 강화라는 관점에서 추진하고 있다. 인권 보장 관점은 훌륭한 관점이지만 사법개혁이라는 관점을 놓치고 있다. 징벌배상제도, 집단소송제도, 국민소송제도, 형사공공변호인제도는 참여정부 당시 사법개혁 과제로서 국가적 차원에서 추진되었으나 실현되지 못했다. 이들 과제는 법무부만으로 추진하기에는 힘에 겨운 과제들이다.

사법개혁, 법원개혁은 법원만의 몫이 아니다. 행정부도 당연히 관심을 가져야 할 뿐 아니라 행정부 고유의 업무이기도 하다. 그런데 청와대와 행정부는 사법개혁, 법원개혁에 대하여 아무런 말도 하지 않는다. 사법개혁, 법원개혁 과제가 무엇인지, 개혁방안은 무엇인지, 언제까지 어떤 개혁을 해야 하는지 등에 대하여 아무런 지침도 없고 방향도 없다. 심지어 지금 벌어지고 있는 판사 블랙리스트와 재판거래 사건에 대한 논평조차 없다. 참여정부 당시 행정부를 대표하는 청와대와 사법부가 함께 사법개혁을 한 경험은 법무부로 대표되는 행정부가 사법개혁의 주체임을 잘 보여준다. 이에 비해 지금의 청와대와 행정부는 사법개혁, 법원개혁에 관심을 보이지 않고 있다.

국회—사법개혁특별위원회의 6개월은?

사법개혁, 법원개혁을 가로막는 또 다른 요인은 국회이다. 법안 하나, 예산안 하나 통과시키는 데에도 혼신의 힘을 들여야 할 정도의 낮은 생산성, 더욱 격렬해지는 여야의 대립, 정치적 이유로 인한 개혁 과제의 무산 또는 회피, 국회의원의 권한 남용 등은 우리 국회를 상징하는 표현들이다. 사법개혁, 법원개혁의 마지막 단계는 법률개정인데 국회가 이런 정도이니 국회에 사법개혁을 기대하는 것은 마치 나무에서 물고기를 구하는 것과 같다. 국회는 사법개혁 과제에 대하여 별다른 관심이 없고, 알려고 하지도 않는다. 실제로 국회는 사법개혁을 추진하기보다는 사법개혁을 가로막는 역할을 해왔다.

그럼에도 불구하고 국회는 사법개혁의 중요 주체 중의 하나이다. 사법개혁 중 법원 내부의 개혁은 법원이 자발적으로 추진하면 충분하다. 예를 들면 대법원장이 법관의 인사를 하기 전에 전국 법관의 의견을 수렴한다든지 대법관 제청 시 시민들의 의견을 반영하는 것은 법원이 스스로 시행하면 충분하다. 법조일원화를 추진하여 인권의식과 공공의식에 충만한 법률가 중에서 법관을 임용하는 것도 법원 내부의 일이다. 법률개정 사항이 아니기 때문이다. 하지만 법원의 수준을 뛰어넘는 큰 개혁 과제들은 모두 입법사항이므로 국회를 통과해야 한다.

현재 우리의 국회는 생산성이 극히 낮다. 국회의 낮은 생산성은 모든 개혁에 큰 부담이다. 국회에서 법률이 통과되지 않으면 제도개혁은 될 수 없다. 사법개혁, 법원개혁은 그중의 하나이며 검찰개혁도 사정이 같다. 검찰개혁 과제 중에 고위공직자범죄수사처 설치 과제가 있다. 국민적 공감대도 확보되었고 야당도 한때 공약으로 제안했던 사안이다. 그러나 공수처 법안은 1990년 중반부터 계속해서 법안으로 제출되었으나 지금까지 입법되지 못했다. 문재인 정부 들어 민주당과 행정부가 함께 핵심적인 검찰개혁 과제로서 추진하고 있으나 국회의 문턱을 못 넘고 있다. 문제를 최종적으로 해결해야 할 국회가 문제를 더 어렵게 만들고 있는 것이 현실이다.

국회는 2018년 1월 12일 사법개혁특별위원회를 출범시켰다. 산하에 검찰개혁소위원회, 법원·법조·경찰개혁소위원회를 두고 있다. 사법개혁, 법원개혁이 국회의 업무라고 선언한 것이다. 하지만 실제로는 일을 하지 않는다. 여당의 리더십은 약하고 야당은 일방적인 반대만 한다. 사법개혁, 법원개혁에 대한 정확한 문제의식이나 정확한 이해도 없다. 변호사 등 법률가 출신이 60퍼센트라고 하지만, 법률가 출신이라고 해서 자동적으로 사법개혁 과제, 법원개혁 과제를 잘 아는 것은 아니다. 개혁 과제는 학습을 통하여 익혀야 된다. 현재 법률가 출신 국회의원들은 학습보다는 개인적인 경험에 기초하여 사법개혁, 법원개혁을 끌고 가려고 한다. 학습과 이해의 부족은 필연적으로 개혁에 대한 공감대 부족으로 나타난다. 낮은 생산성의 국회의 모습이 사법개혁특별위원회에서도 그대로 반복되고 있다. 사법개혁특별위원회는 2018년 6월 말까지 활동하기로 되어 있었으나 성과가 없다. 임기를 다시 연장했지만, 심도 깊은 논의를 기대하기는 어렵다. 아마 국회의원들도 사법개혁특별위원회를 만들면서 특별히 성과가 나오리라고 기대하지는 않았을 것이다.

현 단계는 국회가 전면에 나서는 단계는 아니다. 행정부와 사법부의 사법개혁, 법원개혁 과제가 확정되지도 않았고 개혁방안, 개혁입법도 제출되지 않았기 때문이다. 국회가 반대하거나 혹은 지연할 여지가 없다. 국회가 나설 가능성이 있는 것도 아니다. 사법개혁에 관한 의미 있는 논의가 국회 차원에서 진행된 바 없기 때문이다. 국회의 역할을 논할 단계는 아니지만 국회를 염두에 두고 함께 개혁방안과 개혁입법을 마련할 필요가 있다. 국회가 사법개혁을 주도적으로 끌고 갈 수는 없으므로 행정부와 사법부의 노력이 더 필요한 때이다.

시민단체—사법개혁은 시급하지 않은가

사법개혁, 법원개혁 과제의 실종 사태는 문재인 정부 출범 때에는 예상하지 못했던 일이다. 촛불혁명은 사회 모든 분야의 적폐 청산과 민주화, 개혁을 요구했고 사법부도 예외가 아니었다. 다만 사법개혁, 법원개혁이 시민들의 최우선 개혁 과제는 아니었다. 촛불혁명 과정에서 적폐 청산 1호로 검찰개혁이 주장되었지만, 사법개혁, 법원개혁은 주장되지 않았다. 사법개혁, 법원개혁은 노동개혁, 일자리 창출을 포함한 경제개혁, 새로운 경제패러다임의 제시보다도 순위가 떨어진다. 한반도 평화체제 구축에도 뒤떨어진다. 이러한 사실은 사법개혁, 법원개혁이 시급한 개혁 과제와 같은 정도의 집중력과 속도감으로 진행되지는 않을 것이라는 점을 시사한다. 시작을 하려면 시간이 필요하다는 것도 충분히 예상할 수 있었다.

시급하지 않다고 개혁 과제가 사라지는 것은 아니다. 사법개혁, 법원개혁은 여전히 필요하다. 양승태 전 대법원장이 법원의 관료화를 극단적으로 추구한 사실은 널리 알려져 있었다. 전교조 법외노조 판결, 긴급조치 손해배상청구 기각 판결, 상여금을 통상임금에서 제외하는 판결, 원세훈 판결 등 국가권력의 편에 선 판결들이 쏟아졌다.

사법개혁, 법원개혁이 최우선의 개혁 과제는 아니지만, 중요성은 다른 개혁 과제에 비하여 뒤지지 않는다. 그럼에도 불구하고 현재 시민단체나 시민들의 관심은 사법개혁, 법원개혁에서 멀어져 있다. 다만 현재의 문제인 양승태 게이트, 판사 블랙리스트와 재판거래 사건 해결에 집중하고 있는 듯하다. 그것도 고발 등 수사기관을 이용한 대책 수준이다.

사법개혁, 법원개혁에 대해 관심이 없다 보니 시민단체는 문재인 정부의 사법개혁이 어떠해야 하는지 큰 그림이 없다. 김명수 대법원장의 사법개혁, 법원개혁이 무엇이고 어떠해야 하는지 전망을 제시하지 못한다. 과거 사법개혁, 법원개혁을 어디까지 진행했고 지금 이 순간 무엇을 더 해야 하는지에 대한 학습과 연구도 부족하다. 단발적인 관심으로는 사법개혁, 법원개혁을 체계적, 조직적으로 끌고 나갈 수 없다. 시민단체나 전문가들의 사법개혁, 법원개혁에 대한 관심의 실종 역시 사법개혁 실종의 한 단면이다.

제2장
사법개혁이 실종된 까닭

1. 사법개혁의 역사를 보라

촛불혁명의 시대, 개혁적인 문재인 정부의 시대, 그리고 개혁적인 대법원
장의 등장. 그러나 실종된 사법개혁과 법원개혁. 이것이 현재 우리의 상태
다. 이 모순을 해결해야 한다. 출발점은 사법개혁, 법원개혁이 실종된 원인
을 찾는 것이다. 원인을 정확하게 찾는다면 해결책도 나온다. 이 과정에서
흐트러진 리더십도 제대로 세울 수 있을 것이다.

　사법개혁, 법원개혁이 방향도 동력도 상실한 원인은 하나둘이 아니다.
사법개혁 주체의 리더십 실종, 사법개혁 과제에 대한 무지, 촛불혁명의 영
향에 대한 과소평가, 시민의 직접 참여를 가로막는 법원의 태도 등 많은 원
인이 있다. 그중 하나는 사법개혁 역사에 대한 무지이다.

　사법개혁의 역사는 사법부의 문제가 무엇인지, 사법부의 문제 중에서 무
엇이 해결되었고 무엇이 남았는지, 앞으로 어떤 방향으로 사법개혁을 해야
하는지를 구체적으로 알려준다. 실제로 우리의 현실에서 시도되었던 생생
하고 구체적인 사법개혁 과제에 대한 연구결과, 도입방안, 법률안, 성공과
실패를 문자 그대로 구체적으로 보여주기 때문이다. 사법개혁의 역사를 모
르면 사법개혁을 제대로 할 수 없다.

한국의 사법개혁은 민주화, 민주정부와 함께해왔다. 민주화운동이 민주정부를 탄생시켰고 또 사법개혁, 법원개혁을 추동해왔다. 표면적으로 사법개혁을 시작하게 만든 것은 법조비리였으나 그 뿌리는 민주주의였다. 사법개혁이 국가적 과제가 된 것은 군부독재가 끝나고 민간정부인 김영삼 정부가 들어선 1993년이다. 군부독재정권에서 벗어나자 독재 청산과 함께 사법개혁이 시작되었다. 사법개혁은 이후 김대중 정부에서도 시도되었고 노무현 대통령의 참여정부 시기 본격적으로 진행되었다.

1993년의 사법제도발전위원회—최초의 국가 차원의 사법개혁

1987년 6월 민주항쟁 이후 정치, 경제, 사회 모든 분야에서 민주화, 개혁이 시작되었다. 이에 비해 사법부 개혁은 상당히 늦었다. 노태우 정부하에서는 개혁을 시도하지 못했고, 김영삼 정부 들어서서 겨우 사법개혁을 시작했다. 이 당시 사법개혁은 법원 차원에서는 사법발전위원회, 정부 차원에서는 세계화추진위원회를 통하여 이루어졌다. 사법개혁이 국가적 과제로 등장한 것은 이때가 처음이다.

1993년 대법원 산하에 사법제도발전위원회가 설치되었고, 사법제도발전위원회는 1994년 2월 16일 건의안을 채택한다. 건의안의 중요 내용은 서울 민사·형사지방법원의 통합, 특허법원과 행정법원 등 전문법원 설치, 시군법원과 고등법원 지부의 설치, 예비판사제도 도입과 법관근무평정제도 도입, 법관인사위원회와 판사회의 설치 등 법원 및 판사 인사제도의 개혁과 구속영장실질심사 제도와 기소전보석제도 도입 등 재판제도의 개혁이었다.

사법제도발전위원회의 활동은 최초의 국가 차원의 사법개혁이라는 점에 의의가 있다. 사법개혁이 국가의 최우선 과제 중의 하나로 등장한 것이다. 그리고 개혁 작업에 법조계 외에 각계를 망라한 인사들이 참여했다. 법원 내부와 외부가 힘을 합해야만 사법개혁을 할 수 있다는 점이 확인되었다. 향후 진행될 국가 차원의 사법개혁 조직의 원형을 제시했다.

개혁 과제는 주로 법원 내부의 과제였다. 내용은 서울 민사·형사지방법원의 통합, 특허법원과 행정법원 등 전문법원 설치, 시군법원과 고등법원 지부의 설치, 예비판사제도 도입과 법관근무평정제도 도입, 법관인사위원회와 판사회의 설치 등 법원 및 판사 인사제도의 개혁이 대부분이었다. 그만큼 군부독재 시절 쌓여온 법원 내부의 문제가 심각했던 것이다. 그중 법관인사위원회와 판사회의 설치 문제는 지금도 논의되는 주제이다. 시민의 인권과 관련한 주제도 포함되었다. 구속영장실질심사제도와 기소전보석제도 도입이 그것이다. 이 두 제도는 날로 증가하는 구속자 수를 줄이는 데에 목적이 있었다. 불구속 수사와 불구속 재판이라는 형사소송법의 근본 원칙을 확인하고 구속을 줄여 시민의 자유와 인권을 보호하기 위한 시도였다. 구속영장실질심사제도와 기소전보석제도는 이때 도입되어 김대중 정부와 노무현 정부 당시 구속자 수를 줄이는 데에 많은 기여를 한다.

하지만 사법제도발전위원회의 활동은 법원 내부의 개혁에 중점을 두었을 뿐 사법 전반의 개혁에는 이르지 못했다(사법제도개혁추진위원회, 2006, 26쪽). 사법제도발전위원회 자체도 법원 내부에 두어 법원에 건의하는 형태를 취했고 중심 과제 역시 법원 및 판사 인사제도 개혁이었다. 종합적인 사법제도 개혁은 다음 기회를 기다려야 했다.

1995년의 세계화추진위원회—의욕과 한계

김영삼 정부는 1995년 세계화추진위원회를 구성하여 한 분과로서 사법개혁을 추진한다. 당시의 중요 의제는 법조인 수의 확대, 법학전문대학원(로스쿨) 도입, 변호사 보수의 적정화, 공익법무관 및 공공변호사 제도 등을 통한 법률복지 확충, 법관 임용방법 개선 및 전문화, 법조인 자질 향상과 직역 확대, 법률서비스 시장 개방 대처 등이었다.

세계화추진위원회의 사법개혁 의제는 1993년의 사법제도발전위원회의 의제와는 달리 법원 내부의 문제에 한정되지 않았다. 사법시스템 전반이 개혁의 대상이었다. 이 때문에 행정부, 즉 청와대가 사법개혁에 나섰다. 법조인 수 확대 등 법조인 양성 문제, 법관 임용방식 개혁 등 법원시스템 전반의 문제는 본래 국가 법무행정의 일부이다. 사법부도 이해관계가 있지만 법관 임용방식이 헌법이나 법률로 정해지듯이 입법부와 행정부가 결정해야 하는 일들이다. 변호사 보수의 적정화 문제, 법률복지 확충 문제, 법률서비스 시장 개방 문제는 사법개혁 과제이기는 하지만 법원과는 직접 관련이 없다. 당연히 국가 법무행정의 일부로서 행정부인 법무부가 담당해야 한다. 이처럼 사법개혁 과제에는 사법부가 담당해야 하는 과제, 입법부와 행정부가 중심을 잡고 사법부는 협조해야 할 과제, 사법부와 직접적인 관련이 없는 과제 등 세 가지 부류가 있다.

세계화추진위원회의 사법개혁은 의욕적으로 출발했지만 실패로 끝난다. 지나치게 세계화에 초점을 맞추어 사법제도를 서비스의 관점에서 재편하려고 한 점, 법원의 협조가 필요했음에도 불구하고 법원을 배제한 점, 정권 말기에 시도하여 시간이 부족했다는 점 등이 이유였다. 세계화추진위원회의 사법개혁 시도는 사법시험 합격자수를 300명에서 순차적으로 1000명까지 증원하는 외에는 성과를 내지 못했다(사법제도개혁추진위원회, 2006, 26쪽).

1999년의 사법개혁추진위원회—사법개혁은 얼마나 어려운가

김대중 정부도 사법개혁을 추진한다. 그 단초를 제공한 것은 대전 법조비리 사건이었다. 1999년 발생한 대전 법조비리 사건은 대전 지역의 거의 모든 판사, 검사, 법원과 검찰 직원, 경찰관까지 전관예우와 뇌물에 연루된 대규모 사건이었다. 판사 2명과 검사 6명이 사표를 냈고 비리의 주범인 대전지검 부장검사 출신의 이종기 변호사는 유죄판결을 받았다.

대전 법조비리 사건은 법원과 검찰이 구조적으로 전관예우와 뇌물에 취약하다는 점을 드러냈다. 판사와 검사는 사법시험이라는 같은 시험, 사법연수원이라는 같은 학교 출신이다. 적은 수에다가 같은 학교 출신이니 폐쇄적이면서 동질성이 강하다. 판사와 검사가 된 이후에도 유독 동질성을 강조한다. 법조사회는 법조사회대로, 법원은 법원대로, 검찰은 검찰대로 폐쇄적이며 또 그만큼 동질적이다. 법원과 검찰의 구성원리가 관료주의이기 때문이다. 이들 조직은 내부적인 부패와 타락은 항상 조직 내부에서 해결해야 할 문제라고 보고 또 내부에서 얼마든지 해결할 수 있다고 본다. 조직이기주의에 더하여 엘리트주의도 있기 때문이다. 이론적으로는 사법부 독립, 검찰권 중립 원리를 동원하지만 실체를 냉정하게 보면 자기 식구 봐주기일 뿐이다. 좁고 폐쇄적인 법조사회는 윤리적 차원에서는 전관예우라는 문제를 낳는다. 이 전관예우가 뇌물과 결합하면 법조비리 사건이 된다. 전관예우, 법조비리를 해결하려면 처벌도 중요하지만 근본적으로 폐쇄적이고 동질적인 법조사회를 개방적이고 다양한 사회로 만들어야 한다.

대전 법조비리 사건으로 국민들의 분노는 폭발했고, 사법개혁이 시작되었다. 1999년 김대중 정부는 대통령 자문기구로서 사법개혁추진위원회를 만들었다. 사법개혁추진위원회는 7개월간 활동했다. 당시 주요 과제는 공정하고 신속한 권리구제 제도, 법률서비스의 질적 향상, 법조의 합리화·전문화·현대화, 법조인 양성 제도의 개선, 법조비리 근절, 세계화 조류에의 대응 등 6개 부분이었다. 주제에서 확인할 수 있듯이 사법개혁추진위원회의 사법개혁은 사법시스템 전반에 대한 것이었다. 행정부 주도로 이루어졌지만 법조비리로 촉발된 사법개혁이었으므로 법원과 검찰의 참여도 광범위하게 이루어졌다. 사법개혁추진위원회는 6개 부분, 34개 안건에 대하여 연구·검토를 하고 2000년 5월 최종건의안을 마련했다. 하지만 법조비리 사건으로 촉발된 사법개혁추진위원회는 입법 등 구체적인 성과를 내지 못했다(사법제도개혁추진위원회, 2006, 26쪽). 사법개혁이 얼마나 어려운 것인가, 사법제도 내의 기득권 세력이 얼마나 강고한 것인가를 실감한 것이 성과라면 성과라고 할 수 있다.

2003년의 사법개혁위원회—사법개혁이 성공하려면

노무현 대통령의 참여정부도 사법개혁을 시작한다. 참여정부의 사법개혁 계기는 대법관 제청과 관련한 사건이었다. 참여정부가 들어서고 곧 새로운 대법관을 제청하고 임명해야 하는 시기가 다가왔다. 이때 시민단체, 소장 판사들은 대법관을 고위 법관이 아닌 인물로 제청할 것을 요구했다. 다원주의 사회를 반영하여 대법관도 다양하게 구성하라는 요구였다.

대법원장은 시민들의 요구를 무시하고 기존의 방식대로 고위직 법관을 대법관으로 제청했다. 반발은 즉각적이었다. 2003년 8월 12일 열린 대법관 제청자문위원회에서 강금실 법무부장관과 박재승 대한변호사협회장은 대법원장이 대법관 후보를 일방적으로 통고하는 방식에 대한 항의의 표시로 회의장 자리를 박차고 떠났다. 형식은 회의 진행 방식에 대한 항의였지만 내용은 대법관 후보를 고위직 법관으로 추천한 것에 대한 반대였다. 시민단체는 대법원 구성의 다양화를 강하게 요구했다. 법원 내부에서도 외부인사의 대법관 제청, 최소한 법원 중심의 고위직 법관의 대법관 제청 반대 목소리도 나왔다. 「대법관 제청에 관한 소장 법관들의 의견」(이용구 판사 작성)이라는 문건도 발표되었다. 이 문건에 서명한 판사는 100명이 넘었다. 다음은 그 내용 중의 일부이다(권석천, 2017, 33쪽).

현재까지 진행된 대법관 인선 과정은 우리의 기대를 외면하고 변화를 요구하는 국민을 좌절하게 하고 있습니다. 우리 법관들은 기존의 대법관 선임이 법관 승진의 최종단계로 운영됨으로써 결과적으로 대법원이 지나치게 동질적인 연령, 배경, 경험을 가진 법조인들로만 구성되었고 이러한 인사제도는 법원 내적으로 수직적인 관료구조를 과도하게 심화시켰으며… 대법원의 인적 구성이 현재의 규범적인 이해관계를 반영하지 못한 채 과거의 이해관계만을 반영한다면 대법원은 보수적인 것이 아니라 퇴행적이라는 비판을 받을 것입니다.

박시환 당시 서울지방법원 부장판사는 기수 중심의 인사 관행에 항의해 사표를 제출했다. 다음은 박시환 판사의 사직의 변 중의 일부이다(권석천, 2017, 32쪽).

우리 사법부는 외부의 흐름에 밀려 마지못하여 변신의 흉내만을 내었을 뿐 그 속내에서는 아무런 변화를 가져오지 못한 채 과거 암울하던 권위주의 정권 시대 사법의 기본 구조를 지금 이 시점까지 그대로 유지하고 있다.… 이 보잘 것 없는 제물이 새롭고 자랑스러운 사법부의 탄생에 작은 밑거름이 되기를 간절히 기원한다.

대법관 제청을 둘러싸고 벌어진 갈등은 대통령과 대법원장의 사법개혁 추진 합의로 해소된다. 노무현 대통령과 최종영 대법원장은 2003년 8월 22일 사법개혁의 공동추진에 합의한다. 사법개혁의 추진 방식과 관련하여 대통령과 대법원장은 사법부는 사법개혁의 기본 방향을 설정하고, 행정부는 사법개혁의 기본 방향을 구체적으로 추진하기로 합의를 했다. 형식은 역할분담이었지만, 중심은 청와대로 대표되는 행정부의 힘이었다. 사법개혁은 청와대가 중심을 잡고 사법부가 동참해야 성공할 수 있다. 행정부와 사법부가 공동으로 사법개혁을 추진하기로 한 원칙은 2003년 사법개혁의 성공을 좌우한 중요한 원칙이었다.

행정부와 사법부의 공동추진 방식은 과거 사법개혁의 실패에 대한 반성에서 비롯된 것이다. 참여정부의 사법개혁 주체들은 과거 사법개혁이 사법개혁의 종합적인 계획을 수립하지 못했다는 점, 민간영역 및 관련 기관과 단체를 망라한 총체적인 의견 수렴 및 조정 과정이 미비했다는 점, 특히 행정부와 사법부의 갈등이 종합적이고 체계적인 사법개혁에 걸림돌로 작용했다는 점을 반성하고 이를 극복하기 위한 방안을 고민했다. 그 결과 행정부와 사법부를 포함한 범정부 차원의 노력에 더하여 변호사단체, 시민단체, 학계, 언론계, 경제계, 노동계 등 사회적인 역량까지 사법개혁의 주체로 참여했다(사법제도개혁추진위원회, 2006, 27쪽).

대통령과 대법원장의 사법개혁 공동추진 합의는 2003년 10월 23일 대법원 산하에 사법개혁위원회를 구성함으로써 구체화된다. 사법개혁위원회는 법조계·법학계 이외에 행정부·언론계·경제계·노동계·시민단체·여성계 등 각계각층을 대표하는 21명의 위원으로 구성되었다. 사법개혁위원회는 대법원의 기능과 구성, 법조일원화, 법조인의 양성 및 선발, 국민의 사법참여, 사법서비스 및 형사사법 등 사법개혁 주제 전반에 대한 논의를 진행했다.

사법개혁위원회는 전체위원회를 27차례, 분과위원회를 25차례 개최하여 사법개혁의 기본 방향에 대한 논의를 한 다음 2004년 말 사법개혁을 위한 건의문을 채택했다. 「사법개혁을 위한 건의문」은 고등법원 상고부 제도, 대법원 구성의 다양화, 하급심 강화를 내용으로 하는 대법원의 기능과 구성, 법조일원화를 지향하는 법관 임용방식 개선, 법학전문대학원제도 도입 방안인 법조인 양성 및 선발, 배심제와 참심제가 혼합된 1단계의 국민재판참여제도 도입을 담은 국민의 사법참여, 형사사법제도·군 사법제도 개선 및 법조윤리 확립 등을 내용을 하는 사법서비스 및 형사사법제도 개혁과 공익소송, 징벌배상, 효율적인 분쟁처리, 재판기록 및 재판정보의 공개 등을 담고 있다. 「사법개혁을 위한 건의문」은 당시까지 나온 모든 사법개혁 과제와 미래에 논의될 사법개혁 과제를 거의 대부분 정리했다.

여기에 더해 사법개혁위원회는 과거 사법개혁이 추진기구의 결여로 논의만 하고 실제 추진되지 못한 점을 지적하고 2004년 10월 사법개혁추진기구 구성을 건의한다. 사법개혁위원회가 만든 「사법개혁을 위한 건의문」을 구체적, 체계적으로 추진해나갈 추진기구를 대통령 산하에 설치할 것을 건의했다(사법제도개혁추진위원회, 2006, 28쪽).

2005년의 사법제도개혁추진위원회—거의 국가적 역량을 모아

노무현 대통령은 사법개혁위원회의 사법개혁추진기구 설치 건의를 수용한다. 노무현 대통령은 사법개혁을 완성하는 데에 강한 의지를 가지고 있었다. 2005년 1월 18일 사법제도개혁추진위원회가 대통령 자문기구로 출범했다. 사법제도개혁추진위원회는 국무총리와 국무총리급의 민간인(한승헌 변호사)을 공동위원장으로 하고, 관계부처 장관과 민간위원 총 20명으로 구성되었다. 위원회에 상정할 안건을 사전에 검토·조정할 차관급의 실무위원회와 위원회의 사무 처리와 조사·연구업무를 담당할 기획추진단을 두었다. 존속기한은 2006년 12월 31일까지였다.

사법제도개혁추진위원회 구성은 참여정부의 사법개혁을 성공으로 이끈 핵심 요소였다. 구성은 입법부를 제외한 국가의 거의 전 역량이 투여되었다. 위원장은 국무총리와 국무총리급 민간인이었다. 본 위원으로는 교육인적자원부장관, 법무부장관, 국방부장관, 행정자치부장관, 노동부장관, 기획예산처장관, 국무조정실장, 법제처장, 대통령비서실 민정수석비서관, 법원행정처장이 참여했다. 민간위원으로는 노사정위원회 위원장, 대한변호사협회장이 참여했고, 학계, 언론계, 시민사회단체를 대표한 민간인들도 참여했다. 거의 국무회의와 비슷한 수준이었다. 실제로 사법제도개혁추진위원회의 의결 내용은 온전히 국무회의를 통과하여 정부의 법안으로 국회에 제출되었다.

　본위원회 전에 열리는 실무위원회는 국무조정실장이 위원장을 맡았다. 실무위원으로는 행정부의 차관, 대검찰청 기획조정부장이 참여했고, 법원에서는 법원행정처 차장, 기획조정실장, 사법정책실장 등이 참여했다. 민간위원도 학계, 언론계, 시민단체를 대표하여 많은 인원이 참여했다.

　기획추진단이 구성되어, 기획추진단장은 대통령비서실 사법개혁비서관이, 간사는 대통령비서실 법무비서관실 행정관이 담당했다. 대통령비서실이 기획추진단을 담당한 것은 사법개혁의 추진을 청와대가 직접 총괄한다는 것을 의미했다. 기획추진단의 구성은 법원 파견 판사, 법무부 파견 검사, 계약직으로 채용된 변호사, 교수를 중심으로 각 행정기관에서 파견된 인원으로 구성되었다(사법제도개혁추진위원회, 2006, 34~36쪽). 입법권을 가진 국회를 제외하고 거의 전 국가적인 역량이 모인 것은 이때가 처음이었다.

사법개혁위원회의 「사법개혁을 위한 건의문」

사법개혁위원회와 사법제도개혁추진위원회가 검토하고 의결했던 안건은 사법개혁의 전반에 걸친 것들이다. 당시까지 진행되어온 사법개혁의 성과를 정리한 것이면서 향후 있을 사법개혁의 내용을 밝힌 것이다. 사법개혁위원회와 사법제도개혁추진위원회의 개혁 과제를 살펴보는 것은 향후 사법개혁의 방향을 잡는 데에 큰 도움이 된다.

　사법개혁위원회의 논의 안건은 「사법개혁을 위한 건의문」에 종합되어 있다. 건의문의 내용은 다음과 같다(사법제도개혁추진위원회, 2006, 38쪽).

　　　시기를 정하여 시행을 건의한 사항
　　　　법조일원화와 법관 임용방식의 개선
　　　　법조인 양성 및 선발: 법학전문대학원의 설립

국민의 사법참여

시기를 정하지 않고 시행을 건의한 사항

대법원의 기능과 구성: 고등법원 상고부 설치(다수안), 대법관 증원(소수안),
대법관 구성의 다양화

항소심의 기능과 구조 개선

노동분쟁 해결절차의 단기적 개선방안: 중노위 재심절차의 임의화,
노동사건 재판에서 조정 활성화 등

형사사건 처리절차의 다양화: 형사사건 처리절차를 통상처리절차와
신속처리절차로 이원화

인신구속제도의 개선

변호인의 조력을 받을 권리의 실질적인 보장: 국선변호제도의 개선

공판중심주의적 법정심리절차의 확립

형벌체계의 합리적 재정립

양형제도의 개선

범죄피해자의 보호

군 사법제도의 개혁

법률구조제도의 개선: 현재 시행 중인 분야별 법률구조프로그램의 활성화 방안

법조윤리의 확립

법조인력의 효율적 활용: 법률전문가가 행정공무원으로 지출하는
기회 확대, 기업 내 법률전문가 진출 방안 연구, 변호사에 대한
계속교육제도의 정비

재판기록 및 재판정보의 공개

연구·검토를 건의한 사항

노동분쟁 해결절차의 장기적 개선방안: 노동사건 재판에 대한 사법참여,
노동전문법원의 설치 등

공익소송 및 공익법률시스템의 구축: 집단소송제도 도입, 국민소송제도 도입

효율적인 분쟁처리제도(ADR) 활성화

징벌적 배상제도 도입

법률구조제도의 개선: 법률구조프로그램의 통합관리, 공적변호사제도의

　　도입 등

사법과 관련되어 있지만 누락된 굵직한 개혁 과제는 검찰개혁, 법원의 과거사 정리, 사법부의 지방분권 등이다. 법원의 본래 기능 회복, 즉 인권 옹호 기능 회복은 판결을 통하여 이루어져야 할 부분으로 제도적인 개혁 과제라고 할 수는 없다.

검찰개혁, 법원의 과거사 정리, 사법부의 지방분권 등 세 가지 굵직한 개혁 과제가 사법개혁위원회의 대상이 되지 못한 데에는 현실적, 시대적 한계가 있었다. 첫째, 검찰개혁은 이미 국가적 과제로서 추진되고 있었다. 대통령과 검사의 대화가 열린 것은 사법개혁이 시작되기도 훨씬 전인 2003년 3월 9일이었다. 이미 이때를 기점으로 검찰개혁은 시작되었다.

둘째, 법원의 과거사 정리는 필요한 일이었지만 시기상 한계와 성격의 한계가 있었다. 시기적으로 사법개혁위원회가 출범할 당시 과거사 정리는 국가적 차원에서 진행되지 못했다. 노무현 대통령이 2004년 8월 광복절 경축사에서 국가기관의 과거사 정리를 국가적 과제로 선언한 다음 과거사 정리는 국가적 사업이 되었다. 사법개혁위원회 구성 당시에는 과거사 정리가 논의되지도 않았던 때였다. 법원의 과거사 정리는 2005년 이용훈 대법원장의 취임이 이루어지면서 법원 내부에서 논의되기 시작한다.

과거사 정리는 성격상 미래지향적인 제도개혁과 차이가 있어 다른 기구에서 논의하는 것이 바람직하다. 제도개혁과 달리 과거사 정리는 과거 사건의 진상을 규명하는 작업으로 개별 사건에 대한 피해자 및 가해자 조사,

방대한 기록 검토 등이 필요하다. 업무추진 방식이 다르기 때문에 같은 기구에서 추진하는 것은 부적절하다. 실제로 국가의 과거사 정리는 '진실과 화해를 위한 과거사 정리 위원회'가 구성되어 종합적으로 추진하게 된다.

셋째, 사법부의 지방분권은 당시 본격적으로 제기되지 못했던 시대의 한계를 안고 있었다. 지방분권은 김대중 정부부터 본격 시작되었다. 김대중 대통령은 지방자치 실시를 위해 단식투쟁까지 할 정도로 깊은 신념을 가지고 있었다. 김대중 정부에 시작된 지방분권은 노무현 대통령의 참여정부 때 더 적극적으로 논의되었다. 노무현 대통령은 필생의 사업으로 지역주의 타파, 지방분권을 내걸었다. 행정수도 신설 문제, 혁신도시 구상, 제주특별자치도 설치, 제주자치경찰 도입 등 지방자치는 참여정부의 핵심 국정과제였다. 하지만 사법부의 지방분권은 지방분권이라는 측면에서는 행정자치, 교육자치, 경찰자치에 비해 우선순위가 떨어진다. 이론적으로 재판업무는 중앙집권적이라는 점에서 난점이 있고, 역사적으로는 사법의 지방분권을 논의하고 연구한 경험이 없다는 한계가 있었다.

사법제도개혁추진위원회가 의결한 안건들

사법개혁위원회가 건의한 내용은 모두 사법제도개혁추진위원회가 추진한다. 사법제도개혁추진위원회가 추진한 안건은 의결 안건에서 확인할 수 있다. 다음은 사법제도개혁추진위원회 의결 안건이다(사법제도개혁추진위원회, 2006, 39쪽).

법률안 의결
국선변호제도 개선 방안
범죄피해자 보호 방안
재정신청 전면확대 방안

국민의 형사재판참여제도 실시 방안

공판중심주의적 법정심리절차의 확립 방안

법학전문대학원 도입 방안

군 사법제도 개혁 방안

고등법원 상고부 시행 방안

법조윤리 확립 방안

인신구속 및 압수수색검증 제도의 개선 방안

경죄사건의 신속처리절차 도입 방안

양형제도의 개선 방안

재판기록 공개 개선 방안

정책방안 의결

법무담당관제도의 개선 방안

정책자료 채택

국민소송제도 도입 방안

기업 내 법률가 제도의 개선 방안

하급심 강화 방안

집단소송제도 도입 방안

징벌적 배상제도 도입 방안

노동분쟁 해결제도의 개선 방안

법률구조제도 개선 방안

재판 외 분쟁 해결제도 활성화 방안

사법개혁위원회와 사법제도개혁위원회의 개혁 과제 중 성공한 것은 다음과 같다. 이 과제들은 확대와 정착이 필요한 단계이다.

입법으로 성공한 사법개혁 과제

　　법조일원화와 법관 임용방식의 개선 방안

　　국선변호제도 개선 방안

　　범죄피해자 보호 방안

　　재정신청 전면확대 방안(일부)

　　국민의 형사재판참여제도 실시 방안(1단계)

　　공판중심주의적 법정심리절차의 확립 방안

　　법학전문대학원 도입 방안

　　법조윤리 확립 방안

　　인신구속 및 압수수색검증 제도의 개선 방안(일부)

　　양형제도의 개선 방안

　　재판기록 공개 개선 방안

　성공하지 못한 개혁 과제는 고등법원 상고부 시행 방안, 군 사법제도 개혁 방안, 경죄사건의 신속처리절차 도입 방안 등이 있다. 재정신청 전면확대 방안과 인신구속 및 압수수색검증 제도의 개선 방안은 일부 성공했다. 법조윤리 확립 방안은 입법화는 성공했지만 현실은 큰 변화가 없었다. 나머지 성공 여부를 말할 수 없는 과제들은 당시에 정책방안이나 정책자료로 채택된 것들이다.

이명박, 박근혜 정부의 퇴보

이명박 정부, 박근혜 정부 시기에는 사법개혁은 이루어지지 않았다. 이명박 정부 당시 국회에서 사법개혁을 일부 추진했으나, 그 내용은 법조일원화 보완 등 참여정부 당시의 사법개혁의 후속작업이었다. 사법개혁을 할 환경이 마련되지 않았던 시기였다. 민주주의는 후퇴했고 인권 수준도 떨어졌다. 그 결과는 최근의 박근혜·최순실의 국정농단 사태, 이명박 전 대통령의 구속, 양승태 게이트의 발생 등으로 나타났다. 사법개혁은 민주정부에서만 가능하다.

그렇다고 사법개혁 과정에서 이 시기가 의미가 없었던 것은 아니다. 이 시기는 그동안 이루어진 사법개혁 성과가 실무로 정착하는 시기였다고 할 수 있다. 국민참여재판, 즉 한국형 배심재판이 시행되었고 공판중심주의 형사절차는 정착했다. 구속자수는 감소하여 1998년 14만명이 넘었던 구속자는 2016년 3만명 수준으로 줄었다.

노무현 대통령 및 이명박 대통령 시기는 이용훈 전 대법원장 시대, 이명박 대통령 및 박근혜 대통령의 시대는 양승태 전 대법원장의 시기와 일치한다. 이용훈 전 대법원장 시대 법원은 민주주의 발전기와 민주주의 후퇴기를 동시에 맞았다. 이용훈 전 대법원장 시대 초반 법원은 판례 변경을 통하여 민주주의와 인권을 지키는 노력을 했다. 대법원 전원합의체에서 많은 의견이 쏟아졌고, 대법관들의 의견은 법학의 수준도 높이고 민주주의를 지키는 데에 일조를 했다. 사법개혁의 성과를 적용, 정착, 확대시킨 시기라고 할 수 있을 것이다. 하지만 이명박 정부가 들어서서 민주주의가 후퇴하자 법원도 후퇴했다. 사법개혁은 불가능했고 사법개혁의 성과를 정착시키는 데에 어려움을 겪었다.

박근혜 정부의 시기와 양승태 대법원장 시대는 대체로 일치한다. 양승태 전 대법원장 체제에서 사법의 관료화가 심각하게 진행되었다. 민주주의와 인권이 후퇴한 만큼 법률이론에 맞지 않는 판례도 많이 나왔다. 사법개혁은 논의조차 되지 않았고 법원의 본래 기능, 시민의 자유와 인권을 수호하는 기능은 실종되었다. 사법개혁은 민주주의와 인권이 발전할 때 이루어졌고, 민주주의와 인권이 위기에 처했을 때 중단되었다. 사법개혁은 민주주의와 인권의 발전을 사법부 내부로 반영하는 것이다.

사법제도개혁추진위원회 이후의 개혁 과제

사법개혁의 역사는 향후 사법개혁이 세 가지 방향으로 이루어질 것임을 보여준다. 첫째, 사법제도개혁추진위원회가 성공시킨 개혁 과제의 심화·발전, 둘째, 사법제도개혁추진위원회가 성공시키지 못하거나 장기과제로 분류한 개혁 과제의 재추진, 셋째, 사법제도개혁추진위원회가 시대적 한계로 채택하지 못한 개혁 과제의 추진 등이 그것이다.

사법제도개혁추진위원회가 성공시킨 개혁 과제 중 심화·발전시켜야 할 과제는 사법개혁의 출발점이다. 여기에 속하는 첫 번째 과제는 국민의 형사재판참여제도의 확대와 발전이다. 국민참여재판의 확대와 발전은 법률상 의무이다. 「국민의 형사재판 참여에 관한 법률」은 "국민참여재판의 시행 경과에 대한 분석 등을 통하여 국민참여재판제도의 최종적인 형태를 결정하기 위하여 대법원에 국민사법참여위원회"를 두도록 규정하고 있다(제55조①). 국민참여재판은 국민주권시대에 맞추어 배심원의 권한이 확대되는 방향으로 개혁되어야 한다.

두 번째 과제는 재정신청 전면확대이다. 이 방안은 현재 검찰개혁 과정의 일환으로 추진되고 있다. 고소인만이 아니라 고발인에게도 검사의 불기소처분에 대하여 통제할 수 있는 재정신청권이 부여되어야 한다. 재판을 진행하는 공소유지 기능은 검사가 아닌 공소유지변호사가 담당해야 한다. 중요하고 시급한 과제이다.

세 번째 과제는 경죄사건 신속처리절차 도입이다. 형사재판은 모두 공정하고 신속하게 이루어져야 하지만 중요한 사건과 신속하게 처리해야 할 사건은 따로 있기 마련이다. 중대범죄는 신중하고 공정하게 심리되어야 하지만 가벼운 사건은 신속하게 처리하는 것은 시민들에게 도움이 된다. 국가의 입장에서도 선택과 집중을 해야 한다. 인력과 예산의 제약이 있기 때문이다. 이런 면에서 형사절차를 세분화하여 가벼운 사건은 빨리 처리하고 중대범죄는 엄격하고 신중하게 처리하도록 절차를 분리하는 것이 바람직하다. 사법개혁 과제의 일환이지만 재판절차 개혁 과제로서 법원이 중심이되어 추진할 수 있는 과제이다. 형사소송법 개정 내용 중의 하나로 추진해야 한다.

네 번째 과제는 검사 작성 피의자신문조서의 증거능력요건 강화이다. 검사 작성 피의자신문조서는 적법한 절차와 방식, 피의자 자신이 말한 대로적혀 있다는 진정성립 인정, 특별히 믿을 만한 상황이라는 세 가지 요건을갖추면 증거로 사용할 수 있다. 이에 비해 사법경찰관 작성 피의자신문조서는 위 세 가지 요건에 더하여 말한 것이 사실과 일치한다는 내용 인정 요건이 부가되어 네 가지 요건이 필요하다. 이 때문에 경찰 작성 피의자신문조서는 피고인이 내용만 부인하면 증거로 사용할 수 없다. 이 차이는 경찰보다 강한 검찰의 수사 권한을 상징하는 것으로 해석되면서 실무에서는 검경 수사권 조정의 장애물로 작용했다. 현장에서는 이중수사의 폐해를 낳았다. 검사 작성 피의자신문조서의 증거능력요건은 경찰 작성 피의자신문조서와 같이 해야 한다. 형사소송법 개정 내용 중의 하나이면서 검찰개혁 과제이기도 하다.

다섯 번째 과제는 대법원 기능의 정상화이다. 현재 대법원은 사건의 폭주로 제대로 된 기능을 못한다. 이를 해결하기 위하여 상고허가제, 고등법원 상고부제, 상고법원제도, 대법관 증원론 등이 제안되었다. 양승태 전 대법원장이 사법행정권을 남용한 표면적인 이유는 상고법원 도입 시도이지만 상고법원제도 자체는 죄가 없다. 상고허가제나 대법관 증원을 통하여상고 사건을 적절하게 처리해야 하는 것은 오래된 과제이다. 그렇다고 이과제가 최우선의 과제가 될 수는 없다. 상고허가제 등이 국민의 재판을 받을 권리를 침해해서는 안 되는 한계가 있다는 점을 염두에 두어야 한다. 법원조직법의 개정 내용이다.

여섯 번째 과제는 대법원 구성의 다양화이다. 대법원 구성의 다양화는 일부 시도되었으나 지금은 정체기이다. 구체적으로 노무현 대통령과 이용훈 전 대법원장 시기 다양화는 일부 시도되었으나 이명박, 박근혜 정부와 양승태 전 대법원장 시기 다양화는 사실상 중단되었다. 신속하게 이용훈 전 대법원장 시기 정도의 다양성을 확보하고 이를 더욱 확대해야 한다. 중요하고 시급한 과제이다.

사법제도개혁추진위원회 당시 시기의 미성숙 또는 역량의 부족을 이유로 추진 또는 성공하지 못한 과제들 역시 사법개혁 과제들이다. 구체적인 내용은 군 사법제도 개혁, 법무담당관제도의 개선 방안, 국민소송제도 도입 방안, 기업 내 법률가 제도의 개선 방안, 하급심 강화 방안, 집단소송제도 도입 방안, 징벌배상제도 도입 방안, 노동분쟁 해결제도 개선 방안, 법률구조제도 개선 방안, 재판 외 분쟁 해결제도 활성화 방안 등이 그것이다. 장기과제는 크게 네 가지로 나뉜다.

첫째, 사회의 공정성, 공평성을 제고하는 과제. 여기에는 집단소송제도 도입, 징벌배상제도 도입, 노동분쟁 해결제도 개선, 법률구조제도 개선 등이 포함된다. 이들 과제는 과거에도 필요했지만 지금은 더욱더 필요하게 되었다. 이명박, 박근혜 정부 동안 사회의 공정성, 공평성이 붕괴되었고 이를 재구축해야 하기 때문이다.

둘째, 국민주권주의를 강화하는 과제. 국민소송제도 도입 방안이 그것이다. 국민주권주의는 사법 분야에도 적용된다. 국민참여재판 이외에 국민주권 확대를 위해 논의돼온 방안은 국민소송제도이다. 국민주권주의는 국민발안이나 국민소환까지 확대되어야 한다.

셋째, 법치주의를 강화하는 과제. 법무담당관제도의 개선 방안, 기업 내 법률가 제도의 개선 방안, 재판 외 분쟁 해결제도 활성화 방안 등이 이에 해당한다. 법무담당관제도는 행정부 내에 법률전문가를 둠으로써 법치행정의 수준을 높이는 것을 목표로 한다. 기업 내 법률가 제도는 기업에 법률가를 둠으로써 합법경영, 윤리경영의 수준을 높이는 것이 목적이다. 재판외 분쟁 해결제도 활성화 방안은 사회의 갈등을 법률에 기초하면서도 법원이 아닌 곳에서 해결함으로써 사회의 법치주의 수준을 높인다.

넷째, 군 사법제도 개혁. 군인은 제복을 입은 시민이므로, 군 장병의 인권은 시민과 같은 수준에서 보호되어야 한다. 군대는 대한민국의 조직이므로 법치주의가 적용되어야 한다. 군 사법제도 개혁은 인권보호관 설치와같은 극히 일부의 개선은 이루어졌지만 군 검찰의 중립성과 군 법원의 독립성은 아직 충분히 보장되지 못하고 있다. 군 사법제도 개혁이 제대로 되지 않아 군 장병의 인권이 위기에 처해 있고 총기사건 등 군 내부의 사건사고에 대한 수사와 재판도 제대로 이루어지지 못하고 있다. 지금의 군 사법제도 개혁은 헌법 개정과 함께 연구되어야 한다. 대부분의 개헌안은 평시군사법원을 폐지할 것을 제안하고 있다. 만일 평시 군사법원이 폐지된다면대규모의 군사법원과 군 검찰을 두고 있는 현재의 군 사법제도는 전면 개혁되어야 한다.

사법개혁 과제 중 새로운 개혁 과제는 시대의 요구를 바탕으로 새롭게 제기된 개혁 과제를 말한다. 새로운 개혁 과제의 출발점은 촛불혁명이다. 2016년부터 시작된 촛불혁명은 한국의 과거를 청산하고 미래를 결정하는핵심 요인이다. 촛불혁명은 검찰개혁을 가장 강하게 요구했다. 검찰개혁이지만, 자세히 보면 검찰 이외에 경찰, 국정원을 포함한 공권력 개혁이다. 공권력 개혁은 적폐 청산과 제도개혁을 요구한다. 법원도 적폐 청산과 제도개혁에서 자유롭지 못하다. 당장 판사 블랙리스트와 재판거래 사건이 이를 증명한다. 만일 이 사건이 국정농단 사태 이전에 발각되었다면 시민들은 사법개혁을 강하게 요구했을 것이다.

촛불혁명은 사회의 공정성, 공평성, 투명성을 강하게 요구했다. IMF 사태부터 강화된 우리 사회의 양극화를 완화하기 위한 공정성과 공평성이 주요 과제가 되었다. 또한 국정농단 사태에서 비롯된 최고위층의 부패는 투명성을 강하게 요구했다. 여기에 더해 한국의 발전전략 중의 하나인 지방분권 역시 중요한 개혁의 방향이다.

촛불혁명의 시대정신을 적폐 청산, 공정성, 투명성, 지방분권이라고 해석하면, 새롭게 부각되는 사법개혁 과제는 사회의 공정성과 투명성을 제고하는 제도개혁, 사법부의 지방분권, 법원의 과거사 정리 등으로 정리할 수 있다.

우리 사회의 심각한 양극화 또는 갑질문화는 공정성, 공평성을 회복할 것을 요구하고 있다. 공정성을 회복하는 사법개혁 과제에는 갑질문화를 바로잡기 위한 집단소송, 공익소송, 징벌배상제도의 도입, 재판절차의 공정성 강화 등이 있다. 투명성 제고를 위해서는 부패범죄에 대한 양형 개선, 재판절차 개선 등의 개혁이 필요하다. 사법부의 지방분권은 재판이 아닌 행정 단위에서 이루어져야 한다.

법원의 과거사 정리는 법원이 의도적으로 조작에 참여한 사건, 의도적으로 침묵한 사건, 의도는 없었지만 오판한 사건 등에 대한 진상조사라는 과제를 제기한다. 현재 진행되고 있는 검찰의 과거사 정리와 맥을 같이하는 개혁 과제이다. 이를 통해 법원은 왜 법원이 과거 제대로 기능을 하지 못했는지 원인을 알 수 있고 새로운 개혁 과제를 도출할 수 있을 것이다.

문제의식이 모든 것을 결정한다

사법개혁에서 중요한 것은 사법부의 문제가 무엇인지, 그리고 사법개혁을 왜 하는지에 대한 문제의식이다. 문제의식은 사법개혁 철학과 방향, 사법개혁 과제와 절차, 사법개혁 조직과 참여자, 사법개혁 시간과 방법 등 사법 개혁의 모든 것을 결정한다. 법원의 재판을 좀더 원활하게 하는 것이 문제 의식인지, 아니면 국민이 재판에 참여하는 국민주권주의를 실현하는 것이 문제의식인지, 아니면 다른 국가기관과 함께 시민의 자유와 인권을 지키는 것이 문제의식인지에 따라 모든 것이 바뀐다.

개혁에 대한 문제의식은 특별한 계기가 있어야 촉발된다. 하지만 계기 에만 집착하면 부분적인 개혁을 지향하게 되고 결국 개혁은 실패하게 된 다. 특별한 계기는 구조에서 비롯된 것이기 때문에 근본적인 구조의 개혁 없는 부분적인 개혁은 실패할 가능성이 매우 높다. 개혁의 도화선인 개별 사건은 사건을 발생시킨 구조에 대한 문제의식, 시대정신으로 보충되어야 한다.

개혁에 관한 문제의식은 과거 선배들이 느꼈던 문제의식을 학습함으로 써 심화될 수 있다. 과거의 문제의식은 여전히 유효하다. 사법개혁이 그만 큼 충분히 되지 않았기 때문이다. 지금은 사법개혁이 거의 실종된 상태이 다. 현재 사법부와 행정부에서 과거 사법개혁위원회와 사법제도개혁추진 위원회의 폭넓고 깊이 있는 문제의식은 찾아보기 어렵다. 과거 군부독재 시절에 확립된 사법시스템을 고쳐 민주주의 시대에 걸맞은 사법시스템을 구축하려고 하는 문제의식, 사법을 민주화, 선진화함으로써 사법에서 국민 주권주의를 실현하고 사법부의 위상을 제고하려는 문제의식, 시민들과 함 께 사법을 개혁하겠다는 문제의식, 국가적인 힘을 동원하여 사법개혁을 반 드시 성공시키겠다는 절박함은 보이지 않는다.

지금 대법원은 사법개혁을 법원개혁으로 축소하고 법원개혁을 다시 법 원 내부의 행정개혁으로 축소하고 있을 뿐 구조적인 문제에 대한 개혁은 시도하지 않고 있다. 지금의 현안인 양승태 게이트, 판사 블랙리스트와 재 판거래 사건도 제대로 처리하지 못할 정도로 허약한 리더십을 가지고 있다. 행정부는 마치 사법부나 사법개혁이 존재하지 않는 듯 사법부 일에 대하여 한마디 말도 하지 않고 있다. 사법개혁을 제대로 하기 위해서는 사법개혁의 역사를 배워야 한다. 특히 문제의식을 배워야 한다.

2. 청와대와 행정부의 무관심

현재 행정부는 사법개혁에 특별한 관심이 없다. 행정부를 대표하는 청와대의 관심도 실종되었다. 그런데 청와대로 대표되는 행정부의 사법개혁에 대한 관심 실종은 자연스럽고 논리적인 것일까. 과거의 사법개혁은 청와대를 중심으로 전 행정부가 추진했다. 과거의 사법개혁 추진이 잘못되지 않았다면, 지금의 행정부의 무관심이 오히려 비정상적인 것으로 보인다. 청와대를 중심으로 한 행정부는 왜 사법개혁에 대한 관심을 잃어버렸을까.

국정과제에 없는 사법개혁

문재인 정부의 국정과제는 문재인 정부의 청사진이다. 임기 동안 추진해야 하는 중요 개혁 과제를 정리해놓은 것이다. 문재인 정부는 국가비전, 5대 국정목표, 20대 국정전략, 100대 국정과제로 개혁 과제를 정리하고 있다.

문재인 정부의 국가비전은 '국민의 나라, 정의로운 대한민국'이다.

5대 국정목표는 '국민이 주인인 정부', '더불어 잘사는 경제', '내 삶을 책임지는 국가', '고르게 발전하는 지역', '평화와 번영의 한반도'이다.

5대 국정목표에 따라 20대 국정전략은 다음과 같이 구성된다.

국민이 주인인 정부

    1. 국민주권의 촛불민주주의 실현

    2. 소통으로 통합하는 광화문 대통령

    3. 투명하고 유능한 정부

    4. 권력기관의 민주적 개혁

더불어 잘사는 경제

    1. 소득주도성장을 위한 일자리 경제

    2. 활력이 넘치는 공정경제

    3. 서민과 중산층을 위한 민생경제

    4. 과학기술발전이 선도하는 4차 산업혁명

    5. 중소벤처가 주도하는 창업과 혁신성장

내 삶을 책임지는 국가

    1. 모두가 누리는 포용적 복지국가

    2. 국가가 책임지는 보육과 교육

    3. 국민 안전과 생명을 지키는 안심사회

    4. 노동존중, 성평등을 포함한 차별 없는 공정사회

    5. 자유와 창의가 넘치는 문화국가

고르게 발전하는 지역

    1. 풀뿌리민주주의를 실현하는 자치분권

    2. 골고루 잘사는 균형발전

    3. 사람이 돌아오는 농산어촌

평화와 번영의 한반도

1. 강한 안보와 책임국방

2. 남북간 화해협력과 한반도 비핵화

3. 국제협력을 주도하는 당당한 외교

문재인 정부의 국가비전, 국정목표, 국정전략에서 사법개혁과 관련 있는 분야는 '국민이 주인인 정부'이고, 그 국정과제는 구체적으로 다음과 같다.

1. 적폐의 철저하고 완전한 청산

2. 반부패 개혁으로 청렴한국 실현

3. 국민 눈높이에 맞는 과거사 문제 해결

4. 표현의 자유와 언론의 독립성 신장

5. 365일 국민과 소통하는 광화문 대통령

6. 국민 인권을 우선하는 민주주의 회복과 강화

7. 국민주권적 개헌 및 국민참여 정치개혁

8. 열린 혁신정부 서비스하는 행정

9. 적재적소·공정한 인사로 신뢰받는 공직사회 구현

10. 해외 체류 국민 보호 강화 및 재외동포 지원 확대

11. 국가를 위한 헌신을 잊지 않고 보답하는 나라

12. 사회적 가치 실현을 선도하는 공공기관

13. 국민의, 국민을 위한 권력기관 개혁

14. 민생치안 역량 강화 및 사회적 약자 보호

15. 과세형평 제고 및 납세자친화적 세무행정 구축

국정과제는 대통령 공약과 촛불혁명 당시 시민의 요구를 반영하여 잘 작

성된 것으로 평가된다. 그런데 국정과제에서 사법개혁은 누락되어 있다. 판사 블랙리스트와 재판거래 사건만 하더라도 시급한 개혁 과제인데 빠져 있다.

사법개혁 중 많은 과제는 법무행정과 관련된 것으로서 국가 법무행정을 책임지는 행정부의 몫이다. 국민참여재판의 확대, 군 사법제도 개혁이 대표적으로 여기에 해당한다. 법원행정 개혁도 법원조직법의 개정으로 이루어져야 하므로 사법부만으로는 할 수 없는 개혁 과제이다. 법원의 지방분권은 법원만의 업무는 아니고 행정부와 함께 연구하고 수행되어야 할 일이다. 그리고 행정부와 사법부가 사회 각계각층과 함께 사법개혁을 추진해온 것이 우리의 사법개혁 역사였다.

사법개혁 과제가 국정과제에서 누락된 것은 좋게 말하면 사법개혁을 사법부에게 맡긴 것이라고 볼 수 있다. 행정부가 할 수 있음에도 불구하고 사법부의 독립이 중요하므로 사법부에게 맡긴 것으로 생각할 수 있다. 그러나 개혁의 대상은 개혁의 주체가 되지 못하는 법이다. 현재 대법원이 사법개혁을 의욕적으로 추진하고 있다는 증거 또는 종합적이고 획기적인 사법개혁을 계획하고 있다는 소식은 없다. 사법부가 행정부와 함께 사법개혁을 추진하고 있지도 않다. 심지어 사법개혁이라는 말조차 사회에서 사라져버렸다.

사법개혁은 정말 사법부의 업무인가

문재인 정부 국정과제를 보면 현재 행정부는 사법개혁을 행정부의 과제가 아닌 사법부의 업무라고 판단한 것 같다. 그 영향으로 청와대나 법무부는 판사 블랙리스트와 재판거래 사건에 대하여 일체의 발언을 하지 않는다. 나라를 흔들리게 할 정도의 엄청난 사태에 대하여 청와대가 침묵하는 것은 전혀 자연스럽지 않다. 사법개혁이라는 말도 하지 않는다. 이런 이상한 사태의 이론적 원인은 사법부 독립 원리이다. 사법개혁이라고 하더라도 행정부가 사법부 일에 조금이라도 개입하는 경우 사법부 독립을 침해한다는 외관을 제공한다. 사법부 독립을 침해한다는 비판을 피하기 위하여 아예 사법개혁을 거론하지 않는 것이다.

만일 이것이 아니라면 사법부가 충분히 개혁적이어서 사법부 힘만으로 개혁을 할 수 있을 것이라고 판단했다고 가정할 수도 있다. 하지만 이 가정은 설득력이 없다. 우리 법원은 지금까지 개혁과는 거리가 멀었다. 수십 년 동안 보수적이었고 자발적으로 개혁을 하지 않은 사법부가 대법원장 한 명 바뀌었다고 갑자기 개혁에 적극적으로 나설 리 없다. 양승태 전 대법원장 체제가 뿌리를 내리고 있는 법원이 개혁적으로 변한다고 가정했다면 이것은 판단착오일 뿐이다. 양승태 전 대법원장 체제가 뿌리를 내린 것은 법원에 양승태 전 대법원장을 자연스럽게 받아들이는 토양이 있다는 것을 의미한다. 보수적이고 관료적인 대법원장을 받아들이는 보수적이고 관료적인 법원의 전통, 법관의 자세가 엄연히 존재한다. 이를 무시하고 사법개혁을 사법부에게 맡기면 모든 것이 다 해결될 것이라고 생각했다면 판단착오이다.

결국 행정부의 침묵은 이론적으로 사법부 독립 원리 때문이다. 그런데 독립이 보장된 사법부는 사법개혁에 적극적이지 않고 심지어 개혁의 움직임조차 보이지 않고 있다. 만일 행정부가 사법부 독립 원리 때문에 사법개혁을 말하지 않는 것이라면 이것은 사법부 독립 원리를 오해한 것이다. 사법부 독립 원리가 사법개혁을 배척할 리가 없다. 사법개혁의 최종 목적지 중의 하나가 사법부 독립이기 때문이다.

행정부에 법무부를 두고 있는 이유는 국가적 차원의 법무행정을 하기 위한 것이고 법무행정에는 당연히 사법제도 개혁이 포함된다. 행정부는 순전히 사법부가 담당해야 할 전문적이고 실무적인 법원 내부 개혁 과제를 제외하고는 사법개혁을 국정과제로 상정하고 추진해야 한다. 국민이 공정한 재판을 받을 권리를 보장하는 것은 국가의 의무, 행정부의 의무이기 때문이다. 구체적으로 국민참여재판 확대, 법원행정 개혁, 사법의 지방분권, 군 사법제도 개혁, 징벌배상제도 및 집단소송제도 도입, 형사공공변호인제도 확충, 공정한 법관인사제도 개혁 등은 모두 행정, 입법, 사법부가 관심을 가져야 하는 분야이지만, 그 우선적인 책임은 행정부에 있다.

사법부는 소극적으로 재판을 하기에 적합한 구조로 되어 있다. 정책을 적극적으로 발굴하고 개혁을 추진하기는 어렵다. 입법부는 사법개혁을 단독으로 추진하기에는 인적, 물적 기반이 취약하다. 또한 입법부는 정치의 영향을 직접 받기 때문에 사법개혁이 정치에 의하여 좌절될 가능성이 높다. 이에 비해 행정부는 정책을 적극적으로 발굴, 추진하는 데에 적합한 구조를 가지고 있으며 법안제출권도 가지고 있어 개혁을 추진하는 데에 적합하다. 행정부가 주축이 되고 사법부와 함께 개혁 방안을 마련한 후 입법부의 입법을 통하여 사법개혁을 추진하는 것이 가장 이상적인 형태이다.

그럼에도 지금의 행정부는 사법개혁에 나서지 못하고 있다. 이것은 사법부 독립 원리를 이데올로기나 도그마 차원으로 경직되게 해석하기 때문이다. 그 결과 청와대를 포함한 행정부는 사법개혁이라는 큰 과제를 놓치고 있다. 부분적인 국정과제로 여기저기 산재해 있을 뿐이다. 행정부의 사법개혁에 대한 무관심은 사법개혁 실종의 한 원인이다.

3. 도그마가 된 '사법부의 독립'

사법개혁의 실종은 사법부의 사법개혁에 대한 무지, 행정부의 사법개혁에 대한 무관심이 주된 원인이다. 그렇다면 이 두 가지 원인의 공통점 또는 근본원인은 무엇일까? 즉 청와대나 행정부가 사법개혁을 사법부에 전적으로 맡기고 시민단체가 시민들이 사법부에 대하여 사법개혁에 대하여 요구하지 않는 근본이유는 무엇인가? 또한 사법부가 사법개혁은 당연히 자신이 해야 하고 행정부를 포함한 외부의 도움이나 간섭은 필요 없다고 배척하는 근본 이유는 무엇일까? 행정부가 사법부에 개입해서는 안 된다는 생각, 사법부 일은 사법부가 해결해야 한다는 생각은 의외로 광범위하게 퍼져 있다. 그 뿌리는 이론적으로는 사법부의 독립 원리이고, 역사적으로는 정치권력이 정보기관과 검찰을 통하여 사법부를 장악해온 경험이다. 정보기관과 검찰을 통한 정치권력의 사법부 장악 역사는 사법부 독립을 최고의 가치로 만들었고 도그마와 이데올로기 수준으로 격상시켰다.

사법부 독립의 원리는 훌륭한 이론이다. 국가기구 구성의 원리인 견제와 균형의 원리가 사법부 차원에서 구체화된 것이 사법부 독립의 원리이다. 이렇게 훌륭한 사법부 독립의 원리가 현실에서는 사법개혁의 걸림돌이 되고 있다. 한편으로는 청와대와 행정부의 사법개혁 무관심으로, 다른 한편으로는 사법부의 사법개혁 거부로 나타난다. 사법부 독립이라는 훌륭한 가치가 현실에서 사법개혁의 걸림돌이 되는 모순을 규명해야 한다.

'사법부의 독립' 원리를 도그마로 만든 역사

청와대와 법무부 등 행정부가 사법개혁에 대해 언급하는 것조차 조심스러워하는 것은 일차적으로 정치권력이 사법부를 장악해온 군부독재와 권위주의 시절의 경험 때문이다. 정치권력은 직접 또는 법무부를 통해 사법부를 행정적으로 관리해왔고 검찰을 통해 재판을 통제해왔다. 그리고 비합법적인 지배는 정보기관을 통해서 이루어졌다. 특히 법무부는 검찰에 장악되어 있었기 때문에 국가 법무행정이라는 관점이 아니라 검찰의 관점, 정확하게는 정치검찰의 관점에서 사법부에 개입하고 조종하고 지배해왔다. 정치권력의 사법부 지배 역사는 오래되었고 사법부의 왜곡과 무고한 국민의 피해를 가져왔다. 이 과정에서 사법부 독립 원리는 최고의 가치로 부각했다. 정치권력의 사법부 지배 역사가 완전히 청산되지 않는 이상 사법부 독립의 원리는 행정부의 정상적인 활동도 주저하게 만드는 요소로 남는다.

그렇지만 사법부가 정치권력의 일방적인 피해자라는 주장도 사실은 아니다. 사법부는 정치권력의 사법부 장악에 저항하지 않고 순응했다. 사법부 본래의 기능, 인권의 최후의 보루라는 기능은 사법부가 정치권력에 저항하고 정치권력으로부터 독립되면서 확보될 수 있다. 하지만 사법부는 이를 스스로 포기했다. 사법부가 그 대가로 얻은 것은 권력과 안락함이었다. 사법부는 정치권력에 적극 협조했고 정치권력과 함께 한국을 지배하는 권력기관이 되었다.

한국에서 가장 오랫동안 대법원장으로 재직한 인물은 민복기 전 대법원장이다. 그는 서울지검 검사장, 대통령 비서관, 검찰총장, 법무부장관을 거처 대법원장이 되었다. 그는 1968년부터 1978년까지 대법원장으로 재임했는데, 그동안 민청학련 및 인혁당재건위 사건, 울릉도 간첩조작 사건, 긴급조치 판결 등이 있었다. 그는 유신체제를 지키기 위해 사법부가 노력해야 한다고 노골적으로 말하고 다녔다. 1차 사법파동 때 판사들의 사표를 반려하면서까지 사법파동을 잠재웠던 인물도 민복기였다. 사법부와 정치권력의 결합은 민복기 전 대법원장 시절 최고조에 달했다. 박정희와 민복기의 재임기간 동안 정치권력의 요구대로 사건을 처리하는 법원의 기본 체제는 완성되었다. 그 결과 민복기 전 대법원장이 출세의 길을 걸었던 것처럼, 정치권력의 요구에 순응한 법관들은 출세의 길을 걸어간다. 권력순응형 대법원장의 영향으로 사법부는 권력에 순응했다.

군부독재 시절부터 사법부의 독립을 지키려고 노력했던 이는 따로 있었다. 야당 정치인, 학생, 노동자, 농민 등 사법부의 피해자들과 인권변호사들이 그들이었다. 이들은 법정과 거리에서 민주화의 일환으로 사법부의 독립을 주장했다. 민주화운동 과정에서 사법부의 독립은 신성시되었고, 사법부가 독립만 지킨다면 사법부가 국민의 자유와 인권을 지킬 것이라고 생각했다. 정치적 사건, 학생과 노동자, 농민 사건, 국가보안법 위반 사건, 긴급조치 위반 사건 등 당시 문제가 되었던 사건은 누가 봐도 조작되었음을 알 수 있을 정도였다. 정치권력의 남용, 탄압은 너무 노골적이었다. 그렇지만 법정에서는 유죄가 선고되었다. 이때 많은 사람들이 사법부, 법관이 독립되어 있었다면 이런 일이 벌어지지 않았을 것이라고 생각했다. 실제로 당시에 사법부 독립만 유지되었다면 수많은 사건들이 무죄판결을 받았을 것이다. 최근의 재심 무죄판결들은 이 주장의 정당성을 뒷받침한다.

사법부 독립 훼손으로 인한 사법부의 기능 훼손, 사법부의 권력기관화는 우리 역사에 깊은 상처를 남겼다. 그리고 이념적으로 사법부의 독립을 가장 중요한 가치로 만들었다. 사법부 독립은 헌법에서 보장하는 가치가 되었고 사법행정에 대한 어떤 개입도 불온시되었다. 우리 헌법은 법관에 대한 인사를 통째로 법원에 넘겼다. 현행 헌법은 "대법원장과 대법관이 아닌 법관은 대법관회의의 동의를 얻어 대법원장이 임명한다"(제104조③)고 규정하고 있다. 법제도 측면에서 선진국 중에서 법원 인사 등 법원행정을 모두 사법부에 넘긴 나라는 없다. 사법부의 독립 원리는 하나의 이데올로기가되어 그 자체로 최상의 가치가 되어버렸다. 사법부에 대한 정당한 견제와 비판도 사법부 독립이라는 이데올로기를 넘지 못했다. 행정부는 입을 다물었고 언론이나 시민단체도 침묵했다.

사법부에 대한 정치권력 개입의 역사는 민주정부가 들어서면서 없어지기 시작했다. 정치권력의 개입을 차단하는 많은 제도개혁도 있었고 나름의 전통도 만들어지고 있다. 민주주의가 더 발전하면 사법부에 대한 정치권력의 개입은 사라질 것이고 정치권력의 사법부 장악이라는 트라우마 역시 사라질 것이다. 남는 것은 이론적으로 사법부 독립 도그마의 폐쇄성을 극복하는 것이다.

그것은 국민의 자유와 인권 보호를 위한 수단적 원리이다

사법부 독립은 우리 헌법의 중요한 가치이다. 사법부를 지탱하는 가장 중요한 가치 중의 하나이다. 정치권력과 자본권력이 사법부를 장악하는 것을 방지하는 중요한 역할을 한다. 사법부는 사법부의 독립, 법관의 독립이 있기 때문에 인권의 최후의 보루라는 역할을 할 가능성이 있다. 사법부 독립이 보장되어야 공평무사한 재판이 되고 공평무사한 재판이 되어야 국민의 자유와 인권이 보장될 수 있다. 하지만 사법부 독립이 보장된다고 하여 당연히 재판의 공정성과 국민의 자유와 인권이 보장되는 것은 아니다.

사법부 독립은 사법부 구성과 운영의 핵심적인 원리이지만, 국민의 자유와 권리를 보장한다는 대원칙 밑에 있는 하위 원리이다(장영수, 2017, 208쪽).

권력분립이라는 원칙이 국민의 자유와 인권을 보장하기 위해 있고 권력분립의 내용으로 국가기관 사이의 견제와 균형이 있다. 권력기관 사이의 견제와 균형의 원리 중의 하나로 사법부 독립이 있다. 따라서 사법부 독립 원리는 국민의 자유와 인권 보장이라는 큰 원리의 하나의 구성원리, 또는 수단적 원리로 기능한다.

사법부 독립 원리는 중간 단계로서 재판의 공정성을 구현한다. 재판의 공정성은 재판의 생명이고 사법부는 재판의 공정성을 통하여 국민의 자유와 인권을 보장한다. 재판의 공정성은 법관들의 노력만으로 이루어지지 않는다. 제도적으로 불편부당한 판단자, 공격과 방어를 공평하게 할 수 있는 당사자, 원고와 피고 또는 검사와 피고인의 평등한 관계, 피고인의 주체성과 권리 보장, 피고인을 돕는 변호인의 존재 등이 있어야 공정성은 보장된다. 여러 주체들이 함께 개입하고 노력해야 공정성은 확보될 수 있는 것이다. 공정성이라는 재판의 생명을 보장하는 데에도 사법부 독립 원리만으로는 부족하다. 사법부 독립 원리가 중요한 것은 틀림없지만, 사법부의 모든 것을 지배하는 원리도 아니고 다른 국가 구성의 원리를 압도하는 원리도 아니다.

사법부 독립은 국민의 자유와 권리 보장이라는 대원칙 밑에서 다른 원칙들에 의하여 제약받는 원리이다. 권력의 분립, 국가기관 사이의 견제와 균형은 국민의 자유와 권리를 더 잘 보장하기 위해서 존재한다. 사법부의 독립은 국가기관 사이의 견제와 균형 원리의 일부분이다. 따라서 사법부는 다른 국가기관과 협조를 하면서도 다른 국가기관을 견제하고 또 다른 국가기관으로부터 견제받아야 한다. 재판의 공정성 확보를 위해서도 사법부 독립의 원리는 다른 원리와 조화를 이루어야 한다.

법관의 선발이라는 사법부의 구성, 재판이라는 사법부의 작용, 법관 평가로 대표되는 사법부 평가 등은 모두 다른 국가기관의 영향을 받을 수 있고 또 받아야 한다. 사법부의 고유 업무인 재판은 사법부의 독립 원리가 적용되지만, 일반 업무는 다른 국가기관과의 협조 속에서 이루어져야 한다. 예를 들면 다른 국가기관이 시민들의 참여를 보장한다면 비슷한 수준으로 시민참여를 보장해야 하고 법관 선발 방식의 공정성, 평가의 적정성도 다른 국가기관과 유사해야 한다. 사법부 독립이 사법부의 모든 분야에 적용되는 것은 아니다.

사법부 독립이 사법부의 모든 분야에 적용되지 않는다는 것은 교과서의 설명에서 확인할 수 있다. 민사소송법과 형사소송법 교과서는 법원을 국법상의 법원과 소송법상의 법원으로 구분한다. 국법상의 법원은 사법행정 단위로서의 법원이다. 대법원을 비롯하여 고등법원, 지방법원, 행정법원, 특허법원, 가정법원 등 각급 법원으로 조직된다. 국법상 법원은 법원조직법상의 규율 대상이다(김인회, 2018, 304쪽).

소송법상의 법원은 구체적 사건에 대한 재판기관인 법원을 말한다. 단독제와 합의제로 구성되는데, 소송이 제기되었을 때 재판을 직접 담당하는 법원을 말한다(김인회, 2018, 304쪽). 박근혜 전 대통령 사건을 재판한 서울지방법원 형사 합의22부 구성원이었던 재판장과 좌우배석 판사 3명이 소송법상의 법원이다.

국법상의 법원과 소송법상의 법원 중 사법부의 독립 원리가 철저하게 지켜져야 할 법원은 소송법상의 법원이다. "헌법과 법률과 양심에 따라 독립하여" 재판하는 법원은 바로 소송법상의 법원을 말한다. 박근혜 전 대통령에 대한 재판에서 정치권력이나 자본권력의 압력은 절대로 없어야 하기 때문이다. 재판에 관해서는 소송법상의 법원이 최고의 권위를 가지고 독점권을 행사한다. 구체적인 재판에 대해서는 대법원도 함부로 할 수 없다. 대법원은 당사자가 상소하여 사건이 자신의 사건이 되었을 때에만 독립하여 결정할 수 있다.

이에 비해 국법상의 법원은 사법부의 배타적 지배 분야가 아니다. 국법상의 법원은 사법행정단위로서의 법원을 말한다(신동운, 2014, 740쪽). 그 구성은 헌법과 법원조직법에서 정한다. 다시 말하면 국민들이 직접 정하거나 혹은 국민의 대표인 국회가 정한다. 국회에 법률을 제출할 권한이 있고 국가의 법무행정을 담당해야 하는 행정부도 이에 대해 권한과 책임이 있다.

예를 들어 우리 사회에서 노동법원이 필요하다는 공감대가 형성되어 이를 창설하는 경우를 생각해보자. 노동법원 창설에 대한 의견은 사법부도, 일반 시민도, 시민단체도, 전문가도, 행정부도, 국회도 낼 수 있다. 행정부와 국회의원은 법안을 제출할 수 있다. 행정부는 국가 법무행정을 담당하고 있고 국회는 법률로 사법부를 조직할 권한이 있다. 사법부는 단독으로 노동법원을 창설할 수 없다. 이런 이유로 국법상의 법원은 국가마다 형태가 다르다. 연방제 국가와 단일국가가 다르고, 단일 국가라고 하더라도 대법원의 존재와 형태, 특별법원의 존재와 형태가 서로 다르다. 법관의 선발 방식도 다르고 법관의 임용 방식도 다르다. 비슷한 예로는 군사법원이 있다. 군사법원은 헌법이 규정하고 있다. 헌법에서 군사법원을 없앨 수 있지만 이 결정은 사법부가 단독으로 할 수 있는 것이 아니다.

국법상의 법원에 대해 사법부 독립의 원칙은 전면적으로 적용되지는 않는다. 국법상의 법원에 대한 사법부 독립의 원칙은 소송법상의 법원에 사법부의 독립을 보장하기 위하여 존재한다. 그만큼 간접적이고 전면적이지 않다. 예를 들어 법관의 선발과 임용, 전보 등 인사조치는 우리처럼 법원이 전적으로 독점할 수도 있지만 미국의 일부 주(州)처럼 선거로 할 수도 있고 독일처럼 의회가 결정할 수도 있다. 대법원의 대법관이나 헌법재판소 재판관의 선발을 대통령과 국회가 나누어 할 수도 있고 국회가 독점할 수도 있다. 법관 임용은 헌법과 법률이 정한다. 변호사 등 법률전문가 경험을 가진 사람만 법관으로 임명하는 법조일원화 역시 정책적인 결단에 속하고 사법부 이외의 다른 기관이 함께 관여할 수 있다.

국법상의 법원과 소송법상의 법원에 적용되는 사법부의 독립 원리를 혼동해서는 안 된다. 사법부 독립의 원리를 국법상의 법원에까지 확장하면 사법부의 구성과 활동, 사법행정 그리고 사법개혁을 전부 사법부에게 맡기는 결과가 된다. 법원중심주의, 법원폐쇄주의가 되어버린다. 다른 한편 사법부 독립의 원리를 소송법상의 법원에 느슨하게 적용하면 재판에 정치권력과 자본권력이 개입하는 것을 허용하게 된다. 최근 삼성 이재용 재판 결과에 대한 일반 시민들이 불편하게 느끼는 근본 이유는 소송법상의 법원이 자본권력에 의하여 포섭되어 있을 것이라는 의심 때문이다.

지금의 사법개혁은 사법부 독립의 원리를 국법상의 법원에까지 확장하여 사법개혁을 사법부에게만 맡기는 결과를 초래하고 있다. 이 결과 얻는 것은 사법부의 독립을 지켰다는 명분이고 잃는 것은 사법개혁 실종이라는 현실이다.

법관의 중층적 정체성

사법부가 사법부 독립 원리에 의해서만 운영되지 않듯이, 법관 역시 사법부의 독립이라는 정체성만 갖는 것은 아니다. 법관은 재판을 업무로 하는 존재이지만 본질적으로는 다양한 정체성을 갖는 인간이다. 법관이라는 정체성만큼 다른 중요한 정체성이 법관에게 있다. 법관도 다양한 경험과 지식을 가진 인간이고 공동체 안에서 살아가는 인간이기 때문이다.

법관도 국민을 위해 봉사하는 공무원이다. 공무원으로서 윤리의식과 사명의식을 가지고 있다. 공무원의 윤리의식과 사명의식은 법관이나 공무원이나 같다. 법관은 법관이라는 틀을 뛰어 넘어 법조인, 법률전문가로서의 정체성도 가진다. 강한 정의감과 공평무사함이 필요하다. 또한 법관은 우리 사회의 민주시민으로서의 정체성, 대한민국의 국민, 동아시아의 구성원, 지구촌의 주민으로서의 정체성도 가진다. 국정농단 사태 당시 민주시민으로서 촛불을 들었을 법관도 많을 것이다. 법관도 민주시민의 입장일 때에는 사회의 민주화에 기여해야 한다. 동아시아의 구성원으로서는 평화를 지향해야 하고 지구촌 주민으로서는 봉사활동을 해야 하고 대기와 수질 등 환경에도 관심을 가져야 한다.

여기에 더해 개인의 역사가 정체성을 형성한다. 만일 노동자 출신이 법관이 된다면 노동문제에 대해 민감할 수밖에 없을 것이다. 장애가 있다면 장애 문제에 대해 심각하게 생각한다. 여성 법관이 여성이나 사회적 약자의 문제에 대해 훨씬 더 정통한 것은 말할 것도 없다. 종교와 양심도 중요한 정체성 중의 하나이다.

정체성은 순수 단일한 개념이지만 개인에게 실제로 구현되는 정체성은 순수 단일하지 않다. 개인의 정체성은 하나만 있는 것이 아니다. 정체성은 묶음으로 존재한다. 여러 정체성 중에서 하나의 정체성이 주된 정체성이기는 하지만 하나의 정체성이 다른 정체성을 배제하지는 않는다. 그래서 인간은 모순적인 것이고 이해하기 힘들고 상대방을 어렵게 만든다. 이렇게 복합적인 정체성이 또한 인간의 특징이고 위대한 점이기도 하다. 주변부나 한계상황을 경험한 사람은 더 복잡한 정체성을 갖는다. 이들은 보통 사람들보다 더 예민하다. 즐거움에 더 즐거워하고 고통에 더 고통스러워한다.

사법부와 법관도 다양한 정체성을 가지고 있다. 여러 조직, 공동체의 일부이다. 다른 조직과 공동체와 좋은 관계를 유지해야 하고 그 구성원과 협동하고 함께 살아야 한다. 국가기관으로서 다른 국가기관과 상호 협력관계를 유지해야 한다. 따라서 사법부의 독립, 법관의 독립이 법관들의 유일무이한 정체성이라는 주장은 철학적으로 틀렸다. 오로지 직업으로서 법관만을 말할 때 사법부의 독립, 법관의 독립이 가장 중요한 정체성 중의 하나가 된다.

사법부와 법관의 다양한 정체성이 사법행정과 재판에서 제대로 반영되지 않을 때 사법부는 고립되고 법관은 외로워진다. 사법부와 법관의 가능성을 제대로 실현하지 못한다. 하나의 정체성이 다른 정체성을 억압할 때 조직과 개인은 혼란에 빠진다. 사람은 다른 사람이나 조직과 함께하지 않으면 자신의 역할을 하지 못한다. 진정 자유로운 자는 다른 사람의 도움을 받는 것을 꺼리지 않는다(야스토미 아야무, 2018). 여기에서의 도움은 착취나 이용이 아니다. 자립하는 사람들 사이의 도움은 서로를 완성시키는 법이다.

　　다른 조직이나 사람들의 도움이 없다면 사법부, 법관도 제대로 된 역할을 할 수 없다. 당장 국가의 예산이 충분하지 않다면 법원과 법관 수도 부족하게 된다. 법조인을 양성하는 법학전문대학원의 도움이 없다면 신임 판사 선발에 어려움을 겪는다. 변호사단체의 도움이 없다면 법치주의를 확산시키는 데에도, 법조일원화로 판사를 선발하는 데에도 어려움이 커진다. 사법부와 법원이 다양한 정체성을 갖듯이 사법부의 독립 역시 사법부를 규정하는 여러 원리 중의 하나, 부분 중의 하나임을 명심해야 한다. 자신의 다양한 정체성을 인정할 때 사법부와 법관은 법원중심주의, 법원폐쇄주의를 넘어 사회와 건전하게 교류할 수 있다. 착취나 이용이 아닌 진짜 도움을 주고 도움을 받을 수 있다. 사법부의 정체성, 법관의 정체성이 다양하기 때문에 사법부도 외부와 함께 사법개혁을 함께 할 수 있다.

사법부 독립 원리의 확장과 한계

사법부 독립 원리는 정치권력의 부당한 개입과 간섭으로부터 사법부를 보호하기 위하여 마련된 원리이다. 법관의 독립 역시 정치권력의 부당한 개입과 간섭, 나아가 관료화된 법원조직으로부터 법관을 보호하기 위하여 마련된 원리이다.

사법부 독립의 원리는 확장될 수 있다. 적용 분야는 확장되어야 한다. 원래 사법부 독립 원리의 적용 분야는 정치권력의 부당한 개입과 간섭이다. 그런데 재판을 왜곡할 정도의 힘을 가진 집단은 정치권력에 한정되지 않는다. 자본권력, 언론권력, 관료권력, 법조권력 등이 여기에 해당한다.

자본권력에 의한 사법부 지배는 경계해야 한다. 자본주의가 성립한 이래로 자본권력은 계속 확대되어왔고 사법부를 위협해왔다. 지금의 한국은 자본권력, 특히 재벌이 거의 무한대의 힘을 가지고 있어 사법부에 강한 영향을 미친다. 자본권력에 의한 사법부 지배는 경제발전 이데올로기에 의한 추상적인 압력 이외에 평상시 법관의 관리, 전관예우, 인맥 등을 통해서 극대화되어 있다. 국정농단 사태에 개입된 재벌 재판은 자본권력이 전관예우를 통하여 변호사와 법원에 영향을 미친다는 점을 보여준다. 재벌은 수사와 재판을 받으면 어김없이 고위직 판사, 검사 출신의 변호사를, 변호사도 상상하기 힘든 고액의 수임료로 선임한다. 재판 결과는 삼성 이재용 부회장 재판에서 보듯이 재벌에 편파적이다. 하급심 판결은 공정한 경우가 간혹 있으나 고등법원, 대법원으로 올라갈수록 재벌에 편파적이다. 과거 재벌에 대해 관대했던 잘못된 역사를 관행으로 미화하면서 따르고 있다. 양형기준이 도입되어 있으나 여전히 무거운 죄에 비하여 가벼운 집행유예형이 선고되는 것이 현실이다. 우리의 현실을 보면 정치권력보다 오히려 자본권력에 대한 사법부의 독립이 더 절실하다.

언론권력, 관료권력의 영향력도 한국에서는 극대화되어 있다. 언론 자체가 권력화되어 정치권력만큼 영향력을 행사한다. 언론이 정치권력을 주무르고 자본과는 튼튼한 카르텔을 형성한다. 관료권력은 정치권력과 함께 사법부에 영향을 미친다. 관료들은 퇴직 후 대형 로펌에 취직해 법률가들과 함께 전관예우의 사슬을 형성해 사법부에 영향을 미친다.

법조권력은 전관예우라는 부패구조로 연결되어 있다. 법조권력은 판사,

검사, 변호사의 유착관계에서 비롯된다. 변호사는 법원과 검찰 출신 변호사들이 중심이지만 자신의 돈이나 인맥을 바탕으로 법조권력 구조에 진입하는 사람도 있다. 일부 로펌은 형식적으로는 로펌이라는 합법성의 외피를 띠고 있으나 실제로는 여전히 전관예우로 부패와 연결되어 있다. 법조권력은 권력의 일부로서 사법부, 검찰, 경찰에 영향을 미친다. 이런 이유로 재벌을 포함한 권력자들이 수십억의 돈을 지급하면서까지 이들에게 사건을 위임하려고 한다. 아무리 변호사가 뛰어나더라도 한 사건에 일반 직장인의 10년치 연봉을 넘는 액수만큼 일할 수는 없다. 일부 법률가들은 권력자들의 일을 처리하면서 권력의 일부가 되었다. 권력형 사건을 해결하기 위한 과정이 또 하나의 권력형 비리 사건이 되어버리는 것이 우리의 현실이다.

그렇지만 사법부 독립 원리는 그 자체로 한계가 있다. 사법부와 관련되어 있다고 모두 사법부 독립의 원리가 적용되는 것은 아니다. 사법부 관련 일에 대한 외부의 모든 비판이나 관심을 사법부 독립이라는 이름으로 배척할 수 없다.

첫째, 주체의 한계가 있다. 정치권력, 자본권력, 언론권력, 관료권력, 법조권력 등에 의한 개입이나 간섭 아닌 경우에는 사법부 독립의 원칙이 적용될 수 없다. 일반 시민이나 학자, 실무가들의 법원 비판이 여기에 해당한다. 일반 시민이나 학자, 실무가들은 권력자가 아니므로 재판을 좌우할 수 없다. 재판을 좌우할 수는 없지만, 재판에 대해 비판을 할 수는 있다. 재판을 직접 받는 당사자와 잠재적 당사자들이기 때문이다.

둘째, 내용의 한계가 있다. 부당한 개입과 간섭이 아닌 정당한 비판이라면 사법부 독립 원리로 배척할 수 없다. 여기에는 정치권, 경제계, 언론계, 법조계의 정당한 비판도 포함된다. 부당한 개입과 간섭이 아닌 정당한 비판으로는 재판 진행 과정의 불공정성 비판, 판결 선고 이후 판결에 대한 비판 등이 있다. 법원행정에 대한 의견 제시, 새로운 법원 창설 제안, 법원의 과거사 정리 요구 등 사법개혁 제안도 여기에 해당한다. 재판 결과에 대해서는 비난에 가까운 비판을 하는 경우도 있다. 근거 없는 비난과 과도한 표현은 자제되어야 하지만 일상적인 마찰 정도라면 비판의 범위에 포함된다. 만일 비판의 범위를 넘어 문제가 심각해지면 손해배상으로 책임을 물으면 충분하다.

법원의 재판과 판결은 공개된다. 이것은 법원의 재판과 판결을 일반 시민이나 전문가의 비판에 제공하겠다는 것을 의미한다. 법원이 자신의 재판이나 판결에 대한 비판에 귀를 기울이고 이에 답변하겠다는 약속을 의미한다. 법원의 판결은 일반적으로 증거에 기반한 가장 합리적인 결론이지만 어디까지나 지금까지 제출된 증거에 기반한 것이며 가설적인 결론이다. 과거의 완벽한 재현은 아니고 새로운 명백한 증거가 나오면 변경될 수 있는 결론이다. 얼마든지 비판과 검토의 대상이 될 수 있고 또 되어야 한다.

사법개혁 관련 내용 역시 사법부 독립의 대상이 아니다. 사법개혁은 국가 법무행정의 일부로서 사법부의 독립 원리가 엄격하게 적용되는 재판이 아니다. 누구나 의견을 낼 수 있고 또 의견을 내야 한다. 사법부도 사법개혁에 대해서는 당연히 의견을 낼 수 있다. 다만 법원의 성찰과 반성이 필요한 분야의 사법개혁에서는 사법부가 사법개혁의 대상이므로 도덕적, 윤리적으로 자제해야 한다.

셋째, 방법의 한계가 있다. 사법부 독립의 원리는 분야만 확장될 수 있을 뿐 방법은 여전히 소극적, 수동적이어야 한다. 능동적, 적극적 무기로 사용해서는 안 된다. 사법부 독립의 원리를 공격적으로 사용하면 외부의 정당한 비판과 제안을 봉쇄하게 된다. 나아가 법원중심주의, 법원폐쇄주의, 법원우월주의에 빠져 법원이 고립되는 결과를 초래한다. 사법부 독립 원리는 정치권력의 부당한 개입과 간섭이 먼저 있어야 작동한다는 점에서 수동적이다. 정치권력이 재판 과정에 불법, 부당하게 간섭하지 않는다면 사법부의 독립이 잘 지켜지는 상태이므로 굳이 사법부의 독립을 강조할 필요가 없다. 사법부 독립 원리는 정치권력의 부당한 개입과 간섭을 배척할 뿐 정치권력에 대해 무엇인가를 적극적으로 요구하지 않는다는 점에서 소극적이다. 만일 정치권력의 부당한 개입과 간섭이 없음에도 불구하고 정치권력에 대해 무엇인가를 적극적으로 요구한다면 이것은 사법부의 월권이다. 최근 판사 블랙리스트와 재판거래 사건은 사법부가 정치권력과 상고법원이라는 정책적 결정을 거래했다는 점에서 사법부의 독립과는 무관한 불법행위일 뿐이다. 사법부는 어디까지나 이미 발생한 사건을 재판이라는 형식으로 처리하는 곳이다. 소극성, 수동성을 기본 원리로 한다.

사법부가 사법부 독립 원리를 이용하여 정치권력에 참여하거나 정치권력을 통제하려는 것은 민주주의 사회에서 위험하다. 정치권력은 선거로 구성되므로 국민들로부터 직접 신임을 받는 데에 비해 사법부는 국민들로부터 직접 신임을 받지 않기 때문이다. 사법부는 민주적 정당성이 없다. 국민들이나 국민의 대표들이 결정해야 마땅한 정책을 사법부가 대신 결정하는 것은 민주주의 원칙에 어긋난다. 사법부는 정치나 사업을 하는 곳이 아니다. 법관은 정치인도, 자본가도, 언론인도 아니고 이 분야의 일을 잘 하지도 못한다. 만일 일반 시민이나 학자, 실무가, 전문가에 대해 사법부 독립의 원리를 적극적, 공격적으로 적용하면 이들에게 침묵을 강요하게 된다. 사법부에 대한 비판, 재판에 대한 비판조차 막는다.

대법관 13명 전원이 2018년 1월 23일 원세훈 전 국정원장 재판이 공정하게 진행되었다고 발표한 것은 사법부 독립의 원리를 오남용한 대표적인 사례이다. 원세훈 재판을 둘러싸고 벌어진 청와대와 사법부의 거래 의혹을 시민들이 비판하고 해명을 요구하는 것은 당연한 반응이다. 이것은 사법부 독립, 재판의 독립과 아무런 관련이 없다. 구체적인 재판 과정에 개입해서 판사들을 조종하고 재판 결과를 바꾸려는 시도가 아니라 불법행위, 범죄행위에 대한 진상 규명을 요구한 것일 뿐이다. 그럼에도 대법관 13명은 이것을 사법부 독립에 대한 침해로 해석하고 외부의 비판에 유감을 표했다. 외부의 비판, 사법개혁의 요구를 봉쇄하려고 했다. 사법부 독립 원리에 대한 무지와 오해에서 비롯된 일이다. 사법부 독립의 원리를 대법관 13명처럼 확대하면 사법부는 고립된 섬이 되고 국민의 신뢰도 받지 못한다.

유지담 전 대법관은 2005년 10월 10일 퇴임사에서 사법부 독립과 관련하여 다음과 같은 말을 남겼다. 그는 환송을 받기보다 용서를 구하고 싶은 심정이라고도 했다. 사법부 독립에 대한 충고로 이보다 더 적절한 표현은 찾기 어려울 것이다(『중앙일보』, 2005).

무엇보다도 부끄럽게 생각하는 것은 권력에 맞서 사법부 독립을 진정코 외쳤어야 할 독재와 권위주의 시대에는 침묵했으면서, 정작 사법부에 대한 경청할 만한 비평을 겸허히 받아들여야 할 때 이를 외면한 채 '사법권 독립'이라든지 '재판의 권위'라는 등의 명분으로 사법부의 집단이익을 꾀하려는 것으로 비쳐질 우려가 있는 움직임에도 냉정한 판단을 유보한 채 그냥 동조하고 싶어했다는 것입니다.

사법부는 '독립'을 스스로 만들고 지켜왔는가

사법부 독립의 원리가 도그마가 된 세 번째 이유는 사법부 독립을 스스로 만들고 지켜오지 못한 사법부의 전통과 관행이다. 우리 사법부는 사법부 독립의 전통이 약하다. 사법부에게도 사법부 독립, 법관의 독립이라는 모범을 만들고 이 모범을 본받고 지키고 확산시키고 전통으로 만들 기회는 있었다. 대표적인 예로는 1950년대 유병진 판사의 사례가 있고, 최근에는 이용훈 전 대법원장의 사례가 있다. 1971년 검사의 법관에 대한 영장신청에 대해 집단으로 사표를 내면서 저항했던 제1차 사법파동도 있었다. 하지만 이 모든 노력은 전통으로 이어지지 못했다. 심지어 모처럼 있었던 사법부 독립의 모범을 스스로 파괴해버렸다.

　사법부는 아직도 자신의 전통을 가인 김병로 초대 대법원장에게서 찾는다. 가인 김병로 대법원장이 뛰어난 인물임은 틀림없지만, 지금의 눈으로 보면 너무 옛날 사람이다. 가인 이후 16명의 대법원장, 160여 명의 대법관, 그리고 수많은 법관이 있었는데, 그중에서 가인 김병로만한 인물이 없었단 말인가? 가인만큼 존경과 사랑, 자부심을 함께 갖춘 인물을 만들지 못한 사법부의 전통은 사법부의 독립을 위태롭게 만드는 원인 중의 하나이다.

　사법부의 독립을 오염시키는 사법부의 전통은 여러 행위를 통해 강화되었다. 판결이라는 장막 뒤에 숨어버리는 법관, 설명하지 않는 판결, 불친절한 재판, 재판 과정의 반말과 호통, 재판 비판에 대한 신경질적인 반응, 잘못을 절대 인정하지 않는 무오류 신화, 법관이 가장 똑똑하다는 엘리트주의, 결과만 옳다면 과정은 어떻게 되어도 좋다는 결과주의, 인사 과정의 폐쇄성, 정치권력의 부당한 개입과 간섭에 대한 순응, 민주화가 진행되어야 겨우 소장 판사들만 목소리를 내는 현상, 시민의 형식적인 참여, 검사를 우대하고 피고인을 차별하는 형사재판 관행 등의 잘못된 행위가 사법부 독립의 원리라는 이름하에 반복되었다. 사법부의 무례함, 불친절, 불소통, 내용 없는 권위는 사법부 독립의 원리를 남용한 결과이다.

　사법부 독립 원리가 변질되면 사법부의 이익 챙기기 현상을 낳는다. 사법부 이익 챙기기의 대표적인 현상은 고위직 법관들의 행정부 진출 사태이다. 사법부의 독립은 사법부가 다른 기관이나 권력으로부터 간섭을 받지 않는 것을 의미하지만, 그에 비례하여 사법부가 다른 기관이나 권력에게 영향을 미치지 않는 것도 의미한다. 보호를 받는 만큼 권한은 축소되어야 한다. 사법부 독립의 원리가 세상과의 단절을 의미하는 것은 아니지만 사법부 스스로의 고립은 필요하다. 사법부의 독립은 격리와 고립을 의미하는 것이고 국가 기득권 세력으로부터의 초월성, 즉 현실의 착종된 권력관계 속에서 인민의 일반의지, 즉 공공성을 옳게 대변할 수 있는 명예로운 고립을 의미한다(정태욱, 2009, 57쪽). 세상 모든 일에는 양면이 있는 법이다.

그런데 현재의 사법부는 그렇지 않다. 독립이라는 이름하에 신변의 보호, 즉 해고나 면직, 징계의 위험에서 보호를 받으면서 적극적으로 다른 분야로 진출하거나 다른 분야의 일을 한다. 국가권력으로부터의 초월성이 아닌 국가권력을 향한 욕망, 고위직을 향한 욕망을 적극적으로 표현한다. 법관들의 행정부 고위직 진출은 하나의 경향이 되어 버렸다. 최근의 고위직 법관들의 행정부 진출은 활발하다 못해 눈이 부실 지경이다. 감사원장, 방송통신위원장, 국가인권위원장 등이 그 예이다. 2018년 1월 법관이었던 최재형 사법연수원장이 감사원장에 임명되었다. 이전 감사원장도 법관 출신이다. 황창현 서울지방법원장은 2014년 감사원장이 되었다. 최성준 서울고등법원 부장판사는 2014년 방송통신위원장이 되었다. 이성호 서울중앙지방법원장은 2015년 국가인권위원장으로 임명되었다. 고위직 법관들의 행정부 진출은 양승태 대법원장 체제에서 집중적으로 이루어졌다. 이 정도면 가히 법관들의 전성시대라고 할 수 있다.

고위직 법관의 행정부 진출, 출세는 법치주의 확립에 도움이 되지 않는다. 사법부의 독립, 법관의 독립은 재판 결과에 대하여 정치적 책임을 지지 않는다는 것을 의미한다. 따라서 법관은 정치와 멀리 있어야 한다. 명예로운 고립, 명예로운 초월이 있어야 한다. 원래 세속 일에서 멀어지면 멀어질수록 명예는 보장되기 마련이다. 일부 법원행정을 담당하는 법관을 제외하고는 정치와 무관해야 한다. 법원행정을 담당하는 법관도 정치와 거리를 두어야 하지만 법원행정을 위해서는 불가피한 측면이 있다. 법원도 예산과 인력 문제를 해결하기 위해서는 행정부 공무원과 국회의원을 만나지 않을 수 없다. 하지만 법원행정처의 활동도 최소화되어야 함은 말할 것도 없다.

법관이 고위 행정직에 진출하기 시작하면 그 자리는 당연히 법원의 몫이라는 생각을 하게 된다. 그렇다면 정치권이 배정해준 자리를 지키기 위해 정치권의 요구를 들어주지 않을 수 없다. 기득권을 유지하려면 임명권자와 친하게 지내야 하기 때문이다. 법관이 개인적으로 행정가로서 능력이 있을 수도 있고 또 행정에 법관의 경험이 필요한 경우도 있을 수 있다. 하지만 법관은 행정가로서 선발되지 않았고 훈련도, 평가도 받지 않았다. 선거로 뽑힌 민주적 정당성을 가진 기관이 책임지고 시행하는 행정, 정책을 실현한 적도 없다. 대통령이나 국회로부터 평가를 받지 않도록 제도를 설계해놓고도 대통령이나 국회가 법관들을 행정가로 임용하는 것은 모순이다. 법관과 행정가를 혼동하는, 사법부와 행정부를 혼동하는 오류를 범하고 있다.

지금 대한민국 법원은 사법부의 독립을 만들고 지켜야 할 절박한 처지에 있다. 지금까지 없었던 사법부의 독립 전통을 만들고 이를 윤리로 승화시켜 모든 법관들이 사법부의 독립 원리를 실천하도록 해야 할 절박한 처지에 있다. 이용훈 전 대법원장은 2005년, 사법부는 독재와 권위주의 시대를 지나면서 정치권력으로부터 독립을 제대로 지켜내지 못하고 인권 보장의 최후의 보루로서의 소임을 다하지 못했다고 반성했다. 그로부터 불과 10여 년이 지났고 그중의 반은 양승태 전 대법원장 체제였다. 재판거래를 시도할 정도로 사법부 독립 원리를 훼손한 사법부의 모습을 지금 우리는 확인하고 있다. 고위직 법관의 행정부 진출은 사법부의 관료주의를 심화시킨다. 법원행정처, 구체적으로는 대법원장의 힘이 강해지기 때문이다. 대법원장은 고위직 법관의 자리를 보장하면서 법관에 대한 지배력을 높인다. 법관들은 법관 이후의 자리, 고위직 행정부 자리를 노리고 대법원장에 충성한다.

고위직 법관의 행정부 진출은 사법부 독립의 원리를 훼손시킨다. 정치권은 검증에 하자가 적고 정당의 반대도 적어 임용이 상대적으로 쉽다는 점에서 적극적으로 법관을 활용한다. 그러나 법관의 행정부 진출은 정치권력이 사법부 독립을 침해하는 하나의 유형일 뿐이다. 법관의 명예로운 고립, 초월을 방해하고 사법부를 흔들고 행정부의 무능력도 초래한다. 정치권력과 사법부를 더 가깝게 만들 뿐이다. 현재 법관의 행정부 진출은 하나의 경향이 되었지만 반드시 고쳐야 한다.

'사법부의 독립' 도그마가 사법부의 독립을 망친다

사법부 독립 원리, 법관의 독립 원리를 잘못 이해하면 역설적인 현상이 벌어진다. 사법개혁과 관련한 사법부 독립 도그마의 폐해는 첫째, 행정부의 사법개혁 기피, 둘째, 사법개혁 반대 세력의 사법부 독립 원리의 역이용이다.

첫째, 사법부 독립의 원리가 잘못 이해되면 행정부가 사법개혁을 기피하고 사법부가 사법개혁을 독점하게 된다. 사법부의 사법개혁 독점은 곧 사법개혁의 축소, 나아가 사법개혁의 실종을 의미한다. 사법부의 독립이 전면적으로 적용되는 분야는 재판이지 사법행정이 아니다. 역사적으로도 사법개혁은 행정부가 주도하여 추진했다. 2003년 참여정부에서 사법개혁을 할 당시 청와대의 설명은 "그간의 사법개혁 추진기구가 청와대 주도로 설치돼 각론에 들어가면 법원 측의 반발이 적지 않았다. 성공적, 실질적 사법개혁을 위해 행정부와 사법부가 공동으로 구성하는 방안을 구상해왔다"는 것이었다(권석천, 2017, 36쪽). 이것은 사법개혁이 원래 행정부의 업무였다는 점, 그러나 사법부의 협조 없이는 성공하기 힘들다는 점, 그래서 사법개혁을 하려면 행정부와 사법부가 공동으로 해야 한다는 점을 보여준다.

현재의 사법개혁은 행정부의 무관심 속에서 사법부가 독자적으로 진행되고 있다. 개혁의 대상이 개혁을 하는 꼴이다. 사법개혁 과제의 선정은 법원중심적, 축소지향적이다. 사법개혁 기구에 법원 출신 인사들이 너무 많이 포진해 있다. 그 결과 사법부가 사법개혁을 하면서 사법개혁을 법원개혁으로 축소하고 그나마 축소한 법원개혁도 제대로 추진하지 못하게 되었다. 사법개혁의 추진력을 너무 좁은 사법부 내부에서만 구하기 때문이다.

둘째, 사법부의 독립 원리를 도그마로 이해하면 개혁 반대 세력의 논리로 활용된다. 사법부 독립 도그마가 개혁 반대 논리로 되는 것은 사법부 안팎에서 동시에 이루어진다. 사법부 바깥의 정치적 반대파는 사법부 독립의 도그마를 이용하여 집권당과 행정부의 사법개혁을 반대한다. 큰 틀의 사법개혁은 집권당과 행정부가 할 수밖에 없음에도 이를 반대한다. 사법부에 대한 어떠한 관여도 사법부 독립을 침해하는 것으로 이해하기 때문이다. "재판도 한 번 안 해본 사람들이 어떻게 재판과 사법부를 개혁할 수 있나", "수사도 한 번 안 해본 사람들이 어떻게 수사권 조정을 하고 검찰을 개혁할 수 있나"라는 말도 한다. 사법개혁은 사법부가, 검찰개혁은 검찰이 해야 한다는 논리의 다른 표현이다. 그런데 이 말은 모순이다. 재판과 수사가 문제가 있어서 사법개혁과 검찰개혁을 시도한다. 기존에 재판과 수사를 했던 사람은 무엇이 문제인지도 모르기 때문에 개혁을 하지 못한다. 재판과 수사를 제대로 개혁하려면 외부의 시각, 즉 정치, 행정, 시민사회의 개입이 필요하다.

사법부 내부에서도 사법부 독립 도그마를 이용하여 사법개혁에 저항한다. 2010년 이명박 정부 당시 한나라당은 대법관 증원론을 제기한 바 있다. 대법관을 14명에서 24명으로 늘리고 경력은 20년 이상, 나이는 45세 이상으로 높이고, 대법관의 3분의 1은 법관 출신이 아닌 법조인 중에서 임명하려는 시도였다. 당시 논의는 여당인 한나라당이 주도했다. 이 배경에는 이용훈 전 대법원장 시절 〈PD수첩〉 사건, 미네르바 박대성 씨 사건, 강기갑 의원 공중부양 사건, 용산참사 사건 등 정치적 사건에 법원이 무죄를 잇달아 선고한 사례가 있었다. 정치검찰이 정치적 목적으로 기소한 사건을 법원이 무죄나 공소기각 판결을 선고하자 당시 여당인 한나라당이 그 대응으로 법원을 길들이려고 사법개혁을 들고 나온 것이다.

한나라당의 사법개혁 제안은 동기는 의심스러웠지만 충분히 있을 수 있는 것이다. 하지만 법원은 강경하게 대응했다. 2010년 3월 18일, 박일환 법원행정처장은 "최근의 이른바 사법제도 개선 논의는 개별적으로 주어진 주장의 당부를 굳이 따질 것 없이 사법부를 배제하고 일방적으로 밀어붙이려는 진행 방식 자체만으로도 매우 부적절하며 전례를 찾아볼 수 없는 일이다"라면서 강하게 반발했다(권석천, 2017, 408쪽). 사법부 전체가 사법개혁에 저항한 경우이다. 대법관 증원론은 사법개혁 과정에서 계속 제기되어온 주장으로 나름의 논리적 정당성을 가지고 있다. 사법개혁위원회에서는 소수안으로 채택된 적도 있다. 이때 대법원에게 필요한 자세는 사법부를 배제했다고 화를 내고 논의 자체를 거부하는 것이 아니라 대법관 증원론의 논리적 장단점을 따지는 것이어야 했다. 대법관의 수를 최종적으로 결정할 권한은 국회에 있기 때문에 사법부가 국회의 주도적인 논의를 힘으로 막을 법적인 근거는 없다. 하지만 대법원은 있을 수도 없는 일이라며 감정적으로 대응했다. 여기에서도 사법부의 독립을 사법행정의 독점, 사법개혁의 독점으로 보는 뿌리 깊은 인식을 확인할 수 있다.

사법부 독립 도그마는 사법부 내부의 일부 법관들이 사법개혁에 저항할 때에도 활용하는 무기가 된다. 사법부 독립은 법관의 독립을 포함하므로 법관에게 어떠한 개혁이나 변화도 요구해서는 안 된다는 논리로 변형된다. 사법부 내부 법관들의 반대는 좀더 세련된 방식으로 표현된다. 모든 대응책을 마련할 때 완급 조절이 선행되어야 한다, 법원개혁에는 다른 곳보다 시간과 노력이 훨씬 더 필요하므로 열정을 가지고 인내해야 한다(권석천, 2017, 209쪽)는 등의 말이 그것이다. 이용훈 대법원장 시절 개혁에 반대하던 일부 법원 판사들의 주장이다.

법원개혁은 다른 곳보다 시간과 노력이 더 필요하다고 한다. 이 말은 멋있어 보이지만 아무 내용이 없다. 사법부 개혁보다 더 어려운 개혁이 얼마나 많은가? 군부독재와 권위주의 청산, 정치개혁, 선거구개혁, 재벌개혁, 공정거래개혁, 검찰개혁, 경찰개혁, 국정원개혁 등 사법부 개혁보다 어렵고 노력이 더 필요한 개혁 과제는 무수히 많다. 역사적인 예이지만 한국을 군부독재의 위험으로부터 구출한 '하나회 해산'은 사법개혁보다 훨씬 어려운 개혁 과제였다. 사법개혁 자체는 다른 개혁 과제에 비해 유독 어려운 것이 아니다. 다만 사법개혁에 대해 법관들의 반대가 유독 심할 뿐이다.

이때 사법개혁 반대의 근거로 활용되는 것이 바로 법관의 독립을 포함하고 있는 사법부의 독립이다. 사법개혁의 목표이기도 한 사법부의 독립이 사법개혁의 걸림돌이 되고 있는 모순을 법관들이 스스로 만들고 있다. 사법개혁에 관한 사법부의 입장을 충분히 존중되어야 하지만, 주권자인 국민의 사법개혁에 대한 요청에 우선하지는 못한다. 더욱이 사법부의 기득권이 존중되어야 하는 것은 아니다(장영수, 2017, 278쪽).

제3장
사법개혁의 주체는 누구인가

1. 사법개혁의 성격으로부터 본 사법개혁 주체

사법부는 사법개혁에 참여하되 주도할 수는 없다

사법개혁은 성격상 두 가지로 나누어진다. 법원의 구성, 법관 선발 및 임용, 법관 인사, 법원행정, 법원 작용, 법치주의 확대, 사법신뢰 확보, 법조비리 척결 등을 내용으로 하는 사법제도 개혁과 재판 업무를 중심으로 한 법원 내부 개혁으로 나누어진다. 전자를 사법개혁, 후자를 법원개혁이라 할 수 있다.

사법제도 개혁 중 법원의 구성은 1심, 항소심, 상고심의 구성과 대상 사건, 상고허가제 등 상고제도 개선, 대법관 증원, 하급심 강화, 노동법원 등 특별법원 설립, 대등한 경력을 가진 법관들로 구성되는 고등법원 구성 등을 포함한다. 법관 선발의 문제는 이미 시행하고 있는 법조일원화를 포함하여 개방직 임용, 1심 판사와 고등법원 판사의 별도 선발(이원화) 등을 포함한다.

법원행정에는 법원 인사, 즉 법관의 임용, 전보, 해임 등이 포함된다. 한국의 경우 법관의 임용과 전보가 대법원장의 권한으로 되어 있다. 하지만 세계적으로 대법원장에게 모든 법관의 인사를 맡기는 선진국은 없다. 대법원장에게는 국민들이 직접 선거를 통하여 부여하는 민주적 정당성이 없기 때문이다. 법관 인사에는 국민들의 직접 참여나 국민을 대표하는 국회의 개입이 필요하다. 좁은 의미의 법원행정은 법원행정처가 담당한다. 법원행정처의 업무는 일반 조직 운영과 크게 차이가 없다. 관료주의에 의해 운영되지만 사법부의 특성상 행정 업무는 재판 업무에 영향을 미쳐서는 안 되고 관료주의는 최소화되어야 한다. 법원행정처 중심의 법원행정 개혁은 양승태 전 대법원장 체제 이후 중요한 개혁 과제가 되었다.

법원 작용 중 중요한 것은 재판과 재판외 분쟁 해결 방식이다. 재판을 국민주권주의에 기초하여 국민의, 국민을 위한, 국민에 의한 재판으로 만들어야 하는 과제가 최우선 과제이다. 이를 위해 형사재판에서 한국형 배심제인 국민참여재판제도가 도입되어 있다. 제한적인 배심제인 국민참여재판을 개혁하여 진정한 배심제를 도입해야 한다. 재판을 판사나 검사 중심이 아닌 시민이 쉽게 할 수 있도록 만드는 것도 법원 작용에 관한 사법시스템 개혁 과제이다. 여기에는 재판제도의 개혁과 함께 변호사제도 개혁도 포함된다.

법치주의 확대는 시민들이 법원을 더 쉽고 잘 이용할 수 있도록 하는 방안, 사회에 만연한 불공정성, 불공평성, 갑질문화를 해소할 수 있는 재판제도 도입, 법률가의 자문을 활용한 사전적 오류 점검 등이 포함된다. 이 부분은 특히 사법부 힘으로는 개혁할 수 없는 제도들이다. 사법개혁 과제이면서 사회적 개혁 과제에 해당한다.

사법의 신뢰 확보는 영원한 사법개혁 과제이다. 사법의 신뢰를 확보하려면 여러 조치가 필요하지만, 당장의 과제는 전관예우 문제 해결과 법관, 법률가의 범죄와 비리 처벌이다. 법관의 범죄는 곧 구성될 고위공직자범죄수사처에서 담당하게 될 것이다. 법관의 비리는 법원의 감찰 기능과 윤리 기능을 강화하여 해결해야 한다. 고질적인 전관예우 문제는 특단의 개혁조치가 필요하다. 사법 신뢰 확보는 사법부가 권력의 시녀가 되어 시민의 자유와 권리를 침해한 과거의 역사에서 비롯된 것이기 때문에 과거사 정리가 선행되어야 한다.

이상과 같은 사법제도 개혁의 주체는 행정부와 국회이다. 사법제도는 재판을 받을 권리라는 국민의 기본권을 실현하는 것이므로 직접적인 이해관계를 갖는 국민의 의사가 잘 반영되어야 한다. 이 역할은 국민의 선거로 선출되어 민주적 정당성이 있는 행정부와 국회가 담당한다.

행정부와 국회가 사법개혁의 주체이지만 역할은 다르다. 행정부는 현실을 잘 안다. 국민들과 일상적으로 접촉하면서 거의 모든 분야에서 국민의 의사를 알 수 있다. 국가 장기계획 수립도 업무 중의 하나이므로 미래를 예상하고 투자도 할 수 있다. 선진 외국의 사례도 잘 알고 있으며 국제 활동을 통해 국제법에도 밝다. 또한 행정부는 연구와 추진에 적합한 조직과 인력을 갖추고 있다. 직업적 공무원으로 구성된 행정부는 지속적인 연구로 지적 역량도 축적되어 있다. 행정부의 수반인 대통령은 국민으로부터 직접 선출되기 때문에 강력한 민주적 정당성, 국민의 대표성을 가지고 있다.

행정부는 이처럼 전 분야에 걸친 광범위함, 이해관계의 조정능력, 장기성, 지속성, 개방성, 인력과 조직력, 민주적 정당성 등을 갖추고 있어 바람직한 사법제도를 설계하고 추진하는 데에 적합하다. 사법제도 개혁은 국민들의 일상에 큰 변화를 주므로 변화가 어떤 결과를 몰고 오는지 섬세한 점검이 필요하다. 개혁 과정에서 생길 수 있는 문제점을 예상하고 해결하는 것은 개혁을 성공시키는 데에 중요하다. 이런 문제 해결에는 행정부가 뛰어나다. 여러 행정부가 협력하면 문제점을 사전에 찾아내고 해결할 수 있다. 행정부의 장점은 지금까지의 사법개혁을 행정부, 구체적으로 청와대가 중심이 되어 시도하게 만든 동력이다.

국회는 입법권으로 사법개혁을 최종적으로 결정하는 힘을 가지고 있다.

입법권은 매우 강력한 권한이므로 국회가 나서서 사법개혁의 의제를 설정하고 사법개혁을 추진할 수도 있다. 하지만 내각제 국가가 아닌 데다 정당의 역할이 미약한 현실에서 국회가 사법개혁과 같은 크고 장기적인 과제를 단독으로 추진하기는 힘들다. 그리고 국회의 생산성이 낮다는 점, 정치투쟁으로 국회 운영이 정상적이지 않다는 점은 큰 단점이다. 지금까지 국회에서 몇 차례 구성된 사법개혁위원회가 결실을 보지 못한 것은 모두 이에 연유한다. 2018년 1월 11일에 구성된 국회의 사법개혁특별위원회 역시 성과를 내지 못했다. 국회는 입법권을 가지고 큰 틀에서 사법개혁의 방향을 결정하고 나머지 세밀한 부분은 행정부의 의견을 많이 참고해야 한다.

사법부는 사법시스템 개혁에 참여는 하되 주도할 수 없는 한계가 있다. 사법부가 사법제도 개혁을 주도할 수는 없다. 사법부는 국민의 요구를 정확히 수렴할 장치도 없으며 국가 전체의 활동을 조감할 능력도 부족하다. 국민들로부터 직접 선출되어 국민을 대표하는 민주적 정당성도 약하다. 하지만 사법부가 사법개혁을 거부하면 사법개혁이 어려워지기 때문에 사법부는 행정부와 함께 사법개혁에 참여해야 한다. 사법부는 사법개혁의 주체는 아니지만 고유의 역할이 있다. 사법부는 사법시스템에 가장 큰 관심이 있고 사법시스템에 대하여 전문성을 가지고 있다. 전문적이고 실무적이며 구체적인 사안에서는 사법부의 전문성이 힘을 발휘한다. 사법개혁을 무리없이 성공시키기 위해서 사법부는 사법개혁에 참여해야 한다. 다만 사법부의 개혁 참여에서 사법부의 조직이기주의, 관료주의는 주의해야 한다. 사법부도 스스로 법원중심주의, 법원폐쇄주의를 경계해야 한다.

국가의 전 역량이 필요하다

행정부가 사법개혁의 주체인 것은 틀림없지만 행정부 중 법무부만 사법개혁의 주체인 것은 아니다. 사법개혁은 국가의 전 역량을 동원해야 달성할 수 있는 과제이다. 입법부, 행정부, 사법부 등 국가기관과 전문가, 일반 시민, 시민단체 등 모든 역량이 동원되어야 한다. 행정부만 해도 국가 법무행정을 담당하고 있는 법무부만의 힘으로는 사법개혁을 추진하기 어렵다. 행정부는 여러 부처로 구성되어 있다. 구체적인 개혁 과제에 따라 책임 있는 행정부는 다르다. 가장 책임이 큰 부처는 말할 것도 없이 법무부이다. 법무부는 국가 법무행정을 책임지기 때문에 당연히 사법개혁에 대해 큰 권한과 책임이 있다. 법무부는 모든 사법개혁 과제와 관련이 있다. 법무부만이라도 사법개혁에 대해 비전을 갖는다면 사법개혁의 성공 가능성은 높아진다. 행정안전부는 사법부 과거사 정리, 사법의 지방분권과 관련이 있다. 국방부는 군 사법제도 개혁에 책임이 있고, 공정거래위원회나 기획재정부는 징벌배상제도, 집단소송제도 등과 관련이 있다. 반부패 문제는 국민권익위원회의 책임이다. 법무담당관제도는 모든 행정부와 관련이 있다. 이처럼 여러 행정부가 다른 주제에 대해 책임이 있으므로 이에 대해 적극적으로 의견을 내고 사법개혁에 참여해야 한다.

사법개혁에는 여러 행정부가 관여하기 때문에 이를 조정하는 기구가 필수적이다. 우선 국무총리 수준에서 행정부의 의견을 조정하는 것이 바람직하다. 2005년의 사법제도개혁추진위원회의 경우 행정부 이외에 사법부의 대표로 법원행정처장도 있었고 민간 인사도 대폭 참여했기 때문에 국무총리와 국무총리급 민간인이 공동위원장으로서 과제를 조정했다.

대통령은 사법개혁의 주제를 확정하고 사법개혁의 동력을 유지하며 사법개혁을 최종적으로 책임진다. 대통령은 사법개혁의 동력이 계속 유지될 수 있도록 사법개혁에 대한 관심을 표명하고 사법개혁의 담당자들을 격려할 필요가 있다. 대통령의 사법개혁에 대한 의지는 사법개혁 추진의 가장 근본적인 동력이다. 대통령 비서실은 좀더 직접적인 역할이 필요하다. 사법개혁을 제대로 추진하려면 대통령 비서실이 직접 사법개혁 과정에 참여하는 것이 좋다. 2003년의 사법개혁위원회에서는 대통령 비서실 법무비서관이 법원행정처 송무국장과 함께 공동으로 간사를 맡았다. 2005년의 사법제도개혁추진위원회에서는 대통령 비서실의 사법개혁비서관이 기획추진단의 단장을 맡았다. 대통령이 사법개혁에 최종적인 책임을 진다는 것을 의식적으로 보여주어야 한다.

행정부와 청와대가 사법개혁을 추진한다고 하더라도 구체적인 내용에 대해 직접 개입해서는 안 된다. 사법개혁의 주체들이 자율적, 자주적으로 할 수 있도록 해야 한다. 행정부와 사법부의 지식과 경험, 민간 전문가들의 지식이 충분히 자율적으로 발휘될 수 있도록 대통령 비서실은 역할을 해야 한다. 가이드라인과 같은 형태의 상명하복의 지휘체계는 없어야 한다. 2005년 사법제도개혁추진위원회에서는 민정수석도 위원 중의 한 명으로 발언했을 뿐, 사법제도개혁추진위원회 진행에 대해서는 어떤 영향도 미친 적이 없다.

사법부는 내부의 법원개혁은 해낼 수 있는가

재판 업무를 중심으로 한 법원 내부 개혁은 사법부의 독립이 지켜져야 할 부분이다. 사법부의 독립 원리가 법관의 독립 원리로 구체화되는 장이 재판 분야이다. 그렇다고 재판의 형식과 절차를 사법부가 단독으로 결정해야 한다는 결론이 도출되는 것은 아니다. 재판의 형식과 절차는 법률로 정해지는데 이것은 재판의 형식과 절차가 국민의 공정한 재판을 받을 권리를 구체적으로 실현하기 때문이다. 따라서 재판의 형식과 절차 결정은 국회와 행정부의 몫이다. 사법부의 전문가적 의견이 반영될 수는 있지만 사법부가 주도적으로 정할 수는 없다. 사법부가 할 수 있는 것은 법률로 정해진 틀 내에서 재판 절차를 정하는 것이다. 이러한 원리가 표현된 것이 바로 민사소송법과 민사소송규칙, 형사소송법과 형사소송규칙의 관계이다. 민사소송법과 형사소송법은 국회에서 정하지만 민사소송규칙과 형사소송규칙은 대법원에서 정한다.

형사소송법과 형사소송규칙을 예를 들면, 검사와 피고인에게 충분한 공격·방어 방법을 부여하고 재판을 당사자가 중심이 되어 진행하는 당사자주의, 사실의 심리와 판단은 공개된 법정에서 이루어져야 한다는 공판중심주의, 사실의 인정은 증거로 해야 한다는 증거재판주의, 위법하게 수집한 증거는 증거로 사용해서는 안 된다는 위법수집증거배제법칙 등은 모두 형사소송법에 규정된다. 형사소송규칙은 이러한 형사소송법의 적용을 위하여 필요한 절차를 담고 있다. 법원에 신청을 할 때 필요한 서류와 그 기재 내용, 서류 제출 후의 심사 절차 등을 규정한다.

이처럼 재판 업무라고 하더라도 중요한 재판 원칙은 사법제도의 일부를 이루며 이것은 행정부, 입법부에서 결정할 수 있는 것들이다. 법원 자체적으로 정할 수 있는 것은 영장을 심사하고 발부하는 판사의 수를 몇 명으로 할 것인지, 어느 정도 경력을 가진 판사를 영장전담판사로 할 것인지, 사건 배당은 어떤 원칙으로 할 것인지, 민사재판부와 형사재판부를 몇 개로 구성할 것인지 등 세밀하고 구체적이며 실무적인 사항들이다.

법원 내부의 구체적이고 전문적인 분야의 개혁은 법원 스스로 담당하는 것이 타당하다. 이러한 문제들은 법원의 판사들이 가장 잘 알기 때문이다. 실무적인 문제는 전문가가 담당하는 게 바람직하다. 하지만 이 문제들을 전적으로 법원에 맡기는 것은 불안하다. 법원 내부 개혁을 위한 시스템이 없고 또 법원 내부의 반발도 만만하지 않다. 법원 내부 과제의 개혁을 위해서도 외부와 함께 하는 것이 절실하다.

법원 내부에 개혁 역량이 없다는 사실은 신영철 사태에서 확인할 수 있다. 신영철 사태는 2008년 신영철 당시 서울중앙지방법원장이 촛불시위 사건을 특정 재판부에 배당하고 또 신속한 처리를 주문하면서 벌어진 법관의 독립 침해 사건이다. 2008년 이명박 정부 초기, 정부가 미국산 쇠고기를 수입하기로 하자 시민들은 이에 촛불을 들어 반대를 하기 시작했다. 당시 촛불시위는 미국산 쇠고기 수입에 대한 항의로 시작했지만 실제로는 이명박 정부에 대한 경고이자 반대였다. 이명박 정부는 이에 탄압으로 맞섰다. 시위 참가자들은 수사를 받았고 재판의 대상이 되었다. 2008년 6월부터 재판이 시작되었다.

이때 서울중앙지방법원장 신영철이 등장한다. 사건은 원칙에 따르면 무작위로 배당되었어야 했으나 신영철 법원장은 특정 재판부에 사건을 집중 배당했다. 11건의 사건 중 8건이 특정 재판부에 배당되었다. 이미 배당되었던 한 사건은 다른 재판부로 재배당되었다. 이 사건이 부각된 것은 여러 재판부에 사건이 배당되면서 재판부 사이에 다른 판단이 있었기 때문이다. 일부 재판부는 보석으로 피고인을 석방했다. 일부 재판부는 당시 재판의 쟁점이었던 '야간 옥외집회 금지' 조항에 대해 위헌법률심판을 제정했다.

재판부마다 이 사건 처리에 다른 입장을 보이자 신영철 법원장은 재배당까지 하여 사건을 일부 재판부에 몰아주고 재판을 신속하고 획일적으로 할 것을 주문했다. 당시 신영철은 "앞으로 전산 자동배당을 하는 등 배당 문제가 재발하지 않도록 하겠다. 이런 사실이 외부로 나가면 법원 신뢰에 타격을 받을 수 있으니 나가지 않기를 바란다", "집중배당으로 달성하고자 하였던 보편적 결론을 도출하기 위하여 노력하여 달라는 요청은 아직 유효하다"는 취지의 이메일을 보냈다. 그리고 '야간 옥외집회 금지' 조항에 대해 위헌법률심판을 제정한 박재영 판사에게는 "가급적이면 튀거나 시끄러운 언행이 없어야 법원이 안정되지 않겠나, 위헌제청이 있었다고 해서 재판 진행을 하지 않으면 곤란하다"는 취지의 발언을 했다(권석천, 2017, 289~292쪽). 재판 진행 과정에 대한 개입이었다.

재판에 대한 법원장의 개입은 판사들의 분노를 불러일으켰다. 판사들은 신영철 법원장의 개입이 사법부의 독립, 법관의 독립 원칙을 훼손한 것으로 받아들였다. 법관의 독립은 구체적인 사건에 대한 불개입을 의미하는데 신영철 법원장은 이 선을 넘었다. 하지만 이 사태는 사법부 독립, 법관의 독립 문제로 전면화되지 못하고 어물쩍 넘어가게 되었다. 판사들의 역량은 이 문제를 정면으로 제기하고 해결할 만한 수준이 되지 못했다. 조직화되지 않은 개인의 힘은 판사라고 하더라도 별 영향력이 없다. 그렇다고 개인 판사가 자신의 인생과 명예를 걸고 이를 폭로한 것도 아니었다. 바뀐 것은 아무것도 없었다. 그냥 넘어간 것에 그치지 않고 이 문제를 일으킨 신영철 법원장은 대법관으로 제청되었고 대법관으로 임명되었다.

당시 법원은 신영철 법원장의 행위가 '재판 진행에 관여한 것으로 볼 소지가 있다'라고 판단했다. 대법원이 구성한 진상조사단 조사 결과(2009년 3월 16일)에 의하면 "신 법원장이 지난해 10월 13일 모 판사에게 전화를 걸어 특정 사건의 보석재판에 관해 언급한 것은 재판 내용에 관여한 것으로 볼 소지가 있다", 수차례의 이메일을 발송한 것과 관련해서도 "메일 문면상 합헌, 위헌의 구별 없이 재판 진행을 독촉하는 의미로 읽힐 수 있는 메일을 반복적으로 보냈고, 실제 그와 같은 취지로 이해한 법관들이 일부 있었던 점 등을 종합할 때 이러한 일련의 행위는 재판 진행에 관여한 것으로 볼 소지가 있다", 배당 의혹에 대해서도 "사건 배당의 공정성과 투명성을 보장하고, 배당은 배당 주관자의 임의성이 배제되는 방법으로 해야 한다는 배당 예규의 취지를 벗어나는 사법행정권의 남용으로 볼 소지가 있다"고 결론지었다(권석천, 2017, 305쪽).

이 문제는 대법원 공직자윤리위원회로 넘어갔다. 대법원 공직자윤리위원회는 5월 8일 신영철 대법관에게 주의 촉구 또는 경고 조치하라고 대법원장에게 권고했다. 대법원장은 엄중 경고를 선택했다. 법관의 독립을 침해했다고 수많은 법관들이 반발했던 이 사건은 이것으로 종결되었다. 신영철 대법관은 아무 일도 없었다는 듯 대법관 임기를 무사히 마치고 퇴임했다.

이 과정은 지금의 판사 블랙리스트와 재판거래 사건의 해결 방식을 생각나게 한다. 진상의 불철저한 조사, 후속조치 미발표, 법관들의 의견 분열, 시간 끌기, 때늦은 가벼운 후속조치, 조용한 마무리 등이 완전히 판박이다. 어떻게 하면 법원 식구가 안 다칠 것인가를 치열하게 고민하지 않고는 나올 수 없는 선택을 계속했다. 사법부는 이런 문제를 깨끗하게 해결할 능력도, 경험도, 의지도 없다.

신영철 사태는 법원 내부의 작은 시스템 개혁도 법원에게는 얼마나 어려운 일인가, 법원 내 판사들이 아주 작은 사법제도 개혁에도 얼마나 무력한지를 보여준다. 우리의 현실은 법원이 사법부의 독립, 법관의 독립 침해에 무력하다는 것이다. 이 사건은 법원 내부의 작은 개혁도 법원 자체의 힘으로는 할 수 없다는 것을 보여주었다. 법원 내부의 개혁도 외부와 함께 할 때 제대로 될 수 있다.

2. 사법개혁의 역사로 본 사법개혁의 주체

사법개혁 주체는 사법개혁 역사에서도 찾을 수 있다. 사법개혁 과정에서 누가 사법개혁을 주도했는지 살펴보면 지금의 사법개혁 주체가 누가 되어야 하는지도 알 수 있다. 사법개혁은 1993년의 사법발전위원회, 1995년의 세계화추진위원회, 1999년의 사법개혁추진위원회, 2003년의 사법개혁위원회, 2005년의 사법제도개혁추진위원회 등으로 이어진다. 당시 사법개혁을 추진했던 동력은 두 가지이다. 하나는 민주화였고 다른 하나는 법조비리였다. 이 두 문제를 해결할 수 있는 조직은 청와대 중심의 행정부였고 사법부는 여기에 함께 했다.

사법개혁 동력 중 사회의 민주화는 사법의 민주화를 포함한다. 군부독재가 끝나고 민선정부, 민주정부가 들어서자 사법의 민주화 요구가 사법개혁을 추동한다. 사법의 민주화 요구는 군부독재와 권위주의 시절 정착된 왜곡된 사법시스템을 개혁하여 국민의 자유와 권리를 보장하는 사법부를 만드는 일을 말한다.

사법의 민주화는 청와대로 대표되는 행정부가 담당한다. 국민의 사법개혁 요구를 담아내는 그릇은 행정부이기 때문이다. 사법부는 보조적인 역할에 그친다. 사법부는 군부독재 시절 정착된 왜곡된 사법시스템에 책임이 있어 사법개혁에 저항하기도 한다. 1995년의 세계화추진위원회, 1999년의 사법개혁추진위원회 당시 사법부는 사법개혁에 소극적이었다. 젊고 개혁적인 판사들이 일부 있었지만 이들을 조직적, 체계적으로 담아낼 시스템은 없었다. 또한 아무리 개혁적인 판사라고 하더라도 외부의 사법개혁 요구보다는 순화된 개혁 과제를 주장할 가능성이 농후하다는 점 역시 고려해야 한다. 그렇다고 사법개혁에 사법부가 참여하지 않을 수는 없다. 사법부가 참여하지 않으면 사법개혁이 좌초될 수 있기 때문이다.

법조비리라는 사법개혁의 동력 역시 사법개혁의 주체가 청와대로 대표되는 행정부와 외부 시민들임을 보여준다. 대규모의 법조비리는 일회적인 단순한 부패 문제도 아니고 급행료로 대표되는 일부 법원 직원의 일탈도 아니다. 대규모 법조비리는 전관예우라고도 불리지만 정확하게는 권력형 비리, 권력형 부패이다. 법조권력에서 파생되는 권력을 이용하여 법관이나 검사 등이 시민들로부터 직접, 혹은 변호사로부터 간접적으로 뇌물을 받는 것이 전관예우이다. 변호사들은 법관과 검사, 시민들의 중간 매개자 노릇을 한다.

법조비리로 인하여 사법정의는 왜곡된다. 법관, 검사에게 접근할 수 있는 자에게 유리한 판결, 결정이 내려진다. 사법서비스 이용에 따른 대가도 폭증한다. 이에 대해서는 재벌도, 권력자도 예외가 아니다. 재벌들도 자신들이 구속되었을 경우 석방을 위해 수십억 원대의 돈을 사용한다. 이 과정에서 정의는 거래되고 법치주의는 실종된다.

법조비리, 전관예우는 수십년간 계속되어온 폐쇄적인 관료적 사법시스템에 내재되어 있는 것이다. 공개된 법정에서 정의가 실현되지 않고 밀실의 판사실, 검사실에서 사건이 결정되므로 부패의 가능성은 항상 남아 있다. 재량권이라는 초과권력은 밀실에서 극대화된다. 이 문제는 사법시스템을 공개와 참여 시스템으로 바꾸면 해결할 수 있다.

법조비리, 전관예우는 관료주의에 기생하는 것이므로 관료주의로 구성된 법원이나 검찰이 이를 개혁하기란 사실상 불가능하다. 법원과 검찰이 여러 번 전관예우로 대표되는 법조비리를 추방하려고 했으나 실패한 근본 이유는 여기에 있다. 뿌리인 관료주의를 공격하지 않기 때문이다. 사법부는 법조비리에 관한 한 사법개혁의 주체가 되기는 어렵다. 행정부와 입법부, 시민단체 등이 법조비리를 추방하는 근본적인 개혁을 할 수 있다.

3. 국민주권주의 관점에서 본 사법개혁의 주체

국민주권주의 관점에서 보면 사법개혁의 주체는 당연히 국민이다. 이 점은 누구나 쉽게 예상할 수 있다. 다만 여기에 그쳐서는 안 된다. 국민주권주의의 내용이 무엇인지 구체적으로 파악해야 한다. 따라서 문제는 국민의 의사가 무엇인가, 국민의 참여를 어떻게 담아낼 것인가로 이동한다.

국민주권주의를 관철하려면 촛불혁명으로 변화·발전된 국민주권주의의 의미를 정확히 이해해야 한다. 촛불혁명은 국민주권주의가 새로운 단계에 들어섰음을 보여준다. 구체적으로 직접민주주의가 다시 민주주의의 핵심으로 떠올랐다. 국민이 직접 헌법개정안과 법률안을 제출하는 국민발안제, 국민이 대통령이나 국회의원을 해임할 수 있는 국민소환제 등이 활발하게 이야기되고 시도되고 있다. 선거구제 개편도 논의되고 있다. 거의 모든 정부 기관에 국민의 의견을 직접 반영할 수 있는 위원회나 시민참여제도가 정착되고 있다. 시민참여의 전제인 정보의 공개도 활성화되고 있다. 신고리 5, 6호기 공론화위원회와 국민헌법 숙의형 시민토론회에서 확인할 수 있듯이 특정 쟁점을 두고 전문가와 시민이 토론을 벌인 후 시민들이 주요 정책을 결정하는 숙의형 민주주의도 시도되고 있다. 과거 대의제 민주주의만 있을 때보다 훨씬 다양한 형태의 직접민주주의가 시도되고 있다.

사법부도 당연히 이를 반영해야 한다. 국민의 목소리를 집결하는 시민단체의 참여와 일반 시민의 직접 참여가 필요하다. 특정 쟁점에 대해서는 공론화위원회와 같은 숙의형 민주주의도 필요하다. 과거 사법개혁보다 훨씬 더 국민의 직접 참여가 필요한 것이 이번의 사법개혁이다.

그렇다고 모든 개혁 작업에 국민, 시민이 직접 참여해야 하고 모든 것을 결정해야 하는 것은 아니다. 사법개혁은 근본적인 방향과 이를 구체화하는 큰 개혁 과제, 큰 개혁 과제를 달성하기 위한 세부적 개혁 과제, 세부적 개혁 과제를 충실하게 만드는 실무적이고 전문적인 문제 등으로 구성된다. 이런 구조를 이해하고 구조에 맞는 개혁을 하려면 이론 및 실무 전문가의 도움이 필요하다. 세부 개혁 과제, 구체적이고 실무적인 문제를 해결하는 데에 전문가의 우선성을 보장할 필요가 있다. 국민은 여기에 참여하면서 제대로 된 방향으로 가는지를 감시하고 견제하는 역할을 맡는 것이 바람직하다. 물론 큰 방향의 결정은 국민들이 대등하게 참여할 수 있다. 전문가의 몫을 시민들에게 떠넘겨서는 곤란하다.

마지막으로 국민의 참여 강조가 갖는 한계를 알 필요가 있다. 국민들은 이미 촛불혁명을 통하여 사법개혁의 근본 방향을 정리했다. 이제 남은 것은 국민의 요구에 따라 행정부, 입법부, 사법부, 그리고 전문가들이 이를 실행하는 것이다. 촛불혁명과 같은 큰 역할을 해냈는데 사법개혁에까지 일일이 관심을 가지고 일일이 결정하도록 시민들에게 요청하는 것은 좀 염치없는 일이다. 국민들은 평상시에는 자신의 행복을 추구할 권리가 있다. 이 행복은 사법개혁에 참여한다고 보장되는 것이 아니다. 자신의 프라이버시 공간이 있고 국가의 일에 신경을 쓰지 않아야 행복해지는 경우도 있다. 국가가 아예 생각나지 않을 때 그때의 국가가 최고의 국가라는 말도 있지 않은가. 사법개혁 작업을 국민의 명령이라고 생각하고 사법개혁 담당자들이

열심히 하는 것이 중요하다. 모든 사법개혁 과제에 일일이 국민의 참여를 주장하는 것은 오히려 사법개혁을 피하기 위한 변명이 될 수 있다.

4. 개혁의 대상이자 주체인 사법부

사법부는 개혁의 대상이지만 또한 개혁의 주체일 수 있다. 사법개혁의 출발점이었던 민주화와 법조비리는 사법부가 근본적으로 개혁의 주체가 아니라 개혁의 대상이라는 점을 보여준다. 민주화 요구와 법조비리는 사법부가 군부독재 및 권위주의 시절의 시스템을 가지고 있다는 것에 대한 반성을 요구한다. 그런데 지금의 사법부 상층 구성원들은 대부분 기존의 시스템에 적응하고 성장해온 사람들이다. 이들이 기존 시스템을 근본적으로 반성하고 개혁할 가능성은 없다. 표면적인 개혁이나 일부 수정은 가능하겠지만 근본적인 개혁은 불가능하다. 근본적인 개혁을 할 만큼 문제의식을 가지고 있지 않기 때문이다. 사법부는 사법개혁에 관한 한 개혁의 주체일 수 없고 다만 개혁의 대상일 뿐이다.

그런데 사법부는 종종 개혁의 대상이라는 것에 반발한다. 표면적인 이유는 사법부가 그나마 다른 국가기관에 비하여 깨끗하거나 혹은 범죄행위를 적게 저지른다는 것이다. 이론적으로는 사법부 독립 원리를 주장한다. 표면적인 이유는 그 자체로 근거가 없다. 남의 잘못을 지적한다고 하여 자기의 잘못이 없어지지 않는다. 다른 국가기관의 문제를 지적한다고 하여 사법부의 문제가 없어지는 것은 아니다. 나아가 판사 블랙리스트와 재판거래 사건, 부장판사 구속과 같은 전관예우 문제 등 법원의 기능을 마비시킨 사건이 어찌 작은 일이겠는가? 사법부의 존립이유 자체를 흔드는 큰 사건이다. 사법부만 그 중대성은 애써 축소하고 있을 뿐이다.

사법부의 독립 원리를 동원하여 사법개혁에 저항하는 현실은 기이하다. 사법부의 독립은 사법부의 문제를 덮기 위해서나 사법개혁에 저항하기 위해 존재하는 것이 아니다. 사법부의 독립은 정치권력이나 자본권력이 재판에 불법, 부당하게 개입하여 정의를 왜곡하려고 할 때 정의를 지키기 위하여 존재하는 것이다. 사법부 독립 원리는 사법부로 하여금 시민의 자유와 인권을 지키고 정의를 지키기 위하여 존재하는 것이다. 사법개혁을 위해 사법부 독립 원리가 존재하며 사법개혁은 사법부 독립을 위한 목표 중의 하나이다. 사법개혁에서 사법부는 자신이 개혁의 주체가 아니라 대상이라는 점을 명확히 해야 사법부의 역할을 찾을 수 있다.

하지만 사법개혁에서 사법부는 대상이지만 부차적으로 주체일 수 있다. 사법개혁의 최종 목적은 국민의, 국민을 위한 사법시스템 구축과 이를 통한 좋은 재판이다. 좋은 재판이란 시민의 자유와 인권을 지키는 재판, 국가권력을 견제하고 통제하는 재판, 강자의 힘을 견제하고 약자를 보호하는 공정한 재판, 법치주의를 지키고 법치주의 수준을 높이는 재판 등을 말한다. 좋은 사법시스템 구축과 좋은 재판은 결국 사법부 구성원에 의하여 실현된다. 개혁의 결과는 법관들에게 스며들어 법관의 문화가 되어야 한다. 법관에게 스며든 사법개혁의 결과는 재판의 공정성과 민주성으로 표현되며 그 혜택은 공정한 재판을 받을 권리를 가진 시민들에게 돌아간다. 이런 면에서 사법부와 개별 법관이 사법개혁의 의의와 필요성, 그리고 개혁 과제를 이해하고 사법개혁에 동참하는 것은 필요하다.

사법시스템의 전문성도 사법부가 사법개혁의 주체로 참여해야 하는 이유를 제공한다. 최근 사법시스템은 공정성, 공평성을 확보하기 위하여 계속 발전하고 있다. 사회의 불공정성, 불공평성이 재판의 불공정성, 불공평성으로 유입되기 때문에 이를 차단하거나 교정하는 제도를 발전시키고 있다. 사법시스템의 계속적 발전은 실무적이고 전문적인 내용이 많다. 악마는 디테일에 있다는 말처럼 사소해 보이는 개혁이지만 재판에 직접 영향을 미치는 과제들이다. 신영철 사태에서 보듯이 재판 배당 기준은 재판에 직접적인 영향을 미치는 것이지만 전문적이고 세부적인 내용이므로 외부에서 일방적으로 결정하기보다는 사법부가 자율적으로 해결하는 것이 바람직하다.

사법개혁 과제는 중층적이어서 해당 단계에 따라 사법개혁 주체가 다를 수 있다. 이를 공정성을 중심으로 살펴보자. 재판의 공정성은 판단자의 공정성과 당사자의 평등성으로 구성된다. 판단자의 공정성은 재판을 하는 법원과 법관의 공정성을 말한다. 예단과 편견이 없는 법원, 법관은 재판의 공정성의 기초이다. 이를 위하여 큰 틀에서 사법부의 독립과 법관의 독립이 헌법에서 보장된다. 중간단계인 법원 구성과 관련해서는 법원의 관할을 법률로 규정해 당사자가 특정 법원을 고를 수 없게 되어 있다. 관할 다음 단계로 사건 배당이 있다. 이 단계에서도 특정 사건이 특정 판사에게 배당되지 않도록 하여 공정성을 구현해야 한다. 이 단계는 법원의 규칙, 내규가 결정한다. 구체적인 사건의 개별 법관에 대해서는 제척, 기피, 회피 제도를 통하여 예단과 편견이 있는 법관을 배제한다.

　공정성을 보장하는 각 단계는 법적으로는 헌법, 형사소송법, 형사소송규칙, 법원 내부의 규칙, 내규 등으로 나뉜다. 주체별로 살펴보면 헌법과 형사소송법 단계에서는 국민과 국민을 대표하는 입법부, 행정부가 주로 책임을 지며, 형사소송규칙, 예규, 규칙의 단계에서는 법원이 주로 책임을 진다. 개별 법관의 제척, 기피, 회피 단계에서는 개별 법관이 공정성을 지키는 책임을 진다. 이러한 단계적 구조는 법관이 전문적이고 구체적이며 실무적인 문제에 대해서는 직접 개혁을 실행해야 한다는 것을 말한다. 물론 헌법과 형사소송법 단계의 제도개혁이 선행되어야 법원, 개별 법관의 역할이 극대화된다.

최근 법원의 공정성은 법원의 관료주의, 법원편의주의, 법관의 출신과 경험에 의하여 위협받고 있다. 촛불집회 당시 벌어졌던 신영철 사태는 법원의 관료주의에 의해 공정성이 침해받은 사례 중의 하나이다. 법원편의주의에 의해서도 공정성은 위협받는다. 사건을 신속하게 해결하기 위하여 당사자의 말을 들어주지 않는 경향도, 불친절한 재판, 고압적인 재판도 법원의 공정성을 해친다.

법원의 공정성을 해치는 원인 중에서 최근에 주목해야 할 점은 법관의 출신과 경험이다. 법관의 출신과 경험이 특정 계층에 한정되면서 재판 진행 및 판결이 특정 계층에 유리한 경향을 조금씩 보이고 있다. 촛불혁명 후 조금 달라지고 있지만 정치권력, 자본권력, 언론권력, 관료권력 등 기득권에 유리한 재판과 판결은 여전하다. 자본권력, 특히 재벌에 관대한 판결은 자기확신의 정도에 이르렀다. 국정농단 사태로 법정에 섰던 삼성 이재용 부회장에 대한 재판이 대표적인 사례다. 법조일원화를 통하여 법관의 출신과 경험이 다양해지고 있지만, 현재 법원의 상층부는 여전히 기득권층의 일부로서 기득권층에 유리한 재판을 하는 경향을 가지고 있다. 법관의 출신과 경험을 뛰어넘어 공정성을 실현하기 위해서도 법관들이 사법개혁에 적극 참여하는 자세를 가질 필요가 있다.

재판의 생명인 공정성을 구성하는 두 번째 요소는 당사자의 평등성이다. 당사자의 평등성을 실현하기 위해서도 제도개혁과 함께 법관 자체의 개혁이 필요하다. 법관의 노력 여하에 따라 법정에서 당사자 사이의 공정성, 공평성 실현 여부가 좌우된다. 재판 절차는 재판을 하는 두 당사자가 평등하다는 것을 전제로 한다. 하지만 현실은 그렇지 않다. 특히 형사재판 절차에서 검사와 피고인은 서로 평등하지 않다. 피고인에게 아직도 충분한 방어권이 보장되어 있지 않다. 평생 처음 수사와 재판을 받는 법률문외한인 시민이 법률전문가인 검사에게 맞서 충분히 자기를 방어할 수 있다고 가정하는 것은 논리적으로도 성립할 수 없다. 빈곤과 무지로 변호인을 선임하지 못하는 피의자, 피고인을 위하여 변호인을 국가가 제공하는 형사공공변호인제도를 도입하려는 이유 중의 하나가 재판의 공정성이다. 민사재판은 더욱 세심한 공정성이 필요하다. 최근 심각해진 사회적 불공정성은 민사재판에서 그대로 나타난다. 대자본과 중소자본, 자본과 노동, 기득권층과 서민의 불평등은 재판에서 불공정으로 반영된다.

법정에서 당사자 사이의 평등을 확보하는 방안 역시 제도개혁과 법관의 활동으로 구분할 수 있다. 법정 내 공정성 확보 방안은 구체적이고 실무적인 규정이나 절차, 관행을 바꾸는 과제인 경우가 많다. 법정에서는 어쨌든 재판장이 최고의 권위와 권한을 가지고 있다. 재판장이 변하지 않으면 법정의 풍경은 바뀌지 않는다. 이런 면에서도 사법개혁에는 실제 재판을 진행하면서 문제의 실상을 구체적으로 아는 법관들의 참여가 필요하다.

사법개혁을 하는 데에 사법부가 순수한 단일 조직이 아니라는 점은 중요한 출발점 중의 하나이다. 사법부는 순수 단일 조직이 아니므로 단일한 의견으로 사법개혁에 찬성과 반대를 표현할 수 없다. 사법부를 구성하는 법관들의 사법개혁에 대한 사고 차이는 분명히 존재한다. 비록 대다수의 법관들이 보수적이라고 하더라도 사법의 민주화와 법조비리 추방에 대해서는 나름의 생각이 있다. 사법개혁의 대의에는 찬성하는 판사들이 아마 더 많을 것이다.

사법개혁에 대한 법관의 생각은 고정불변이 아니다. 얼마든지 변할 수 있다. 만일 변하지 않는다면 20년을 넘어 사법개혁이 계속 진행될 수가 없다. 과거의 개혁적인 법관들이 모두 떠난 지금에도 새로운 개혁적인 법관들이 등장하고 있다. 사법부가 순수한 단일 조직이 아니라는 사실, 법관 중에 사법개혁에 적극적인 법관들이 있다는 사실, 사법개혁에 적극적인 법관들이 계속 배출되고 있다는 사실은 사법개혁 과정에서 충분히 고려되어야 한다. 민주적인 사법개혁 리더십을 세우고 법관들 사이에 사법개혁의 대의를 공유하며 사법개혁의 구체적인 방안을 확정하는 데에 중요한 고려사항이다.

사법부는 수준이 다른 조직에 비하여 비슷한 인물들로 구성되어 있다. 사법시험과 변호사시험이라는 시험을 통과했고 같은 훈련을 받았으며 평생을 하나의 일만 한다. 다른 기관이나 조직에 비하면 업무 내용과 방식은 거의 바뀌지 않는다. 1심 재판을 하는 초임 법관이나 대법관 모두 구체적인 사건에서 가장 합리적인 해답을 찾아가는 작업, 즉 재판을 하는 데에는 차이가 없다. 모두 정치적이고 재판 외적인 내용을 배제하고 헌법과 법률, 양심에 따라 독립적으로 판단할 뿐이다.

법의 이념이 정의라는 것도 사법부의 동일성을 강조한다. 법의 이념은 정의, 법적 안정성, 합목적성이라고 법철학자 라드부르흐는 지적한다. 정의는 평등을 말한다. 평등은 균질, 공정, 공평 등을 포함하는데, 법의 이념이 평등이라면 법의 이념을 실현하는 법관도 평등, 균질, 공정, 공평해야 한다.

그렇지만 사법부와 법관이 완전히 균질한 것은 아니다. 법관은 가정의 일원이고 지역사회의 구성원이면서 공무원, 민주시민이고 또 국가공동체, 나아가 지구공동체의 구성원이기도 하다. 법관의 가치관의 차이는 판결에서는 소수파의 의견 개진과 판례 변경으로 나타난다. 사법개혁에 대해서는 사법개혁에 대한 입장 차이로 나타난다.

법관의 가치관 차이가 드러난 최근의 사례는 이용훈 전 대법원장 체제의 다수파와 소수파의 논쟁과 대결, 그리고 판례 변경이었다. 이 시기 대법원에서는 과거에도 없었고 앞으로도 당분간은 없을 정도로 많은 논쟁과 대결, 판례 변경이 있었다. 국가보안법 사건, 삼성 전환사채 사건, 노동쟁의 사건, 연명치료 중단 사건, 새만금 사건, 사립학교법 사건, 유신시대 긴급조치 사건, 재심판결 사건, 공판중심주의 사건, 위법수집증거배제법칙 사건, 공소장한장주의(공소장일본주의) 사건 등을 두고 벌어진 논쟁은 지금 생각해보아도 대단한 논쟁들이었다. 이들 사건에서 대부분 소수파는 다수파를 이기지 못했지만 민주주의를 위한 의미 있는 전진은 이루어졌다. 일부 판례 변경도 있었다. 언론에서 말했던 "독수리 오남매"(박시환, 김지형, 이홍훈, 전수안, 김영란 대법관)의 활약은 법관이 균질하지 않다는 점을 잘 보여준다.

　　사법개혁을 추진함에 있어 법관들의 차이를 인식할 필요가 있다. 가능한 한 많은 법관들의 이야기를 반영하는 것, 민주화의 세례를 받고 민주시민 교육을 받고 법관이 된 판사들의 의견을 조직하는 것은 법원의 민주화에 필수적이다. 법원이 비민주적, 관료적으로 구성되고 운영되는 상태에서는 민주적이고 공정한 재판을 기대할 수 없다. 또한 법관들의 의견을 제도적으로 수렴하는 것 자체가 법원의 비민주성과 관료주의를 깨는 것이기도 하다. 형식만이 아니라 내용에서도 민주성을 담보해야 한다. 기껏 법관회의를 만들어놓았더니 법관들이 자신의 이익만 주장하고 법원 외부 인사들을 범죄인 취급하면서 충고를 거부하는 이익집단이 되어서는 안 된다. 자신들의 이익을 지키는 조직을 만드는 것은 사법개혁이 아니다. 법관들의 차이를 정확히 인식하는 것은 법관회의의 제도화를 포함한 사법개혁의 과제이면서 또한 사법개혁의 내용을 채워내고 사법개혁을 지속시키는 동력 중의 하나이다.

5. 개혁 주체의 리더십과 공감대

사법개혁을 시작하려면 사법개혁 주체들이 리더십을 제대로 세우고 사법개혁의 공감대를 확대해야 한다. 사법개혁에 대한 공감대가 넓으면 넓을수록 사법개혁 주체들의 리더십은 확고해지고 사법개혁의 성공 가능성이 높아진다. 이 명제의 역도 또한 참이다. 사법개혁 주체들은 우선 리더십을 형성해야 한다. 출발은 소수이지만 리더십을 갖출 때 개혁의 주체들은 다수가 될 수 있다.

모든 개혁이 소수파 개혁은 아니다. 모든 개혁의 주체가 소수파로서 엄청난 스트레스를 받으며 거대한 벽과 싸우는 것은 아니다. 지금 진행되는 검찰개혁, 경찰개혁, 국정원개혁은 소수파 개혁이 아니다. 국민 다수의 지지를 받은 정부가 진행하는 개혁이기 때문이다. 그런데 유독 최근의 사법개혁은 소수파 개혁인 것처럼 느껴진다. 구체적으로 대법관 13명이 일치단결하여 재판 개입 사실이 없었다고 의견을 표명한 사건은 사법개혁의 리더십이 소수파임을 잘 보여준다. 사법발전위원회의 지지부진한 활동도 이를 증명한다.

현재 사법개혁의 리더십이 사법부 내부에서 소수, 비주류인 것은 사실이다. 그런데 사법부의 최고 수장, 대법원장은 개혁적인 인물이라고 한다. 대법원장은 법원에서 거의 모든 권한을 다 가지고 있는 제왕적 존재이다. 그렇다면 대법원장으로 대표되는 사법부 내부의 개혁 주체는 소수파, 비주류인가, 아니면 다수파, 주류인가? 제왕적 대법원장은 소수파, 비주류로 분류할 수 있을까? 아니면 소수파인데 주류일까?

이 질문만큼 어리석은 질문은 없다. 원래 개혁은 어렵고도 어려운 일이다. 기존의 관습, 관행, 습관은 힘이 세다. 다수는 기존의 관습, 관행, 습관에 순응한다. 어려서부터 그렇게 훈련받는다. 기존의 관습에 순응하는 훈련을 받지 않으면 삶은 힘들어진다. 어릴 때에는 살아남기 힘들 수도 있다. 법과 윤리의 뿌리도 관습, 관행, 습관에 닿아 있다.

개혁의 출발은 항상 소수이다. 소수만이 기존의 관습, 관행, 습관, 법과 윤리에 의문을 가질 수 있다. 소수만이 더 나은 미래를 상상하고 또 행동한다. 소수는 다수에게 미래의 모습을 구체적으로 보여주고, 미래로 가는 길을 보여준다. 미래를 위한 논리를 만들고 미래를 현재로 바꾸는 조직을 만든다. 그러나 소수만으로는 아무것도 할 수 없다. 소수는 필사적으로 다수가 되려고 한다. 여기에는 노력이 대부분을 차지하지만 운도 따른다.

중국 역사상 가장 큰 혁명은 은주 혁명과 사회주의 혁명이다. 둘 다 소수가 필사적으로 노력하여 다수가 된 경우이다. 은주 혁명 당시 주나라의 무왕은 맹진에 800명의 제후를 모았다. 모두 은나라의 주왕을 칠 것을 외쳤다. 좋은 징조도 잇따랐다. 무왕의 배에 흰 물고기가 뛰어 들어와서 무왕이 잡아 제사를 지냈다. 흰색은 은나라를 상징한다. 강 상류에서 불길이 솟아올랐고 그것이 내려와 붉은 새가 되었다. 붉은 색은 주나라가 숭상하는 색이다. 그런데 무왕과 주공 단은 군사를 해산한다. 아직 다수가 되지 않았다는 것이다. 다시 2년이 흘러 무왕은 거병했다. 이때는 여러 소수민족도 동원한다. 다수가 된 것이다. 숫자로도 다수였지만 역사의 흐름상 완전히 다수가 된다. 이때가 대략 기원전 1050년경. 그리고 역사상 가장 유명한 폭군 중의 한 명인 은나라의 주왕을 치고 은나라를 멸망시킨다. 은주 혁명이 완성된 것이다(진순신, 1995, 216~219쪽). 여기에서도 소수가 필사적으로 다수가 되려고 노력한 것을 확인할 수 있다. 현대 중국의 사회주의 혁명은 대장정을 거치면서 극도로 소수가 된 중국 공산당이 국공합작, 항일전쟁, 내전 등을 거치면서 다수가 되어가는 과정이기도 하다.

우리의 역사에도 이와 유사한 사례는 많다. 조선의 건국도 소수파가 다수파로 바뀌는 과정이었다. 그래서 혁명적인 변화를 겪었다. 사림이 권력을 차지하는 과정도 같았다. 소수였고 비주류였던 사림은 사화를 겪으면서 훈구파와 목숨을 건 대결을 벌이고 최종적으로 승리한다. 이처럼 개혁, 혁명은 어려운 일이다. 소수로 출발하기 때문이다. 소수이기 때문에 어렵지만, 소수가 없으면 아무것도 되지 않는다.

두려움 없는 개혁은 없다. 미래 자체가 예측할 수 없고 두려운데 개혁된 미래라니 두렵지 않은 사람은 없을 것이다. 거기에다 소수파이니 더 두렵기 마련이다. 소수파의 개혁은 두려운 것이고 또 좌절할 수도 있는 것이다. 그러나 개혁을 하지 않으면 더 위험하고 더 무서운 세상이 기다리고 있다.

다수파가 말하는 안정과 평화는 확실히 눈에 보이는 것이다. 인간은 원래 감각적이고 현실적이므로 눈에 보이는 증거, 당장 확실한 증거를 요구한다. 모든 종교에서 우상숭배는 금지되어 있지만 불교도 불상을 만들고 부처님의 진신사리를 소중하게 여긴다. 서양 중세인들도 예수님의 옷, 예수님의 십자가, 성인들의 뼈 등 성물에 대한 집착이 있었다. 종교에 대해서까지 증거를 요구하는 것은 감각적이고 현실적인 인간에게는 필연적이다. 다수가 가지는 장점은 확실한 증거로써 사람의 마음을 움직이는 힘이 있다는 것이다. 안정과 평화가 없다면 생활도 없고 미래도 없기 때문이다. 소수파는 이런 무기 없이 다수파와 싸우는 집단이다.

가까운 과거에 한국법원사에 제법 큰 자취를 남긴 이용훈 전 대법원장 체제가 있었다. 법원을 전체로 보았을 때 이용훈 전 대법원장 체제의 시도는 소수파의 시도라고 할 수 있다. 이용훈 대법원장, 박시환, 김지형, 전수안, 김영란, 이홍훈 대법관의 노력이 있었으나 이들은 여전히 소수에 머물렀다.

소수파의 개혁이라고 하더라도 그만큼 세상은 변한다. 원래 세상은 변하는 법이고, 개혁에서 비롯되는 혼란과 갈등은 개혁이 없어도 원래 있는 것이다. 세상은 원래 조용한 곳이 아니다. 자기가 속한 공동체가, 국가가, 세계가 떠들썩한데 법원만 조용할 리 없다. 지금의 상태는 과거에 비하여 개혁에 대한 저항, 이로 인한 혼란과 갈등은 없는 것이나 다름없다. 촛불혁명의 영향이다. 법원개혁은 다른 곳보다 시간과 노력이 훨씬 더 필요하므로 인내해야 한다는 상투적인 주장은 현재 개혁 반대 세력이 보이는 가장 센 저항이다. 이 정도의 저항이면 이미 소수파, 비주류가 사법개혁의 주도권을 잡은 것이라고 보아도 무방할 것이다.

사법개혁 주체들은 리더십을 형성한 후 사법개혁 공감대를 대폭 확대해야 한다. 사법개혁의 공감대 확대는 내용과 인적 대상, 양 측면에서 이루어져야 한다. 사법개혁 공감대의 내용은 다양하다. 사법개혁의 필요성, 사법개혁의 절박성과 문제의식, 사법개혁 과제, 과제의 구체적인 내용, 요강 등이 대상이다. 개혁 과제들 사이의 우선순위, 나아가 개혁 과제를 시기에 맞게 풀어나가는 로드맵까지 공감대가 형성되어야 한다. 사법개혁은 큰 틀에서 민주주의를 사법시스템에 이식하는 것이지만 전문적이고 실무적인 내용이 많이 포함되어 있다. 세부적이고 실무적인 내용까지 모두 공감대를 형성할 필요는 없지만 굵직한 사안에 대해서는 전문적인 부분까지 공감대가 형성되어야 한다. 그렇지 않으면 세부적인 부분에서 공감대가 없어 허둥대는 결과를 낳을 수 있다.

사법개혁의 공감대는 여러 사람과 공유해야 한다. 그중 가장 공감대가 필요한 집단은 사법개혁 주체들이다. 청와대로 대표되는 행정부, 사법부 내부의 개혁적 인사들, 사법개혁에 적극적인 국회의원, 학자와 변호사 같은 전문가 등이 여기에 해당한다. 사법개혁 주체들 사이의 공감대는 일반 국민들보다 더 절박해야 하고 더 정확해야 한다. 사법개혁의 구체적인 과정과 로드맵에 대해서까지 공감대가 확보되어야 한다. 사법개혁 주체들은 관심은 비슷하지만 구체적인 방안에서는 제법 많은 차이를 가지고 있다. 출신과 경험이 다르고 구체적인 방안을 진지하게 논의한 적이 적기 때문이다. 근본 방향에 대해서는 거의 일치하지만 구체적인 방안에서는 차이가 있을 수 있다. 큰 틀의 공감대를 바탕으로 전문적, 실무적, 세부적 과제까지 가능한 한 인식을 같이할 필요가 있다. 그리고 실제 사법개혁을 추진하는 위원회 조직 구성원의 공감대는 더 구체적이고 더 세밀해야 한다.

다음으로 공감대가 필요한 대상은 사법개혁 관계자들이다. 행정부 중 관계부처, 사법부의 구성원인 일반 법관, 중립적인 국회의원, 일반 학자들과 변호사 등이 여기에 해당한다. 사법개혁에 대해 발언권이 있으면서 다수를 점하는 사법개혁 관계자들과는 사법개혁의 필요성과 굵직한 사법개혁 과제에 대해서 공감대를 높여야 한다. 이들이 가능한 한 사법개혁에 적극적으로 참여하도록 분위기를 조성하는 것은 매우 중요하다. 이들의 의견을 광범위하게 청취하고 정리, 분류하여 사법개혁 과제에 반영하는 것은 사법개혁 주체들의 임무이다.

마지막으로 중요한 공감대 확대 대상은 사법개혁 반대자들이다. 사법개혁의 역사를 살펴보면 사법개혁 반대자들도 사법개혁 필요성 자체를 부정하지는 않는다는 점을 알 수 있다. 극단적인 반대론자들은 소수이다. 사법개혁 반대론자들은 방법론을 놓고 차이를 보이는 경우가 많다. 따라서 충분히 대화의 가능성은 있다. 사법개혁 반대자들 사이에도 사법개혁의 필요성을 중심으로 사법개혁 공감대를 확대하고 의견이 있다면 의견을 수렴해야 한다.

제4장
사법개혁 5대 과제

사법개혁 과제는 역사적으로 미해결된 과제와 새롭게 떠오르는 과제로 구분할 수 있다. 미해결 과제는 지난 사법개혁 과정에서 개혁 과제로 제시되었으나 미처 해결하지 못한 과제, 미진하게 해결된 과제, 장기과제로 분류되어 향후의 추진에 맡긴 과제 등을 말한다. 국가적 개혁 과제로 부상되었으나 해결되지 않았기 때문에 다시 국가적 과제로 추진해야 하는 과제들이다. 여기에는 국민참여재판 확대, 사법부 과거사 정리, 대법원 구성의 다양화, 군 사법제도 개혁 등이 있다. 이들 과제는 이미 한번 국가적 개혁 과제로 선정된 바 있다. 구체적으로 2003년의 사법개혁위원회와 2005년의 사법제도개혁추진위원회에서 개혁 방안을 낸 과제들이다.

국민참여재판은 2008년 최종 형태가 아닌 시험용으로 도입되었다. 지금은 최종 형태로 확대 시행해야 하는 단계이다. 사법부의 과거사 정리는 이용훈 전 대법원장 시절 법원 내부에서 추진되었던 과제이다. 사법부 과거사 정리는 기초조사는 마쳤으나 이명박 정부가 들어서면서 중단되었다. 민주주의와 인권의 후퇴 속에서 법원은 애초의 계획을 포기했다. 법원의 적폐가 다시 문제가 된 지금 더욱 절실한 과제가 되었다. 대법원 구성의 다양화는 사법개혁위원회, 사법제도개혁추진위원회 이후 약간 이루어졌다. 여성 대법관, 비주류 대법관, 법원행정처와 무관한 대법관, 변호사 출신 대법관 등이 탄생했다. 하지만 여전히 부족하다. 특히 양승태 대법원장 시절 대법원 구성의 다양화는 사라졌다. 다시 시도해야 하는 과제이다.

새롭게 떠오르는 사법개혁 과제로는 사법의 지방분권, 법원행정처 개혁이 있다. 지방분권이 시대의 주요한 흐름이고 국가 발전전략임에 비추어 보면 사법의 지방분권 역시 피할 수 없는 개혁 과제이다. 사법의 지방분권을 통하여 대법원장의 사법행정권 독점도 막을 수 있고 법원의 관료화도 막을 수 있다. 법원행정 개혁은 새로운 과제이면서 당장 해결해야 할 과제이다. 양승태 전 대법원장 시절 법원행정처가 판사들을 사찰하고 행정을 통해 재판을 좌우했기 때문이다. 법원행정처의 초과권력에 대해서는 오랫동안 우려를 해왔으나 이번에 그 전모가 확인되었다. 이 문제를 해결하지 않으면 법원개혁은 불가능하다.

여기에 더해 제도개혁 4가지가 있다. 공정성 강화, 국민주권주의 강화, 법치주의 제고, 군 사법제도 개혁이 그것이다. 모두 여러 세부 개혁 과제로 구성되어 있어 복잡하고 깊이 있게 연구는 되었으나 급박하지 않다는 이유로 연기되거나 장기 과제로 분류된 과제들이다. 여기에는 징벌배상제도, 집단소송제도, 국민소송제도, 법치주의 제고 방안 등이 있다. 군 사법제도 개혁은 사법제도개혁추진위원회 당시 정부 법률안이 국회에 제출되었으나 성공하지 못한 과제로서 미해결과제이기도 하다. 평시 군사법원 폐지 방안이 개헌을 계기로 논의되는 지금 군 사법제도 개혁은 절박한 과제가 되었다. 먼저 5대 사법개혁 과제를 살펴본다.

1. 국민참여재판의 확대

국민주권주의, 국민참여재판

국민참여재판은 국민주권주의를 재판이라는 장에서 구현한다. 동료 시민에 의하여 재판을 받는다는 것, 그 자체가 직접민주주의, 국민주권주의이다. 대한민국은 민주공화국이고 모든 권력은 국민으로부터 나온다(헌법 제1조). 국민주권주의는 대한민국 구성 및 작용의 근본 원리다. 모든 국가 활동, 지방정부 작용에 관철되어야 할 원칙이므로 재판 분야에서도 당연히 적용되어야 한다.

하지만 그동안 대한민국 역사에서 시민, 국민들은 사법부의 구성, 사법부의 작용, 사법부의 평가에서 모두 배제되어왔다. 특히 사법부의 작용인 재판에서 시민은 재판을 하는 자로 참여할 수 없었다. 재판을 받는 사람(원고, 피고, 피고인)이거나 재판을 구경하는 구경꾼이었을 뿐이었다. 이런 현실은 사법부 독립이라는 이데올로기로 정당화되었다. 좀더 정확하게 말하면 시민의 참여가 사법부를 오염시킬 수 있다는 것이 이유였다. 국민주권주의의 축소, 형식화는 현대 정치의 중요 특징이지만, 사법의 국민주권주의는 존재하지도 않았다.

국민참여재판은 국민주권주의를 재판에 관철하기 위한 제도이다. 세계적으로 보면 선진국만이 아니라 많은 국가가 배심제 또는 참심제의 형태로 시민들의 참여를 보장하고 있다. 근대 혁명을 거치면서 시민들의 재판 참여는 제도화되었다.

한국에서 사법의 국민주권주의를 실현하는 국민참여재판, 즉 한국형 배심재판은 2008년이 되어서야 겨우 도입된다. 근대 사법이 1895년 시작되었다고 하니 120년도 더 지나 겨우 도입된 것이다. 늦었지만 국민주권주의를 사법 분야에서 시행한다는 것은 반가운 일이다. 국민참여재판의 도입은 노무현 대통령의 참여정부 사법개혁 성과 중의 하나이다.

국민참여재판은 시민을 위한 재판을 넘어 시민에 의한 재판을 의미한다. 시민을 위한 재판도 민주주의 발전의 산물이다. 봉건왕조 시대, 군부독재 시대의 재판은 시민을 위한 재판이 아니라 왕조나 독재자를 위한 재판일 뿐이었다. 시민을 위한 재판은 민주주의 사회에서만 가능하지만, 민주주의 재판의 중간 단계일 뿐이다. 정치권력이나 특정 계급, 관료집단이 사법부를 장악하면 시민을 위한 재판이 아닌 정치권력을 위한 재판, 자본을 위한 재판, 관료집단을 위한 재판으로 바뀔 수 있다. 이를 방지하기 위하여 사법부 독립이라는 원리가 있지만 재판의 타락을 막기에는 역부족이다. 특정 계급의 재판 장악을 막기 위한 핵심적인 제도는 국민참여재판이다. 국민참여재판은 국민의 자격을 가진 시민이 직접 재판을 한다. 구조적으로 정치권력, 자본권력, 관료집단이 재판을 독점하는 것을 허용하지 않는다. 사법의 진정한 민주화인 것이다.

국민참여재판은 1987년 민주화 이후 도입 논의가 시작되어 2008년에 도입되었다. 아직 불완전한 형태로, 도입에 따른 문제점을 최소화하고 제도를 정착시키기 위하여 제1단계, 잠정 형태로 도입한 제도가 현행 제도이다. 국민참여재판이 재판의 기본 형식임이 명확하지도 않고 배심원의 권한 역

시 불충분하다. 애초에 이렇게 불완전한 국민참여재판을 도입하게 된 것은
제도 도입에 따른 충격을 최소화하기 위해서였다. 그래서 5년 정도의 실시
를 거쳐 완성된 형태, 최종 모델을 도입하기로 결정했다.

「국민의 형사재판 참여에 관한 법률」은 "국민참여재판의 시행 경과에 대
한 분석 등을 통하여 국민참여재판제도의 최종적인 형태를 결정하기 위하
여 대법원에 국민사법참여위원회를 둔다"(제55조①)라고 규정하고 있다. 이
규정은 2003년 구성된 사법개혁위원회의 건의문에 기초하여 만들어졌다.
국민참여재판을 가장 먼저 구상한 사법개혁위원회는 2004년 다음과 같은
계획을 건의했다(사법개혁위원회, 2005, 420쪽).

① 2005년 1단계 국민사법참여제도 관계 법안 성안 및 국회 통과
② 2007년 1단계 제도 시행
③ 5년간(2012년까지) 1단계 제도의 시행 및 평가, 관련 소송제도의 정비
④ 2010년 가칭 '국민사법참여위원회'를 구성하여 최종 모델을 결정한 후 관계
  법안 정비: 2010년에 대법원 산하에 법조계, 학계, 시민단체 등으로 구성된 가칭
  '국민사법참여위원회'를 구성하여, 1단계 제도 운영에 대한 분석 결과를 토대로
  향후 완성된 국민사법참여제도 성안
⑤ 2012년 완성된 국민사법참여제도 시행

사법개혁위원회의 계획은 제도 시행일이 늦어지면서 지체되었다. 국민
참여재판은 2008년부터 시행되었고, 국민사법참여위원회는 2012년에 구
성되었다. 국민사법참여위원회는 국민사법참여제도의 완성 형태를 성안했
지만, 국민사법참여위원회의 안은 정부의 법률안이 되지 못했다. 개정 법
률안은 박근혜 정부의 법무부가 독자적으로 마련했다. 법무부는 2014년
6월 12일, 의안번호 10852번으로 「국민의 형사재판 참여에 관한 법률 일부

개정안」을 발의했다. 이 개정안은 박근혜 정부의 특징을 반영해 국민참여재판을 가능하면 축소하고 형해화하는 내용을 담고 있었다. 형식적으로도 국민사법참여위원회가 마련한 법률안의 내용을 뒤집는 것이었다. 내용의 문제가 심각하여 이 법률 개정안은 19대 국회에서 임기 내 처리되지 못하고 국회 임기 만료로 자동 폐기되었다.

박근혜 정부의 국민참여재판 법률개정안이 폐기된 이후 국민참여재판의 완성 형태를 만드는 작업은 실종되었다. 법률에 의하면 대법원과 법무부가 이에 대하여 최종적인 책임을 지고 있으나 19대 임기 국회 만료 이후 벌써 2년이 지났지만 법률개정안은 만들어지지 않았다. 법률의 수호자인 대법원의 직무유기, 국가 법무행정의 책임자인 법무부의 태만이 부른 법률 위반 사태다. 대법원과 법무부는 비판을 받아 마땅하다. 더 심각한 것은 대법원과 법무부의 직무유기를 지적하는 목소리도 거의 없고 설혹 있다고 하더라도 대법원과 법무부가 무시하고 있다는 것이 또 현실이라는 점이다.

그리고 〈12명의 성난 사람들〉

국민참여재판 개혁 과제는 ① 형사재판의 기본 형태로서 국민참여재판 위상 정립, ② 배심원 권한 강화, ③ 검사의 항소 배제, ④ 피고인의 방어권 강화 등 4가지이다.

국민참여재판 개혁의 첫 번째 과제는 국민참여재판을 형사재판의 기본형으로 만드는 것이다. 무겁고 중한 죄로 재판을 받는 모든 국민에게 국민참여재판을 받을 권리를 보장하는 것이 첫 번째 개혁 과제이다. 이를 위한 구체적인 개혁 과제는 다음과 같다.

첫째, 무겁고 중한 사건, 시민들의 법감정이 필요한 사건은 모두 국민참여재판의 대상으로 해야 한다. 원래 무겁고 중요한 사건은 신중하고 철저하게 재판을 해야 한다. 피고인에게 치명적인 결과를 낳을 수 있기 때문이다. 여기에 더해 무겁지는 않지만 시민들이 각별하게 생각하는 사건, 시민들의 법감정이 필요한 사건 역시 국민참여재판으로 해야 한다. 예를 들어 공직선거법 관련 사건에서 사소한 법위반이 문제된 경우, 선거운동의 자유라는 관점에서 시민들의 생각을 적극 반영할 필요가 있다. 정치적 자유가 쟁점인 사건, 국가와 개인의 가치가 대립하는 사건, 정경유착 등 권력형 비리범죄, 기업범죄, 표현의 자유를 억압하는 범죄 등도 모두 국민참여재판의 대상이 되어야 한다.

둘째, 국민참여재판 청구권이 국민의 기본 권리임을 명확히 해야 한다. 무겁고 중요한 사건이라고 하더라도 피고인 본인이 원하지 않는 경우에는 국민참여재판을 할 필요는 없다. 국민참여재판 신청권은 피고인이 동료 시민들로부터 재판을 받을 수 있는 권리이지 의무가 아니다. 국가 공권력으로부터 자신을 지키기 위한 권리이지 의무가 아니다. 국민참여재판이 자신에게 불리하다고 피고인이 생각하는데 이를 강요하는 것은 불리한 재판을 강요하는 것이 된다(김인회, 2016, 345쪽). 피고인에게 무엇이 유리하고 불리한지는 피고인이 결정해야 한다. 다만 국민참여재판의 필요성이나 내용을 알지 못하여 국민참여재판을 선택하지 않는 잘못을 저지르지 않도록 피고인을 도와주는 장치는 필요하다. 법률전문가인 변호인을 선임하여 변호인의 도움을 받도록 하는 것이 간명한 방법이다.

2014년 법무부의「국민의 형사재판 참여에 관한 법률 개정안」은 검사에게 국민참여재판 회부신청권을 부여했다. 이렇게 하면 검사가 신청하면 시민인 피고인이 원하지 않아도 국민참여재판을 받아야 하는 경우가 발생한다. 법무부의 개정안은 피고인을 보호하고 국가 공권력을 통제하기 위한 제도인 국민참여재판을 피고인을 공격하기 위한 제도로 변질시켰다. 법무부의 국민참여재판에 대한 오해와 낮은 인권의식이 원인이다.

셋째, 국민참여재판이 지금보다 훨씬 많이 그리고 자주 이루어져야 한다. 현재 국민참여재판은 매년 250건 내지 300건 정도를 실시한다. 수가 너무 적다. 국민참여재판의 본고장인 미국과 같이 정식 형사재판의 2~3퍼센트 정도는 국민참여재판으로 이루어져야 한다. 우리의 정식재판, 즉 서류로 하는 약식재판이 아닌 법정에 출석해야 하는 제1심 공판 사건은 2016년 현재 27만 6,324건이고 10년 평균 27만 2,450건이다(법원행정처, 2017, 684쪽). 따라서 최소한 5,000건 정도는 국민참여재판으로 진행되어야 한다(김인회, 2016, 344쪽). 한편, 2014년 법무부의「국민의 형사재판 참여에 관한 법률 개정안」은 검사에게 국민참여재판 배제신청권을 부여하고 있다. 검사에게 배제신청권을 부여하면 국민참여재판이 활성화되기 더 어렵다.

넷째, 법관재판을 통상절차가 아닌 법관재판이라고 개명해야 한다.「국민의 형사재판 참여에 관한 법률」은 "법원은 피고인의 질병 등으로 공판 절차가 장기간 정지되거나 피고인에 대한 구속기간의 만료, 성폭력범죄 피해자의 보호, 그 밖에 심리의 제반 사정에 비추어 국민참여재판을 계속 진행하는 것이 부적절하다고 인정하는 경우에는 직권 또는 검사·피고인·변호인이나 성폭력범죄 피해자 또는 법정대리인의 신청에 따라 결정으로 사건을 지방법원 본원 합의부가 국민참여재판에 의하지 아니하고 심판하게 할 수 있다"고 하면서 이 절차를 통상절차 회부라고 부른다. 이에 의하면 법관재판이 통상재판이다.

통상재판이라는 말은 일반적으로 많이 행해지는 재판이라는 의미와 함께 재판의 기본 형태라는 의미도 가지고 있다. 법관재판이 재판의 기본 형태이고 국민참여재판은 예외적이라는 인식을 확인할 수 있다. 하지만 무겁고 중한 사건 재판은 국민참여재판이 기본 형태이다. 피고인이 국민참여재판을 선택하지 않을 때 법관재판이 보충적으로 이루어진다. 국민참여재판을 법관재판으로 회부하는 경우를 통상절차 회부가 아닌 법관재판 회부라고 고쳐야 한다(김인회, 2016, 346쪽).

국민참여재판 개혁의 두 번째 과제는 배심원의 권한을 강화하는 것이다. 이를 위한 구체적 개혁 과제는 다음과 같다.

첫째, 배심원 평결이 판사를 구속하는 기속력을 가져야 한다. 배심원의 평결은 사실인정에 관한 한 최종적이어야 한다. 판사가 함부로 뒤집어서는 안 된다(김인회, 2016, 347쪽). 이 주장의 현실적 근거는 우리 배심원들의 수준이 세계 최고 수준이라는 사실이다. 형사재판에서 벌어지는 대부분의 사실은 건전한 상식을 가진 시민이라면 충분히 판단할 수 있다. 우리나라는 교육의 수준이 높아 시민의 수준이 거의 세계 최고 수준이다. 한글의 우수성 덕분이기도 하지만 대부분이 문자를 해독할 수 있다. 다른 나라와 같은 인종이나 종교 문제는 거의 없다. 과거에는 판사만이 고등교육을 받고 전문적인 지식을 쌓았지만 지금은 대부분의 시민이 고등교육을 받고 해당 분야에 전문지식을 가지고 있다. 전문성이나 사회성이 판사보다 적은 것이 아니다. 판사 역시 법률 전문가이지 사실판단 전문가가 아니다.

이 주장의 이론적 근거는 배심원이 국가가 아닌 시민의 입장에서 판단한다는 것이다. 배심원은 시민이므로 시민의 입장에 충실하다. 아무리 판사들이 공정하다고 하더라도 판사들은 공무원이므로 국가를 위한 판단을 할 가능성이 크다. 심지어 법원을 위한 판단을 할 가능성도 있다. 판사는 재판을 한 번만 하는 것이 아니라 평생에 걸쳐 재판을 한다. 재판 과정은 끊임없이 평가되고 평가의 결과는 승진이나 보직에 연결된다. 국가의 힘이 클 때, 법원이 관료주의에 사로잡혀 있을 때 판사가 국가 편에 서서 판결할 가능성이 커진다. 수많은 과거사 사건에서 판사들은 국가와 법원 관료주의의 힘에 짓눌려 또는 국가와 법원의 힘에 아부하고자 사건을 왜곡했다.

일반 시민은 국가보다는 시민의 입장에서 공정하게 판단할 가능성이 크다. 일상생활을 하면서 평생에 한 번 정도 배심원으로 재판을 하기 때문이다. 영화 〈12명의 성난 사람들 12 Angry Man〉(1957)에서 11번 배심원이 말한 것처럼, 배심원들은 법정에서 평생 본 적도 없는 사람의 유무죄 여부를 판단하기 위하여 모인다. 재판을 잘 한다고 해서 얻을 이익이나 잃을 것이 없다. 그래서 배심원은 강하다. 공동체나 정의에 대한 책임감이 약한 것은 아니다. 무조건 피고인을 미워하거나 피해자를 동정하는 것도 아니다. 배심원들의 책임감은 판사들에 뒤지지 않는다.

법무부의 2014년 「국민의 형사재판 참여에 관한 법률 개정안」은 배심원의 평의, 평결 절차가 또는 내용이 헌법·법률·명령·규칙 또는 대법원 판례에 위반되는 경우, 평결의 내용이 논리법칙 또는 경험법칙에 위반되는 경우, 그 밖에 평의·평결의 절차 또는 내용이 부당하다고 인정할 만한 사유가 있는 경우에 법원이 배심원의 평의·평결을 배척할 수 있도록 제안하고 있다. 배심원의 평의·평결의 효력을 오히려 지금보다 약화시킨 개정안이다. 법무부의 개정안은 국민참여재판에 적대적이기까지 하다. 지적할 필요도 없이 이 개정안은 다시는 등장하지 않도록 해야 한다.

둘째, 배심원 수를 늘려야 한다. 배심원 평결에 기속력을 부여하기 위한 전제조건 중의 하나이다. 배심원은 기본적으로 12명으로 구성되어야 한다(김인회, 2016, 347쪽). 반드시 12명이어야 할 논리적인 필연성은 없지만 배심제의 역사는 12명이 가장 적합한 수임을 보여준다. 12명보다 많으면 토론은 어렵고 12명보다 적으면 신중한 판단을 하기 어렵다. 특히 중한 사건, 사형이나 무기징역을 선고할 수 있는 중한 사건에서는 12명이 반드시 필요하다. 영화 〈12명의 성난 사람들〉을 보면 왜 12명이 필요한지 잘 알 수 있다. 12명 정도가 되어야 1명이라도 사건에 합리적 의심을 품는 사람이 나올 가능성이 높다.

현행법은 5명, 7명, 9명의 배심원을 구성할 수 있도록 되어 있다. 이를 일괄하여 12명으로 규정하는 것이 바람직하다. 예외적으로 일부 가벼운 사건이나 당사자가 무죄를 다투지 않고 자백하는 사건에서는 숫자를 줄일 수 있을 것이다. 최소 배심원은 9명이 되어야 할 것이다.

셋째, 배심원의 유죄평결은 만장일치를 원칙으로 해야 한다(김인회, 2016, 349쪽). 형사재판에서 유죄인정은 합리적 의심이 없을 정도로 증명되어야 한다. 유죄인정은 피고인에게 회복할 수 없는 피해를 미친다. 오판은 무고한 자의 신체를 구속하고 재산을 빼앗는다. 잘못하면 목숨까지 빼앗을 수 있다. 그래서 형사재판에서는 '의심스러울 때에는 피고인에게 유리하게'라는 원칙, '열 사람의 범인을 놓치는 한이 있어도 한 사람의 죄 없는 사람을 벌해서는 안 된다'라는 격언이 있는 것이다.

배심원의 만장일치는 피고인이 유죄라는 확신, 합리적 의심이 없을 정도의 확신을 준다. 현행대로 다수결로 유무죄를 결정한다면, 배심원이 9명일 경우 5명이 유죄, 4명이 무죄라고 판단하는 경우에도 유죄를 선고할 수 있다. 이 결과는 직관적으로 받아들이기 어렵다. 누가 보아도 합리적 의심이 남는 유죄판결이기 때문이다. 다수결 방식은 토론의 장애물이 될 수 있다. 다수결 방식은 쉽게 토론을 포기하는 유인이 된다. 하지만 만장일치로 유죄를 결정해야 한다면 유죄인정을 위하여 토론을 하지 않을 수 없다. 영화 〈12명의 성난 사람들〉에서 주인공 헨리 폰다가 11명의 유죄의견을 가진 사람과 토론하고 설득하고 그들의 의견을 바꿀 수 있었던 것은 만장일치 시스템이 있었기 때문이었다.

배심원의 유죄평결은 만장일치로 이루어져야 하지만, 마지막까지 만장일치가 되지 않을 경우에는 가중다수결로 평결을 해야 한다. 12명 중 10명의 찬성으로 유죄를 평결할 수 있을 것이다. 다만 하루 이상 배심원들이 최선을 다해 충분히 토론을 해야 한다는 전제조건이 필요하다.

국민참여재판 개혁의 세 번째 과제는 국민참여재판의 항소를 제한하는 것이다. 현행 국민참여재판은 항소를 사실인정과 법률적용 분야 모두에서 인정하고 있지만 사실인정에 관한 항소는 제한되어야 한다(김인회, 2016, 351쪽). 국민참여재판 판결에 대해 사실인정이 잘못되었다고 하여 항소를 하면 항소심 판사가 사실인정을 하게 된다. 그런데 항소심은 배심원들이 없고 판사들이 재판을 한다. 결국 사실인정에 잘못이 있다고 항소를 하면 국민참여재판이 법관재판으로 되어버린다. 배심원 평결의 기속력과 최종성에도 배치된다.

국민참여재판에 대한 항소는 법률적용의 위법이 있는 경우에는 인정될 수 있다. 증거로 사용해서는 안 되는 증거를 사용한 경우, 배심원에 대한 법원의 설명이 잘못된 경우 등이 법률적용에 위법이 있는 경우이다. 그리고 항소가 인정되더라도 항소심에서 직접 판단을 해서는 안 된다. 만일 항소심에서 사실인정을 해버리면 피고인에게 국민참여재판을 받을 기회를 박탈하기 때문이다. 항소심은 판결을 파기환송하고, 1심 법원이 다시 배심원을 구성하여 재판을 하여야 한다. 이렇게 되면 항소심은 사실관계를 판단하는 사실심이 아니라 1심의 사실인정을 바탕으로 법률 해석과 적용에 잘못이 없는지를 살펴보는 법률심이 된다.

검사의 항소는 더욱 제한되어야 한다. 배심제의 본고장인 미국처럼, 무죄판결에 대한 검사의 항소는 원칙적으로 허용되지 않아야 한다(김인회, 2016, 352쪽). 미국에서는 사실판단에 근거한 무죄판결, 특히 배심원이 적절한 설시를 받고 적법한 증거를 바탕으로 내린 무죄평결에 대해서는 이중위험금지원칙에 의하여 검사의 항소가 배제된다(임보미, 2017, 156쪽).

국민참여재판 개혁의 네 번째 과제는 피고인의 방어권 강화이다. 현행법도 피고인의 보호에 충실한 편이다. 국민참여재판을 필요적 변호사건으로 분류하여 변호인이 있어야 재판을 시작하고 만일 변호인이 없으면 국가가 변호인을 선임해준다. 변호인은 재판을 공정하게 만드는 핵심 요소이다. 법률전문가인 변호사가 변호인이 되어 피고인을 도울 때 재판의 공정성이 확보된다. 그렇지만 현행법이 완벽하지는 않다. 현행법에 의하면 피고인이 국민참여재판을 신청할 것인지 여부에 관해서는 변호인의 도움을 받을 수 없다. 필요적 변호사건으로 국선변호인이 선임되는 때는 국민참여재판이 시작된 이후이다. 국민참여재판을 신청할지 여부를 결정하기 위해서 피고인이 변호인을 신청할 경우, 국가가 변호인을 선임해주는 제도가 필요하다 (김인회, 2016, 355쪽). 이 시스템은 재판을 받는 피고인보다 앞선 단계인 수사를 받는 피의자 단계에서 국가가 변호인을 선임해주는 형사공공변호인제도의 도입과 함께 이루어질 수 있다. 형사공공변호인제도의 도입과 함께 국민참여재판에 대한 변호인 선임 기회가 확대되어야 한다.

2. 과거사 정리

피해자와 기록이 있는데, 법원은?

과거사 정리는 현재진행형이다. 과거사 정리는 문재인 대통령의 공약이었고 문재인 정부의 국정과제이기도 하다. 모든 국가기관이 과거사 정리를 해야 할 처지에 있다. 그런데 법원은 유독 아무런 움직임도 없다. 과연 법원은 과거사와 관계없는가? 법원 역시 과거사로부터 자유롭지 않다. 집단으로서 법원이 자유롭지 않을 뿐 아니라 법관 개인도 자유롭지 않다. 간첩 조작 사건, 민주인사 탄압 사건, 학생과 노동자들 투쟁 사건 등에 대해서 법원은 자유롭지 못하다. 재판 당시에 이미 고문과 가혹행위가 있었다는 사실, 사건이 조작되었다는 사실, 가혹하게 처벌했다는 사실 등을 이미 모두 알고 있었다. 법원은 이 모든 사실을 알면서도 피해자들의 목소리에 귀를 닫았다. 사건을 조작하는 데에도 일조를 했다.

과거사 정리는 국가적인 과제이다. 잠시 중단될 수는 있지만 지나칠 수는 없다. 과거사 정리가 국가적 과제라는 점은 두 가지를 의미한다. 하나는 국가폭력 등 과거사와 관련된 모든 국가기관이 과거사 정리의 대상이자 주체라는 것이고, 다른 하나는 과거사 정리가 완결되기 전까지는 계속될 것이라는 것이다.

첫째, 과거사 정리는 국가적 과제이므로 국가폭력과 관련된 모든 국가기관을 대상으로 한다. 과거사 정리의 출발점은 민주정부이다. 민주정부가 들어서서야 겨우 과거 국가의 범죄를 정면으로 바라보고 해결할 가능성이 생긴다. 첫 출발은 제주 4·3 사건에 대한 과거사 정리였다. 제주 4·3사건 과거사 정리는 김대중 대통령의 공약, 특별법 제정, 위원회 구성 및 진상 조사의 형태로 이루어졌다. 이전에도 과거사 정리 움직임은 있었다. 김영삼 정부 때의 '역사 바로세우기'가 그것이었다. 김영삼 정부의 조선총독부 건물 철거는 친일파 청산이라는 역사적 과제를 시각적으로 보여준 사건이었다. 일제 강점기를 정면으로 쳐다보는 힘이 해방 이후의 국가범죄, 과거사를 직시하게 만든 힘 중의 하나였음은 틀림없다. 하지만 특별법을 통한 진상조사와 문제 해결의 시작은 김대중 정부부터 시작되었다.

과거사 정리는 2004년 8월 15일 노무현 대통령의 8·15 경축사를 기점으로 새로운 단계로 진입한다. 명실상부하게 국가적 과제가 된 것이다. 모든 국가기관이 과거사 정리의 대상이자 주체가 되었다. 노무현 대통령의 역사의식에서 시작된 과거사 정리는 각 국가기관으로 뻗어나갔다. 국가정보원의 '국정원 과거사건 진실 규명을 통한 발전 위원회', 경찰청의 '경찰청 과거사 진상 규명 위원회', 국방부의 '국방부 과거사 진상 규명 위원회'가 구성되었다. 이러한 성과를 바탕으로 국가 차원의 과거사 정리를 위하여 2005년 5월 '진실과 화해를 위한 과거사 정리 기본법'이 통과되어 '진실과 화해를 위한 과거사 정리 위원회'가 구성되었다.

과거사 정리의 대상에는 당연히 법무부, 검찰, 법원이 포함된다. 수사를 통하여 국가폭력을 행사하고 재판으로 이를 정당화하는 역할을 했기 때문이다. 이들의 활동 결과는 국가폭력으로 무고한 자를 유죄로 조작한 판결문으로 남아 있다. 판결문은 대한민국이 존재하는 한 영구히 보존된다.

법무부, 검찰, 법원의 과거사 정리는 과거사 정리의 일부이면서 최종적인 것이기도 하다. 조작된 유죄판결을 무효화하고 무죄로 확인해주어야 하기 때문이다. 하지만 법무부, 검찰, 법원은 참여정부 당시 과거사 정리를 하지 않았다. 내부적인 준비를 하지 않은 것은 아니지만 공식적인 과거사 정리는 없었다.

법무부, 검찰의 과거사 정리는 새로운 민주정부인 문재인 정부가 들어서서 시작된다. 법무부는 2017년 12월 12일 과거 인권침해 및 검찰권 남용 의혹 사건에 대한 진상 규명을 위해 '검찰 과거사 위원회'(위원장 김갑배 변호사)를 발족했다. 조사 대상 사건은 ① 재심 등 법원 판결로 무죄가 확정된 사건 중 검찰권 남용 의혹이 제기된 사건, ② 검찰권 행사 과정에서 인권침해 의혹이 제기된 사건, ③ 국가기관에 의한 인권침해 의혹이 상당함에도 검찰이 수사 또는 공소제기를 거부하거나 현저히 지연시킨 사건 등이다.

법무부의 '검찰 과거사 위원회'는 기록이 검찰청에 보존되어 있는 것을 반영하여 조사기구인 '대검찰청 진상조사단'은 대검찰청에 설치했다. 검찰 과거사 위원회의 1차 사전조사 사건은 ① 김근태 고문 사건(1985년), ② 형제복지원 사건(1986년), ③ 박종철 고문치사 사건(1987년), ④ 강기훈 유서 대필 사건(1991년), ⑤ 삼례 나라슈퍼 사건(1999년), ⑥ 약촌오거리 사건(2000년), ⑦ 〈PD수첩〉 사건(2008년), ⑧ 청와대 및 국무총리실 민간인 불법사찰 의혹 사건(2010년), ⑨ 유성기업 노조 파괴 및 부당노동행위 사건(2011년), ⑩ 서울시 공무원 유우성 사건(2012년), ⑪ 김학의 차관 사건(2013년), ⑫ 남산 3억 원 제공 의혹(이상득 전 의원에게 서울 남산자유센터에서 3억 원을 건넸다는 의혹) 등 신한금융 관련 사건(2008년, 2010년, 2015년) 등이다. 긴급조치 9호 위반 사건, 간첩조작 관련 사건도 '포괄적 조사 사건'으로 1차 사전조사 대상이 됐다.

법무부의 검찰 과거사 위원회 활동이 얼마나 성과를 낼지는 두고 볼 일이다. 위원회는 법무부에 두고 진상조사단은 대검찰청에 두어 양 기관 사이에 갈등이 생길 가능성도 있다. 검찰이 얼마나 자신의 과거사를 직시할지 의문도 있다. 하지만 법무부와 검찰이 과거사 문제를 인정하고 해결 의지를 보였다는 점은 평가되어야 할 것이다. 불안한 점도 있지만 기대도 있는 것이 솔직한 심정이다. 그런데 법원은 과거사 정리에 대하여 아무런 움직임이 없다. 과거로부터 자유롭지 않은 것은 법원도 마찬가지인데 과거사 정리 시도조차 없어 보인다.

둘째, 과거사 정리가 국가적 과제라는 것은 과거사 정리가 완결되기 전까지는 과거사 정리가 계속될 것임을 의미한다. 과거사 정리는 진상이 규명되고 피해자의 한이 해소될 때까지, 그리고 제도적 개혁이 이루어지고 국가가 이를 기억할 때까지 계속된다. 당장 문재인 정부는 과거사 정리를 100대 국정과제 중의 하나로 규정했다. '국민주권의 촛불민주주의 실현'이라는 전략 중 '국민 눈높이에 맞는 과거사 문제 해결'이라는 국정과제이다. 문재인 정부의 과거사 정리는 행정부 단위의 과거사 정리이고 그중에서도 특히 제주 4·3사건과 5·18 광주민주화운동에 집중되어 있다. 하지만 다른 과제도 영향을 받지 않을 수 없다. 당장 법무부의 검찰 과거사 위원회의 구성이 그 결과이다.

문재인 정부가 과거사 정리를 다시 국정과제로 삼은 것은 이명박, 박근혜 정부 동안 과거사 정리가 중단되었기 때문이다. 과거사 정리는 일시 정지될 수는 있지만 완전히 사라질 수는 없다. 수사와 재판으로 무고한 자를 처벌한 사건의 피해자가 아직 살아 있고, 무효인 위법한 판결문이 유효한 것처럼 남아 있다. 개별 사건의 과거사 정리는 피해자가 남아 있는 한, 판결문이 남아 있는 한 계속될 수밖에 없다. 이런 면에서도 법원의 과거사 정리는 피할 수 없다.

그 과거의 역사가 법원, 법관을 짓누른다

과거사로부터 법원은 자유롭지 않다. 과거사는 법원의 자유로운 활동, 판단을 짓누른다. 법원이 새롭게 출발하기 위해서도, 국민의 자유와 인권을 지키는 원래의 역할에 충실하기 위해서도 과거사 정리는 필수적이다. 원천적으로 무효인 유죄판결을 적법한 판결이라고 방치하고 있는 것은 국민의 자유와 인권을 지키는 사법부, 헌법과 법률을 수호하는 사법부와 어울리지 않는다. 과거사의 가장 큰 피해자는 억울하게 처벌받은 무고한 시민들이지만 법원도 잘못된 판결로부터 자유롭지 못하다. 새로운 판결을 하려고 해도 과거의 잘못된 판결이 판례가 되어 법원을 구속하고 그 판례에 따라 재판을 해야 하는 법관을 괴롭힌다.

이용훈 전 대법원장은 2005년 9월 26일의 취임사에서 "독재와 권위주의 시대를 지나면서 그 거친 역사의 격랑 속에서 사법부는 정치권력으로부터 독립을 제대로 지켜내지 못하고, 인권보장의 최후의 보루로서의 소임을 다하지 못한 불행한 과거"를 가지고 있다고 공식적으로 인정했다. 그리고 "권위주의 시대에 국민 위에 군림하던 그릇된 유산을 깨끗이 청산하고, 국민의 곁에서 국민의 권리를 지키는 본연의 자리로 돌아와야" 한다고 호소했다. 과거사 정리를 하면 법원도 과거사로부터 벗어나 본연의 자리로 돌아갈 수 있다.

법원 중심의 관점이기는 하지만 과거사 정리의 필요성을 대법원장이 공식적으로 언급한 것은 이때가 처음이다. 이용훈 전 대법원장은 과거사 정리의 필요성을 처음으로 인정했지만 구체적이지 못한 한계가 있다. 사법부 문제를 너무 추상적으로 인식하고 있고 피해자 중심으로 생각하지 않고 있다. 좀더 구체적이고 생생한 인식이 필요하다. 추상적인 인식은 형식적인 사과에 그친다. 법원이 재판 과정에서 어떤 잘못을 저질렀는지 정확하게 인식하고 이를 고백해야 진실한 사과가 될 수 있다. 구체적이어야만 다음

세대에게도 정확한 방향을 제시할 수 있다. 실제로 이용훈 전 대법원장은 임기 후반기 과거사 정리를 추진하지 못했다. 양승태 전 대법원장은 말할 것도 없다. 법원의 과거사 정리는 이명박, 박근혜 정부 동안 중단되었다.

법원이 관여된 과거사 사건은 주로 국가 공권력에 의한 인권침해 사건들이다. 무고한 사람을 간첩으로 조작한 사건이 대표적이다. 군부독재 시절 중앙정보부와 국가안전기획부는 무고한 사람을 간첩으로 조작했다. 정치 권력을 지키기 위하여 야당 정치인을 구속하고 민주인사를 탄압했다. 학생과 노동자들을 무차별 처벌했다. 민주화운동을 공산주의 활동, 반정부 활동으로 둔갑시켜 탄압했다. 일반 시민도 간첩으로 만들어 사회 공포분위기를 만들었다.

형사사건은 그냥 조작되지 않는다. 야당 정치인이나 민주인사는 말할 것도 없고 힘없는 시민이라도 간첩 조작, 사건 조작에는 저항하기 마련이다. 조작에는 고문과 가혹행위, 폭행과 협박, 불법구금과 장기구금, 회유와 속임수 등이 반드시 뒤따른다. 그래도 사람들은 저항한다. 고문과 체포 초기에는 무너지지 않고 저항한다. 고문과 구금은 하염없이 이어진다. 보통 간첩으로 조작하기 위하여 100일이 넘는 불법구금과 고문이 이루어졌다.

1982년 송씨 일가 간첩조작 사건에서는 짧게는 75일, 길게는 116일의 장기구금이 있었다. 이 정도로 버텼다는 것이 놀라울 뿐이다. 이 정도가 되면 보통 사람들은 중앙정보부나 안기부에서 걸어나갈 수 없다고 생각한다. 거짓으로 자백하든 끝까지 저항하든 죽을 운명임을 직감한다. "수사를 받는 동안 나는 살 길이 없겠구나, 결국 죽겠구나, 틀림없이 사형당하겠구나", "살아날 수 없겠구나 하고 생각하고 이렇게 참혹하게 죽느니 차라리 자살하는 것이 낫겠다"고 생각한다. 1974년의 울릉도 간첩조작 사건에서 고문을 당했던 이성희 선생의 증언이다(최창남, 2012, 77~80쪽). 이런 생각으로 인생을 포기한다. 진실을 말해도 죽고, 거짓을 말해도 죽고, 재판을 받아도 죽고, 저항을 해도 현장에서 죽는 운명을 받아들이고 거짓이라도 자백을 한다.

대표적인 조작사건에는 1958년 조봉암 사건, 1961년 『민족일보』 조용수 사건, 1968년 태영호 간첩조작 사건, 1974년의 인혁당 사건, 1974년의 울릉도 간첩조작 사건, 1980년의 김대중 내란음모 사건, 1982년의 송씨 일가 간첩조작 사건 등이 있었다. 이 사건들은 모두 고문과 가혹행위, 폭행과 협박, 불법구금과 장기구금으로 조작된 사건임이 밝혀졌다. 짧게는 25년, 길게는 30년이 지나서 진상이 규명되고 모두 재심으로 무죄를 선고받았다.

지금은 명백히 무죄로 밝혀진 사건들이 불과 몇 년 전만 해도 유죄로 판결문에 기록되어 있었다. 모든 판결문이 법원의 역사이듯이 이런 조작된 사건의 불법적인 판결문도 법원의 역사였다. 과거의 역사가 법원을 짓누르고 있었던 것이다. 재심으로 무죄를 확인해주는 순간 사건 조작의 불법적인 역사로부터 벗어날 수 있다.

과거사로부터 법원만이 아니라 개별 법관도 자유롭지 않다. 국민의 자유와 인권을 지키지 못한 판결을 한 법관, 무죄임을 알면서도 유죄판결을 해야 하는 법관, 본인의 양심을 지키지 못한 법관, 자신의 사소한 이익을 위하여 무고한 자의 목숨까지 빼앗는 판결을 한 법관, 잘못된 판결을 판례라고 따라야 하는 법관, 민주화 이후 무효인 판결을 재심으로 무효화해야 하는 법관, 선배의 잘못을 대신해서 사과해야 하는 법관들 모두 과거사로부터 자유롭지 않다. 법관은 자유롭게 정의를 외쳐야 하지만 과거사의 무게로 정의를 외칠 수 없다. 정의를 주장해도 믿지도 않는다. 원천무효인 유죄판결이 판례라는 이름으로 현재 사건에서 적용되는 것을 지켜보는 마음이 편할 리 없다. 개별 법관의 불행, 불안을 전수안 전 대법관은 2005년 다음과 같이 표현했다(참여연대, 2005, 5쪽).

과거의 재판 중 분명 잘못된 부분이 있다고 많은 국민들로부터 여러 차례 지적받고 있는데도, 재심에 의하지 아니하고는 누구도 재판의 결과를 비판할 수 없다고 우기기만 하는 건 우습다. 상소나 재심은 당사자가 알아서 할 일이지만, 정말로 이상스럽게 보이는 재판은 이상스럽다고 말할 권리가 누구에게나 있다.

그동안 누차 지적받아온 과거의 판결들에 대하여는 잘못이 인정되면 대법원장이 법원을 대표하여 국민에게 사과하여야 한다. 신임 대법원장이 취임하는 즉시 이를 위한 검토에 착수함으로써, 후배 법관들이 내내 그 짐을 떠안고 국민으로부터 질타받는 불행을 이쯤에서 끝내야 한다.

재판으로 인한 피해자가 엄연히 있는데도 재심 사유가 아니라고 하고 법관은 고의 또는 중과실이 아니면 손해배상 책임도 없다고 하여서 잘못된 재판으로 인한 피해자의 가슴을 언제까지나 아프게 방치하면 안 된다. 신임 대법원장은 국민을 섬기겠다고 하였으니, 상처받은 국민들에게 화해와 치유의 손을 내밀어 국민과 법원을 화해·화합케 하는 노력을 아끼지 않으리라 믿는다.

나아가 젊은 후배들이 미래의 '잘못된 과거사'를 만드는 불행을 반복할 소지가 있는 불합리한 법조항에 대하여는 헌법재판소에만 의존하지 말고 대법원장의 권위로써 직접 문제점을 지적하여 입법을 계도하는 모습도 볼 수 있으면 좋겠다.

과거사 정리는 과거로부터 벗어나 시민의 자유와 인권을 지키는 법원이 되기 위해서도 필요하다. 과거사 정리는 과거, 현재, 미래의 법관을 위해서도 필요하다. 불법, 무효 판결을 판례라고 외우고 적용하는 과정에서 벌어지는 불필요한 불행을 끝내야 한다.

사법부는 책임이 없고, 사법부도 피해자인가?

과거사 사건에서 모든 기관이 변명을 하듯이 법원도 변명을 한다. 제일 많이 등장하는 것은 무책임론이다. 법관 개인, 혹은 법원 조직이 개별 사건에서는 직접 고문을 가하고 폭력을 휘두르지 않았다는 것이다. 최소한 손에 피를 묻히지 않았으니 책임이 없거나 중앙정보부, 국가안전기획부, 국가정보원, 경찰, 검찰보다는 책임이 작다는 주장도 여기에 포함된다.

굳이 반박할 필요는 없어 보인다. 그 자체로 논리적이지도, 정당하지도 않다. 세 가지를 지적하고 싶다. 첫째, 다른 사람, 다른 기관의 잘못을 거론한다고 하여 자신의 잘못, 비참함이 없어지는 것은 아니다. 지금 따지는 것은 법원, 법관의 과거사 문제이지 다른 기관, 다른 사람의 문제가 아니다. 설혹 다른 기관, 다른 사람의 잘못이 더 크다고 하여 자신의 잘못이 없어지는 것은 아니다. 자신의 잘못을 다른 사람이 해결할 수도 없다.

둘째, 형법상 공범 이론에 의하면 공동가공의 의사와 공동가공의 사실이 있으면 공범이 성립한다. 쉽게 말하면 공모하여 역할을 분담했다는 것이다. 이를 과거사 사건에 대입해보면, 당시 법원은 비록 고문, 가혹행위, 폭행, 협박 등의 불법을 직접 저지르지는 않았으나 고문 사실 등을 잘 알았을 뿐 아니라 무고하다는 사실을 알면서도 정보기관과 검찰의 요구대로 유죄판결을 선고했다. 즉 고문 등을 거쳐 유죄판결을 선고하는 일련의 국가범죄 행위에 공동가공의 의사를 가지고 기능적 행위 지배를 한 것이다. 공범에 해당한다. 형법상 공범은 각자 정범과 같은 형으로 처벌한다.

한국 사법 역사상 가장 유명한 사건인 1982년의 송씨 일가 사건에서 이런 일이 전형적으로 벌어졌다. 공안부 검사들은 당시 국가안전기획부와 함께 직접 사건을 조작했다. 조작의 방법은 고문, 폭행, 협박, 불법구금이었다. 이 사실은 밝혀져 대법원에서 2번이나 무죄취지의 판결이 내려졌다. 그러나 검찰과 국가안전기획부는 대법관을 회유했고, 대법원은 자신의 판결마저 뒤집고 송씨 일가에 유죄를 선고했다. 이 사건은 1심 판결 이후 27년 만인 2009년 재심으로 무죄가 선고되었다. 공동가공의 의사와 기능적 행위 지배를 통해 공범으로 과거사 사건을 조작한 주체 중의 하나로 법원이 있었다.

셋째, 판사들은 대부분 사건의 실체를 알면서도 의도적으로 무고한 자에게 유죄판결을 내렸다. 억울한 사람 중 판사 앞에서 사실을 이야기하지 않는 사람은 없다. 재판을 받는 사람, 특히 피고인은 다른 사람이 아닌 판사는 자신을 이해할 것이라는 믿음을 가지고 있다. 신앙에 가까운 믿음이다. 그래서 재심사건의 기록을 읽어보면 경찰 단계에서 사실을 말했는데 경찰이 믿어주지 않자 검사, 판사 앞에서 사실대로 이야기하는 사건이 많다.

경찰은 믿어주지 않지만 '높은 검사님'은 나를 믿어줄 것이다. 그래서 경찰의 자백을 뒤집고 사실대로 말한다. 어? 그런데 검사가 나를 믿어주지 않네? 오히려 경찰의 자백을 뒤집는다고 화를 내고 경찰의 자백을 계속 강요한다. 검사도 한통속임을 깨닫는다. 이제 재판이 시작된다. 나에게 다시 기회가 생겼다. 검사는 믿어주지 않지만 '진실을 가장 잘 아는 판사님'은 나를 믿어줄 것이다. 높은 자리에 앉아 있는 것은 다 이유가 있는 법이지. 참고 참았다가 판사 앞에서 사실을 말한다. 첫 재판에서 고문 사실과 억울함을 호소한다. 판사님은 검사와 달리 화를 안 내고 들어주기는 한다. 실제로 고문과 가혹행위를 한 흔적은 있기 때문이다. 유죄라고 확신할 수 없는 사정도 여기저기 있다. 불법구금은 너무나 분명한 사실이다. 높은 판사님이 이런 상태인데 유죄라고 확신했을 리 없다. 나의 말을 들어주는 것을 보니 나의 억울함을 알고 무죄를 선고하겠구나. 그런데 결과는 그렇지 않다. 유죄판결이다. 그것도 검사의 공소장을 한 자도 바꾸지 않고 검사의 구형을 그대로 수용한 판결이다. 이것이 무슨 재판인가, 검사의 주장을 그냥 반복하는 쇼지. 지방법원 재판부는 고등법원에서 다투어보라고 하고, 고등법원은 대법원에서 다투어보라면서 사건을 미룬다. 고등법원에도 대법원에도 억울함을 말한다. 그러나 고등법원과 대법원은 지방법원에서 인정한 사실을 그대로 인정해버린다.

고 김근태 의원에 대한 재판에서 이와 같은 일이 벌어졌다. 재판정에서 판사는 사실을 들어줄 것이라고, 사실을 조사할 것이라고, 나아가 사실을 알 것이라고 생각하고 고문 사실을 말했다. 하지만 판사는 진실을 들었음에도 불구하고 귀를 막고 사건을 조작한 정보기관, 검사, 경찰 편을 들었다. 아무것도 모르는 순진한 판사가 속아서 재판을 한 것이라는 변명은 통하지 않는다.

설혹 피고인이 사실을 이야기하지 않았다고 하더라도 조작된 사건을 가려내지 못했다면 그것은 법원의 무능력, 판사의 무능을 말할 뿐이다. 원래 판사는 이런 사건을 가려내라고 훈련을 받는 존재다. 누구 눈에도 명확한 사건은 초등학생들도 판단을 한다. 실체관계가 복잡한 사건, 정치권력이 조작하려는 사건을 가려내는 지혜는 집중적인 훈련과 노력이 필요하다. 그런 훈련을 받은 판사가 사건 조작을 발견하지 못했다면 초등학생이나 다름없다.

무고한 사건임을 알면서도 유죄판결을 한 판사들은 출세를 했다. 그렇다고 무고한 사건을 무죄판결을 한 판사들이 피해를 본 것은 아니다. 송씨 일가 사건에서 무죄취지로 두 번이나 판결을 선고한 이일규 대법관은 1988년 대법원장이 되었다. 무죄판결을 한 판사들은 군부독재 시절 재임용에 탈락하거나 혹은 좌천당하는 정도의 불이익을 입었다. 박시환 전 대법관이 평판사 시절 춘천지방법원 영월지원에 좌천된 것은 1985년이었다. 박시환 전 대법관은 판사 시절 즉심에서 가두시위를 한 학생들에 대하여 무죄를 선고한 사건으로 인사 6개월 만에 춘천지방법원 영월지원으로 발령받았다. 하지만 좌천이라는 인사상 불이익도 민주화 이후에는 거의 없어졌다. 이처럼 판사들이 양심에 따른 판결을 하더라도 인사상 불이익은 거의 없었다. 있다고 하더라도 겨우 좌천 정도였다. 무고한 시민에게 사형이나 무기징역을 선고한 것과 비교해보면 피해라고 하기에 가소로워 보인다.

영원히 기록으로, 최종 판정으로 남는 그 판결문을…

과거사 정리는 한국 근현대사에서 국가기관이 공권력을 위법·부당하게 행사해서 벌인 폭력과 범죄, 사실 왜곡과 진실 은폐를 바로잡는다. 과거사 정리가 제대로 이루어지기 위해서는 진실 규명, 피해자 배상과 보상, 가해자 책임 인정과 반성, 피해자와 가해자의 화해, 재발 방지를 위한 제도개혁 및 윤리 강화, 국민적 합의를 통한 과거사 기억, 과거사 기념사업 등이 필요하다.

과거사 정리는 과거 국가폭력의 진상을 규명한다. 이를 통해 억울하게 피해를 입은 국민들의 명예와 인권을 회복시킨다. 국가권력에게 범인으로 낙인찍혀 평생을 살아온 무고한 자의 인생은 그 무엇으로도 대신할 수 없다. 평범한 인생이 국가폭력으로 망가졌다. 공부하고, 상상하고, 친구들과 사귀고, 떠들고, 놀고, 술 마시고, 친구들과 만나고, 배우자를 만나서 사랑하고 싸우고 결혼하고, 직장을 갖고, 자식이 있다면 자식을 사랑하고, 사랑하는 평생의 반려자와 함께 지혜롭게 늙어가고, 작지만 행복한 취미생활을 하는 인생의 모든 즐거움을 빼앗겼다. 이를 되돌릴 수는 없다. 그나마 돌려줄 수 있는 것은 그의 명예와 정의뿐이고 풀어줄 수 있는 것은 억울함뿐이다. 무고한 자의 명예와 인권을 회복하고 실질적인 배상과 보상을 함으로써 무고한 자의 인생 앞에 사죄하는 것이 남은 자의 도리다. 이것이 공동체의 정의와 법을 세우는 일이다.

과거사 정리는 권력기관의 반성을 통해 권력기관, 국가를 순화시킨다. 폭력적 법치주의를 반성하고 평화의 법치주의를 수립한다. 과거사 사건은 국가권력의 위법·부당한 행사로 국민의 자유와 권리가 짓밟힌 사례들이다. 정권을 지탱하는 권력기관이 국민을 대상으로 학살하고 고문하고 폭행하고 처벌했다. 법률은 포장이었고 실제로는 범죄행위였다. 과거사 정리는 왜 권력기관이 국민의 반대편에 서서 국민의 자유와 인권을 침해했는지를 진지하게 검토한다. 이를 통해 권력기관의 본래 모습을 성찰하고 권력기관 개혁의 방향을 제시한다. 도덕적인 국가, 도덕적인 권력기관의 기초를 닦는 것이다.

또한 과거사 정리는 과거회귀적 복수 과정이 아니라 새로운 미래를 여는 건설 과정이다. 과거사 정리의 출발점과 원칙은 인권이다. 극심한 인권침해 사태를 겪으면 그 원인을 밝혀내고 다시는 심각한 인권침해가 발생하지 않도록 해야 한다. 전쟁이 발생하여 모든 이를 불행하게 만들었다면 평화를 정착하기 위해 노력하는 것과 같다. 제2차 세계대전 당시 발생한 심각한 인권침해는 세계인권선언과 이어지는 인권조약들, 그리고 인권체제를 만들어냈다. 과거사 정리 역시 이와 같다. 심각한 인권침해 사건의 원인과 경과, 결과를 분석함으로써 인권침해 사건이 발생하지 않는 시스템을 탐구한다. 과거사 정리는 인권이라는 인류 보편의 가치를 확산, 정착시키기 위한 미래 건설 과정이다. 국내 과거사 정리는 동북아시아의 과거사, 즉 전쟁과 식민, 내전과 국가폭력의 국제적인 과거사를 정리하는 동력으로도 작용한다. 국내 과거사 정리는 평화와 인권 가치를 매개로 국제적인 과거사 정리와도 관련된다.

과거사 정리의 일반적 의의 이외에 법원의 과거사 정리는 고유의 필요성과 의의가 있다. 법원은 국가폭력 사건에서 최종적으로 합법성의 도장을 찍었다. 재판이라는 과정을 통해, 그리고 판결이라는 최종 결정을 통해 국가의 불법을 합법으로, 시민의 무고한 행위를 범죄행위로 바꾸어버렸다. 그 결과 국가 차원에서 영원히 보존되는 판결문에 무고한 자가 범인으로 기록되어 있다. 법원 과거사 정리의 고유성은 최종적으로 국가폭력 사건에서 합법성의 외피를 벗기고 피해자들의 무고함을 판결로 선언하는 것에 있다.

법원의 과거사 정리는 해당 사건에서 분수령을 이룬다. 하나의 과제가 정리되고 다른 과제가 시작되는 분수령이다. 정리되는 과제는 진상 규명과 억울함의 해소이다. 피해자임에도 범인으로 불렸던 지난날의 잘못을 바로 잡는다. 법원의 판결문을 통하여 과거 재판이 무효였음을, 본인이 무고한 피해자임을 확인받는 것이다. 이 절차는 형사소송법에 재심절차로 이미 마련되어 있다. 재심은 아무리 시간이 오래 걸려도 반드시 필요하다. 세월이 흐른다고 피해자의 억울함이 저절로 없어지는 것은 아니다. 세월이 흘러도 합법이 불법이 될 수 없고, 불법이 합법이 될 수 없다. 정의에는 시효가 없는 법이다. 42년 만에 재심으로 무죄를 선고받은 한승헌 변호사는 『한겨레』 인터뷰에서 다음과 같이 소회를 밝혔다(한승헌, 2018, 237쪽).

내 나이 마흔한 살 때 '어떤 조사(弔辭)' 필화 사건으로 구속 기소돼 유죄판결을 받은 제가 83세가 된 지금 재심 끝에 무죄가 됐지요. 그나마 저는 살아서 무죄판결을 받아 개인적으로는 다행이지만 여전히 참담하고 답답한 마음입니다. 과거 독재 치하에서 범죄인이라는 누명을 쓰고 사법살인으로 참변을 당한 뒤에 뒤늦게 재심무죄가 된 분들을 생각하면 영국 정치가 윌리엄 글래드스턴의 '너무 느려빠진 정의는 정의가 아니다'라는 말이 떠오릅니다.

지금까지 제법 많은 수의 사건이 재심을 통하여 무죄를 선고받았다. 이 과정에서 법관들이 사과를 한 경우도 있다. 이런 확인을 원하지 않는 자는 없다. 다만 본인이 직접 재심을 신청할지는 미지수다. 트라우마가 남아 있다면 선뜻 재심을 신청하기 어렵다. 이런 경우는 국가가 도와야 한다. 형사소송법도 검사가 피고인을 위하여 재심을 신청할 수 있도록 규정하고 있다. 재심을 통한 진상 규명과 억울함 해소는 과거사 사건을 일단락짓는 것이다.

새로 시작하는 과제는 피해의 배상과 보상, 가해사실의 인정과 사과, 화해, 제도적 개혁, 과거의 기억 등이다. 재심으로 진실이 밝혀지면 이런 과제가 뒤를 따른다. 법원의 재심판결이 없다고 하더라도 과거사 정리의 과제이지만 법원의 재심판결이 있으면 이들 과제는 더욱 구체적인 과제가 된다.

"사법부가 저지른 잘못"을 어떻게 할 것인가

법원의 과거사 정리 시도가 없었던 것은 아니다. 이용훈 전 대법원장 시절 과거사 정리 시도가 있었다. 과거사 정리 시도는 개별 사건의 과거사 정리와 종합 정리로 나누어진다.

개별 사건의 과거사 정리 시도는 긴급조치 위헌판결과 재심판결로 이루어졌다. 대법원은 2010년 10월 16일 "유신헌법 제53조에 근거하여 발령된 대통령 긴급조치 제1호는 그 발동 요건을 갖추지 못한 채 목적상 한계를 벗어나 국민의 자유와 권리를 지나치게 제한함으로써 헌법상 보장된 국민의 기본권을 침해한 것이므로, 긴급조치 제1호가 해제 내지 실효되기 이전부터 유신헌법에 위배되어 위헌이고, 나아가 긴급조치 제1호에 의하여 침해된 각 기본권의 보장 규정을 두고 있는 현행 헌법에 비추어 보더라도 위헌"(대법원 2010도5986)이라고 판결했다. 이 판결을 두고 이용훈 전 대법원장은 2012년 11월 고려대 로스쿨 강연에서 "35년이라는 세월이 걸렸지만 유신체제하에 사법부가 저지른 잘못을 조금이라도 청산한 판결"이라고 평했다(권석천, 2017, 268쪽). 긴급조치 9호도 같은 이유로 위헌 무효로 판결되었다. 이 판결은 유신시대를 법적으로 청산하는 것이면서 법원 과거사 사건 정리의 계기가 된다. 긴급조치 위반을 이유로 한 형사판결이 모두 무효가 되어야 하기 때문이다.

과거사 사건으로 진실화해위원회에서 진상규명된 사건도 재심으로 유죄판결이 무효화되고 무죄가 선고되었다. 위에서 본 송씨 일가 사건, 조봉암 사건, 『민족일보』 조용수 사건, 태영호 사건, 민청학련 사건, 울릉도 간첩단 사건, 강기훈 유서 대필 사건, 각종 간첩조작 사건이 재심으로 무죄판결을 선고받았다. 수십년 동안 간첩이 아니면서 간첩으로 살았던 무고한 시민의 삶을 돌려줄 수는 없었지만, 최소한 명예와 인권을 회복되었다.

하지만 개별적 재심은 큰 한계를 안고 있다. 피해를 입은 무고한 시민들이 먼저 신청해야 하는 한계, 재심을 신청하기 위한 기초자료를 본인이 직접 수집해야 하는 한계, 법원과 검찰이 적극적으로 나서서 무죄를 확인해주지 않는 한계, 같은 간첩조작 사건이라고 하더라도 재심 신청을 한 피해자는 무죄판결을 받는데 재심 신청을 하지 않은 피해자는 여전히 유죄판결의 상태로 남아 있는 한계 등이 그것이다.

개별적 해결은 후퇴의 가능성도 안고 있다. 실제로 긴급조치가 위헌이라고 판결해놓고도 대법원은 긴급조치로 인한 손해배상청구를 기각한 바 있다. 긴급조치가 법률도 아닌 헌법에 위반된다고 해놓고 그 긴급조치로 인한 피해자들에게 국가는 배상의무가 없다는 판결을 했다. 이유는 대통령의 긴급조치권 행사는 고도의 정치성을 띤 국가행위이므로 긴급조치의 피해자들에게 국가가 손해배상을 해줄 필요가 없다는 것이다. 위법무효인 행위로 인하여 고통을 받은 자가 있는데 이를 국가행위라고 하여 배상할 필요가 없다는 것은 논리적 모순이다. 긴급조치가 위헌이라고 판결한 지 불과 5년 만에 벌어진 일이다.

법원과 검찰을 포함한 국가기관은 피해자들의 신청이 없어도 자기 행위의 위법성과 부당성을 밝힐 의무가 있다. 그리고 피해자의 명예와 인권을 회복시켜야 하는 의무, 배상과 보상을 할 의무가 있다. 불법적인 공권력 행사의 원인을 규명하고 재발 방지 대책을 마련할 의무도 있다. 끝으로 과거사와 그 정리 과정을 역사로 기억할 의무가 있다. 이 의무들은 국민을 보호하는 국가의 기본 의무이다. 피해자들이 진상 규명을 요청하지 않더라도,

피해자가 모든 것을 잊고자 해도, 피해자가 용서하더라도 국가의 의무는 면제되지 않는다.

　법원 과거사 정리는 사건별로 재심을 통해 무죄를 확인해주는 개별적 정리 이외에 법원 전체 차원에서 과거사 정리, 즉 반성과 참회가 필요하다. 이 점에 대해서는 이용훈 전 대법원장도 어느 정도 인식을 했던 것으로 보인다. 이용훈 전 대법원장 시절, 법원이 자체적으로 수집한 과거사 사건은 판결 6419건, 피고인 8782명으로 알려져 있다(권석천, 2017, 255쪽). 그리고 진실화해위원회는 2007년 1월, 긴급조치 판결에 참여한 판사 492명의 실명을 공개한 바도 있다. 지금은 그러한 일이 있었는지 기억도 잘 나지 않을 정도가 되었지만 당시에는 제법 큰 반발이 있었다. 시기는 노무현 대통령 임기 말이었다. 이때 현직 대법관 중 명단에 포함된 양승태, 김황식, 박일환, 이홍훈 대법관은 입장을 밝히지 않았고, 당시에 판사들 사이에는 "판결 당시 실정법을 따랐다, 젊은 배석판사로서 별다른 역할을 할 수 없었다"(권석천, 2017, 258쪽)는 변명이 나왔다고 한다. 인정과 반성, 성찰과 사과는 없었다.

　이용훈 전 대법원장 취임 1년을 앞두고 '사법 과거사 논쟁 종식을 위한 제언'이라는 이름의 백서가 준비되었다고 한다. 실무진은 백서에 과거사 판결들을 주요 죄명별, 연도별, 심급별로 정리하고 피고인과 담당재판부를 모두 기재하자고 건의했다(권석천, 2017, 281쪽). 하지만 이 백서는 발간되지 않았다. 그리고 과거사 정리는 중단되었다.

　이용훈 전 대법원장의 과거사 정리는 조직적 차원에서는 시도되었으나 실패했다고 평가할 수 있다. 그 원인은 이용훈 전 대법원장의 과거사 정리에 대한 인식에 있었다. 이용훈 전 대법원장의 과거사 정리에 대한 생각에는 세 가지 한계가 있었다. 첫째, 법원 자체적으로만 과거사 정리를 하려고 한 한계. 법원은 내부적으로 과거사 정리를 하려고 함으로써 일반 시민과 함께 하는 과거사 정리를 배척했다. 과거사 정리의 동력을 스스로 좁힌 것이다. 여기에서도 사법부 독립 원리가 도그마로 작용한 것을 알 수 있다.

둘째, 정보공개를 하지 않았던 한계. 과거사 정리가 어떻게 진행되는지 전혀 외부에 공개되지 않았다. 자체적으로 수집한 판결은 어떤 기준에서 수집되었는지, 어떻게 분류되고 평가되는지도 외부에 알려지지 않았다. 그 결과 이용훈 전 대법원장이 과거사 정리를 중단하자 법원의 과거사 정리는 갑자기 사라져버렸다.

셋째, 정권의 의사에 좌우된 한계. 이용훈 전 대법원장의 임기 말은 이명박 정부 시기였다. 노무현 대통령의 임기가 끝나자 과거사 정리는 급속히 동력을 상실했다. 이용훈 전 대법원장은 과거사 정리를 할 용기를 잃어버렸다.

법원의 과거사 정리는 개별적 사건 정리든 조직적 정리든 현재 중단된 상태이다. 이제 남은 것은 중단된 과거사 정리를 다시 시작하는 것이다. 현 대법원장으로서는 부담이 적다. 이미 진행된 일을 다시 추진하는 것이기 때문이다. 과거사 정리를 처음 시작했어야 하는 이용훈 전 대법원장보다 훨씬 부담이 적다. 다만 과거사 정리를 완결하기 위해서는 이용훈 전 대법원장보다 훨씬 무거운 역사의식과 문제의식, 절박함으로 무장해야 한다. 이용훈 전 대법원장의 한계를 뛰어넘어야 한다.

법원의 과거사, 법원의 현재와 미래

법원의 과거사 정리는 반드시 필요하다. 남는 문제는 과거사 정리를 조직적, 체계적으로 하는 방법이다. 대법원장의 추상적인 사과로는 과거사가 정리되지 않는다. 구체적인 사건, 구체적인 탄압, 구체적인 보복 조치, 구체적인 재판, 구체적인 피해자, 구체적인 판사, 구체적인 판결 등 과거사의 모든 것은 구체적이어야 한다. 과거사 정리는 구체적일 때 진정한 것이 된다. 사과를 하더라도 진정성을 느낄 수 있고 후세에게 전달되더라도 교훈이 될 수 있다.

사법부 전체가 과거사를 진지하게 고민하고 해결책을 찾아나서야 한다. 이를 위해서 법원에 '사법부 과거사정리위원회(가칭)'를 만드는 것이 바람직하다. 실제로 과거사 정리가 국가적 과제가 된 이후 거의 모든 부처는 위원회를 만들어 과거사를 정리했다. 기존의 조직체계는 과거사 정리를 감당하기 어렵다. 정서적으로 어려울 뿐 아니라 조직적으로도 그렇다. 정서적으로 자신의 잘못을 현미경으로 들여다보는 것이 마음이 편할 리 없다. 그리고 과거사 사건에서 무고한 자를 유죄로 판결한 법관이 아직 법원에 남아 있을 수도 있고 존경받는 선배일 수도 있다. 내부의 반발도 충분히 예상된다.

조직적으로 보면 사법부의 기존 조직은 과거사 정리를 하는 데에 적합한 조직이 아니다. 사법부는 재판을 하는 데에 적합한 조직일 뿐이다. 과거사 정리가 단기간에 집중적으로 이루어져야 한다는 점을 생각하면 기존 조직으로는 곤란하다. 또한 과거사 정리 작업은 사법부와 시민들의 공동작업이므로 시민들이 주도할 필요가 있다. 여러모로 사법부 과거사 정리를 위해서는 과거사정리위원회가 필요하다.

'사법부 과거사정리위원회'는 시민사회의 역량과 법원의 역량이 함께 어우러져야 한다. 법원에서도 많은 힘을 쏟아부어야 하지만 역시 주도권은 외부의 시민사회가 가져야 한다. 위원장은 당연히 과거사와 인권에 밝은 외부인사가 맡아야 하고 구성원의 5분의 4 이상은 법원 바깥의 외부인사, 시민단체의 몫이 되어야 한다. 변호사가 지나치게 많은 것 역시 곤란하다. 특히 법원 고위직 출신 변호사는 곤란하다. 사법부 과거사정리위원회는 협의체 기관이기 때문에 실제 집행력은 없다. 집행력 보완을 위하여 실무 단위의 기획추진단을 구성해야 한다. 여기에는 판사들이 참여해 실무를 뒷받침해야 한다. 기록을 볼 수 있는 능력과 시간이 있기 때문이다. 그렇다고 판사들이 주도권을 가져서는 안 된다.

사법부 과거사정리위원회는 개별 사건의 재심 처리보다는 사법부 전체의 과거사 정리에 관심을 기울여야 한다. 이를 위해서 첫째, 사법부의 과거사를 대표하는 대표적인 사건에 대한 진상조사가 필요하다. 예를 들면 대법원에서 두 번이나 무죄취지의 판결을 했음에도 불구하고 최종적으로 유죄판결을 한 송씨 일가 사건에서 무슨 일이 있었는지 진상을 규명해야 한다. 이용훈 대법원장 시절인 2006년 5월 법원행정처 보고서는 대표적이고 상징적인 사건 5~10개를 선정해 진실을 규명하는 방안을 제시했다. 여기에는 진보당 사건(1958년), 인혁당 재건위·민청학련 사건(1974년), 김재규 사건(1979년), 김대중 내란음모 사건(1980년), 진도 가족간첩단 사건(1981년), 구미 유학생 간첩단 사건(1985년), 강희철 간첩조작 사건(1986년), 권인숙 성고문 재정신청 기각 사건(1986년), 유성환 의원 국시 논쟁 사건(1986년), 강기훈 유서 대필 사건(1991년)이 있었다(권석천, 2017, 255쪽).

둘째, 과거사 사건이 발생한 원인을 조사해서 다시는 과거사 사건이 발생하지 않도록 법원을 개혁해야 한다. 과거사 사건 발생 원인에는 정치적 압력 등 법원 외부의 원인, 법원 내부의 원인, 법원행정의 원인, 형사소송 제도의 원인, 문화적 원인, 개인적 원인 등 여러 가지가 있다. 그 원인을 정확히 파악해 필요한 개혁을 해야 한다. 과거사 정리는 제도개혁으로 끝나지 않는다. 사법부 과거사 정리에는 자기반성이 전제되어야 한다. 법원이 과연 무엇을 잘못했는지를 구체적으로 고백하고 성찰해야 한다. 이를 위해서는 법원의 문제점을 가능한 한 세밀하고 정확하게 지적하고 그 개선책을 제시할 필요가 있다. 여기에는 법원의 문화, 법관의 윤리도 포함된다. 법관들이 가지고 있는 무오류 신화, 엘리트주의에 대한 반성도 필요하다. 이러한 자기반성을 전제로 정치권력, 자본권력, 관료권력, 언론권력에 대한 사법부의 요구와 이들의 압력에는 결연히 저항하겠다는 내용이 포함되어야 한다. 마지막으로 시민들에 대한 약속도 필요하다. 과거사 정리를 통하여 무엇이 바뀔 것이며 어떻게 바뀔 것인가를 시민들과 약속해야 한다.

셋째, 사법부 과거사정리위원회는 과거사를 기억하고 보존해야 한다. 과거사의 기억과 보존은 과거사 정리가 과거지향적인 이벤트가 아닌, 미래 건설을 위한 필수적인 과정임을 보여주는 핵심 요소이다. 과거사 정리를 통해 사법부는 더 이상 권력의 시녀가 되지 않게 되어야 한다. 사법부를 진정 인권의 최후의 보루로 기능하도록 만들어야 한다. 「진실·화해를 위한 과거사 정리 기본법」이 과거사연구재단을 설립하도록 규정한 것을 참조하여 법원 내부에 과거사 기념 공간을 마련하여 사법부 피해자들을 위로하고 기억을 통한 미래 설계를 시각적으로 보여주는 것도 필요하다. 물론 이 모든 과정에서 가장 중요한 것은 구체적인 사실이다. 추상적인 사과와 다짐으로는 아무것도 남길 수 없다.

3. 대법원 구성의 다양화

다양성의 문을 열 것인가, 닫을 것인가

대법원 구성의 다양화는 그 자체로는 오랫동안 주장되어온 단순한 과제이다. 하지만 심오한 과제이기도 하다. 대법원 구성의 다양화가 갖는 의미를 압축적으로 보여주는 것은 다음의 2004년 '사법개혁위원회' 건의문이다(사법개혁위원회, 2005, 410쪽).

> 대법원은 최고 사법기관으로서, 법률심으로서의 성격을 더욱 강화하고 사회의 다양한 가치관을 충분히 반영할 수 있어야 하며, 이를 위하여 대법관의 구성은 경력, 성별, 가치관 등 여러 측면에서 보다 다양화되는 것이 바람직합니다.

대법원 구성의 다양화는 단순한 개혁 과제이지만 제대로 개혁되지 않는 과제이기도 하다. 2004년 사법개혁위원회 건의 이후 대법관 구성이 충분히 다양화되었고 그에 따라 사회의 다양한 가치관이 충분히 반영되고 있다고 말할 수는 없다. 2005년 출범한 이용훈 대법원장 체제에서도 충분한 다양화는 이루어지지 않았지만, 양승태 대법원장 체제에서는 다양화가 오히려 후퇴했다. 김명수 대법원장 체제에서 다시 다양화를 개혁 과제로 삼아야 한다.

대법원의 다양화가 필요하다는 것을 보여주는 최근의 증거는 판사 블랙리스트와 관련한 대법관 13명 전원의 의견 표명일 것이다. 부당한 행동을 같이 할 정도로 대법관 전원은 한 명의 예외도 없이 획일적이었다. 사법부 독립이라는 이름하에 외부의 합리적인 비판과 의심을 배척하는 데에 대법관 전원의 의견이 일치되었다는 것은 놀라운 현실이다. 사법부의 민주화, 다양화가 여전히 멀었다는 것을 보여준다.

대법원 구성의 다양화는 실질적 다양화이어야 한다. 그 목표는 다양성을 바탕으로 새로운 판결을 만들고 새로운 시대를 여는 것이다. 구체적으로 촛불혁명으로 표현되는 새로운 민주주의와 인권의 시대를 법률로 뒷받침하는 것이 목적이다. 이에 적합한 인사라면 법원 내부, 외부는 문제되지 않는다. 법관 출신 여부도 문제되지 않는다. 현재의 직업도, 나이도, 사법연수원 기수도, 변호사시험 기수도 문제되지 않는다. 오로지 문제되는 것은 대법관들의 경험과 가치관이다. 여기에 대한 유일한 예외는 여성이다. 여성은 이론적, 경험적으로 기존의 가부장적 질서에 반대되는 의견을 개진할 가능성이 높다. 여성 대법관은 반수에 이르기까지 계속 확대해야 한다. 여성의 진출이 확대되면 여성이라는 측면과 함께 가치관도 중요한 판단기준이 될 것이다. 결국 쟁점은 대법관 후보들의 경험과 가치관으로 귀결된다. 여기에서 핵심은 공익성, 공공성, 인권의식이라는 시대정신을 가졌는가 하는 점이다.

대법원 구성의 다양화는 어느 정도는 되돌릴 수 없는 수준까지 진행된 것으로 보인다. 비서울대, 여성이라는 다양성은 확보되었다. 이제 남은 것은 비법관 출신 법률가의 대법관 임명이다. 비법관 출신으로서 시민사회에서 공익성, 공공성, 인권의식을 단련받은 인사가 대법관으로 되는 것이 필요한 시기이다. 새로운 도약이 필요한 시점에서 책임 있는 대법관 제청과 임명이 있어야 한다. 2018년 6월 대법관으로 비법관 출신 김선수 변호사가 제청, 임명되었다. 노동변론, 인권변론의 길을 걸어온 김선수 변호사의 제청은 대법원 다양성의 새로운 기원을 열었다. 대법원 구성의 다양화의 새로운 단계이다.

하지만 안심하기에는 아직 이르다. 잘못하면 법원 출신이 아닌 법률가의 대법관 제청이 김선수 대법관으로 그칠 수 있다. 쉽게 말하면 한 명만 제청, 임명하고 다음에는 계속 법원 출신 대법관을 임명하는 것으로 될 수 있다. 대법원 구성의 다양화라는 명분을 쥐고 대법원의 문을 열었으나 문을 열자마자 문을 닫을 위험성이 있다.

이러한 우려는 근거가 없는 것이 아니다. 실제로 이용훈 대법원장 체제에서 대법원 구성의 다양화를 이끌었던 대법관의 수는 5명에서 더 늘어나지 않았다. 이들이 퇴직한 후 이들의 후임자는 이들에 미치지 못했다. 이들은 결국 대법원의 문을 닫고 들어간 것이다. 그런데 이들은 모두 법관 출신들이다. 상대적으로 법원의 반대는 약했다고 볼 수 있다. 이런 상태이므로 비법관 출신 대법관은 워낙 파격이라고 생각하여 1명이면 충분하다고 볼 것이라고 걱정하는 데에는 충분한 근거가 있다.

비법관 출신 대법관의 임명이 계속되기 위해서는 대법관 임명권자인 대통령과 제청권자인 대법원장의 철학과 의지가 명확해야 한다. 그다음 대통령, 대법원장의 철학과 의지를 뒷받침할 수 있는 사회적 공감대가 필요하다. 또한 대법원 다양화에 관심을 갖는 법조단체, 시민단체는 일관하여 대법원 다양화에 적합한 인물을 계속 발굴하고 추천해야 한다. 한번 외부에서 했으니 다음에는 법원 출신, 그다음에는 고위직 법관 출신의 순서로 기계적 공정성 논리에 빠져서는 안 된다. 마지막으로 대법관 자격 중 사건처리능력을 가장 중시하는 관점에서 벗어나야 한다. 책임을 바탕으로 한 과감한 결단이 없으면 대법원 구성의 다양화는 이루어지지 않는다. 이용훈 전 대법원장 체제 정도의 다양성도 이루어지지 않을 것이다.

다양화를 가로막는 무지와 이익

대법원 구성의 다양화는 쉽지 않다. 현실적으로 존재하는 강력한 장애요인이 있기 때문이다. 그 장애요인은 첫째, 사회의 다양한 가치관에 대한 두려움, 둘째, 법원의 관료주의, 셋째, 다양화에 대한 무지 등이다.

첫 번째 장애요인은 사회의 다양한 가치관에 대한 사법부의 두려움이다. 법원은 사법부 독립이라는 원리로 무장되어 있다. 사법부 독립은 정치권력으로부터 국민의 자유와 인권을 지키기 위한 훌륭한 무기다. 그런데 사법부의 독립을 공격적으로 사용하면 사회의 다양한 가치관에 대해서도 독립을 주장하게 된다. 여기에 법원의 전문가주의, 엘리트주의, 무오류주의가 더해지면 사회의 다양한 가치관, 생각은 오염되고 타락한 가치관, 생각이고 법관들이 가지고 있는 생각이야말로 순수한 가치관이라는 인식으로 발전한다. 그래서 사회의 다양한 가치관이 법원으로 유입되는 것에 저항한다.

이에 대한 반박은 하나의 사례만으로 충분하다. 이미 국민참여재판이 시행되고 있다는 사실은 외부 가치관에 대한 두려움이 아무런 근거도 없다는 점을 잘 보여준다. 시민의 건전한 상식, 다양한 가치관은 이미 재판 과정에서 반영되고 있다. 재판에서 시민의 다양한 가치관이 반영될 수 있듯이 대법원에도 사회의 다양한 가치관이 반영되어야 한다.

두 번째 장애요인은 법원의 관료주의이다. 법원의 관료주의는 대법관을 법관의 마지막 최고의 출세 자리로 본다. 대법원장도 그렇다. 2005년 7월 27일 서울중앙지방법원의 한 부장판사는 「대법원장은 전현직 대법관 중에서」라는 글을 발표한다. 노무현 대통령의 이용훈 전 대법원장 임명을 앞둔 시점이었다. 다음은 그 내용이다(권석천, 2017, 61쪽).

> 전현직 대법관 중에서 대법원장이 임명되지 않는다면 많은 법관들이 큰 당혹감
> 과 반감을 느끼거나 냉소에 빠질 것이다. 임명 반대 서명운동이 일어날 수도 있
> 다. 만에 하나라도 평판사 출신 변호사가 대법원장이 되면 필자는 그 권위를 인
> 정할 수 없으므로 즉시 사직할 것이다.

법원의 관료주의가 이 정도에 이르렀다. 법원의 저항을 이유로 협박하는
수준이 되었다. 우리의 자리를 왜 외부인사에게 주어야 하는가 하는 외침
이 들리는 듯하다. 민일영 전 대법관은 2015년 12월 퇴임 후 사법연수원에
서 진행된 '초임 지방법원 부장판사 1차 연수'에서 "선배를 편안하게 하고
동료에게 신뢰를 얻고 후배를 감싸안는 사람이 되라"고 하면서 "판결을 할
때도 마찬가지"라고 했다(『경향신문』, 2015). 선배를 힘들게 하는 판결을 자제
하라, 또는 대법원 판례를 존중하라는 취지의 발언으로 들린다. 시대의 변
화에 따라 잘못된 대법원 판결을 고치기 위하여 노력할 것을 주문하지 않
고 오히려 대법원 판결을 따르라고 했다. 전형적인 관료주의 행태다.

서울중앙지법 부장판사의 발언으로부터 13년밖에 지나지 않았다. 민 전
대법관의 발언으로부터 3년밖에 지나지 않았다. 김명수 대법원장 임명 이
후 법원의 관료주의가 약화되었다고 볼 근거는 없다. 김명수 대법원장 체
제에서 첫 대법관 임명은 안철상 대전지방법원장, 민유숙 서울고등법원 부
장판사였다. 비서울대, 여성으로 다양화했다고 주장하지만, 사회의 다양
한 가치관은 제대로 반영되지 않았다. 평생을 법관으로 살아왔고 법관의
가치관에 충실한 인사들이다. "대법원장은 대법관 구성의 다양화를 요구
하는 국민의 기대를 각별히 염두에 뒀다"고 설명하고 있으나 이들의 경력
에서 그 근거를 찾을 수는 없다. 법원의 관료주의가 다시 승리한 대법관 제

청이었다. 김명수 대법원장의 두 번째 대법관 임명 제청은 법원 외부의 인사가 포함되었다. 김선수 변호사가 법원, 검찰 근무 경험이 없는 변호사로서 대법관으로 제청, 임명되었다. 그의 가치관은 법원 주류의 가치관과 많이 다르다. 하지만 김선수 변호사의 제청이 공익성으로 무장한 법원 외부의 인사로서 처음이자 마지막이 아닐지 걱정된다. 법원의 관료주의는 뿌리가 깊다.

대법원 구성의 다양화에 대한 세 번째 장애요인은 다양성에 대한 무지이다. 다양성을 잘못 이해하고 있는 것이 세 번째 장애요소이자 가장 큰 문제이다. 다양성에 대한 무지는 법원이 심각하지만 행정부나 시민단체도 정도의 차이일 뿐이다.

다양성에 대한 무지 혹은 오해는 다양성을 형식적으로 이해하는 것을 말한다. 실질적인 다양성이 아니라 형식적인 다양성에 초점을 두니 비서울대, 법원 내부의 비주류, 비엘리트 판사, 소장 판사 등을 강조한다. 상대적으로 법원 내부의 다양성이 강조된다. 사회의 다양한 가치관을 온몸으로 체현하는 외부의 인사는 다양성에서 배제된다. 여성이 강조되는 것은 충분히 의미가 있다. 대법관이나 헌법재판소에 여성이 더 많이 있어야 한다. 하지만 여성만이 다양성의 전부는 아니다. 여성으로서 얼마나 다양한 가치관을 가지고 있는가, 법원이 아닌 사회의 다양한 가치관을 체현하고 있는가가 중요하다.

무엇보다도 경계해야 할 것은 다양성을 법원 내부의 다양성으로 해석하는 경향이다. 다양성에서 중요한 것은 법원의 주류적인 생각과 다른 논리를 전개하는 것이다. 여성이 다양성에서 중요한 것은 남성의 주류적인 생각에 반기를 들고 다른 논리를 전개할 수 있기 때문이다. 같은 원리가 적용되어야 한다. 법원 내부의 다양성은 법원 주류와 다른 생각을 말하는 데에 근본적인 한계가 있다. 현직 법관만이 아니라 법원 출신 변호사, 법원 출신의 학자도 기존의 법원 논리에 익숙하므로 법원 인사라고 불러도 손색이 없다.

실질적 다양성이 보장되어야 다양한 의견이 나온다. 형식적 다양성에 그치면 사회의 다양한 가치관은 법원의 판결에 반영되지 않는다. 이용훈 대법원장 체제의 5명의 대법관은 법관 출신이었음에도 소수의견을 말하는 것을 주저하지 않았다. 이들의 정체성에는 법관 이외에 다른 것이 있었다. 여성이라는 강력한 요소(김영란, 전수안), 사법개혁을 고민해온 경력(박시환), 노동법을 전공한 경력(김지형), 젊은 시절의 학생운동 경력(이홍훈) 등이 있었다. 이런 경력이 법관 이외에 다른 정체성을 만들었고 그 다른 정체성이 주류와 다른 이야기를 하도록 만들었다.

대법원의 다양성을 위해서 비법원 출신 외부인사가 대법관이 될 필요가 있다. 그다음 법관 출신이라고 하더라도 법원의 문제점을 꾸준히 지적하고 법원의 개혁을 위하여 노력해온 인사가 대법관이 되어야 한다. 법원 주류와 다른 목소리, 다른 정체성은 법원 외부에서 형성될 가능성이 훨씬 높다. 박시환 전 대법관은 뛰어난 인물임에 틀림없다. 하지만 그는 법원 내부에서는 극소수, 거의 유일했다. 법원 외부로 눈을 돌리면 이에 필적할 만한 사람이 많이 있을 가능성이 크다. 법원 내부 출신은 법원 내부 개혁에 초점을 둘 가능성이 크다. 큰 틀의 사법개혁을 생각하는 데에 한계가 있다.

지금의 경향이라면 법원 내부의 인사가 다양성이라는 이름으로 계속 대법관으로 될 것이다. 현직 법관이 아니라도 기존의 법원의 가치관을 같이하는 법원 출신 인사도 계속 대법관 후보로 거론되고 대법관으로 임명될 것이다. 그 명칭이 비서울대이든, 나이가 젊든, 여성이든 어쨌든 형식적 다양성은 충족되기 때문이다.

배기원 대법관은 2005년 11월 30일 퇴임사에서 "대법원 구성의 다양화는 바람직하지만 이것이 곧 대법원이 진보적, 개혁적 인사로만 구성되어야 한다는 것을 의미하지는 않는다. 이데올로기 시대가 종언을 고한 마당에 보수냐 진보냐의 잣대로 법관들을 편가르기하는 것은 온당치 못하다"라고 했다(『경향신문』, 2005). 사실왜곡이다. 이데올로기 시대에는 오로지 보수적인 인사, 군부독재에 충성한 법관만이 대법관이 되었다. 이데올로기 시대가 끝난 시점에 진보인사가 한두 명 정도 대법관이 되려는데 이런 말을 한다. 배기원 대법관의 말은 특별한 강력한 힘이 없다면 현행대로 법원 중심의 대법원 다양화가 진행될 것임을 시사한다. 비법관 출신 외부인사, 법원의 기존 생각과 다른 이야기를 하는 인사가 필요하다.

이용훈 대법원장의 분투, 그리고 한계

대법원 구성의 다양화와 관련해서는 이용훈 전 대법원장의 공은 평가되어야 할 것이다. 물론 대법원 구성의 다양화에는 당시 대법관을 임명한 노무현 대통령의 가치관이 더 결정적이었다. 대법원장은 제청권을 가지고 있지만 최종적인 임명권은 대통령이 가지고 있다. 그렇다고 이용훈 전 대법원장의 공이 사라지는 것은 아니다. 이용훈 전 대법원장은 노무현 대통령과 함께 대법원 구성의 다양화를 이끌었다. 그 결과 인권지향적인 판례를 많이 만들었고, 비록 소수의견으로 남았지만 사회적 약자의 의견이 대법원 판결로 남았다. 기수와 서열을 파괴하는 대법관 인사를 통해 법원의 관료주의도 완화했다. 이 점은 평가되어야 한다. 김명수 대법원장을 포함하여 앞으로 대법원장이 될 분들은 이용훈 전 대법원장의 성과 위에서 출발해야 한다.

그렇다고 이용훈 전 대법원장에게 한계가 없는 것은 아니다. 대법원 구성의 다양화와 관련해서는 세 가지 한계가 있다. 첫째, 대법원의 다양성 추구가 이용훈 전 대법원장 초기에 집중되었고 이후에는 시도되지 않았다. 기수를 획기적으로 낮추거나 연령대를 40대까지 낮추는 실험, 법원의 주류와 다른 목소리를 내는 대법관의 제청은 임기 초반에만 있었다. 이용훈 전 대법원장 스스로도 "기수, 서열 파괴는 박시환, 김지형 두 사람으로 충분하다. 그것도 대법원장에 막 취임했을 때 저질러버려서 가능했던 것"(권석천, 2017, 337쪽)이라는 인식을 가지고 있었다. 이용훈 전 대법원장 임기 초반은 노무현 대통령 임기 때였다. 후반기는 이명박 정부 때였다. 임명권자의 차이가 대법원 다양성의 차이를 낳은 것은 사실이다. 그렇다고 대법원장으로서 다양성을 완전히 중단한 것은 실망스럽다.

둘째, 다양성을 좁게 해석했다. 이용훈 전 대법원장은 다양성을 균형으로 생각했다. 균형 그 자체는 추상적으로 너무나 좋은 이념이다. 그런데 이 균형은 기울어진 상태의 균형이었다. 특히 법원 내의 균형은 아무리 다양성을 추구하더라도 진보적인 인사가 소수파일 수밖에 없다. 법관 중 진보적인 법관이 극소수이기 때문이다. 진보적인 인사가 1명 대법관이 되면 보수적인 인사 5~6명이 대법관이 되는 것이 지금 대법원의 균형이다. 결코 1:1의 균형이 아니다. 그 결과 이용훈 전 대법원장 시절 수많은 대법원 판례 변경이 있었으나 많은 의견이 소수의견에 머물렀다. 소수의견이 5명이나 된 것은 다행이지만 소수의견은 소수의견일 뿐, 법원을 바꾸지는 못한다.

셋째, 다양성을 사법부의 독립의 종속변수로 생각했다. 그래서 행정부 입맛에 맞는 대법관후보를 제청할 수는 없다고 생각했다. 이 말 자체는 맞다. 그러나 대법원 구성의 다양화는 이 보다 훨씬 넓은 개념이다. 대법원 구성의 다양화는 행정부에 맞서 넓게는 사법부, 좁게는 법원의 전통 혹은 법관의 이익을 지키기 위한 것이 아니다. 사회의 다양한 가치관을 반영하여 국민의 자유와 인권을 지키기 위한 것이다. 법원의 허구적인 권위를 무너뜨리면서 국민에게 다가가는 노력이 필요하다. 민주주의의 성과를 법원이 받아들이지 않는다면 사법부의 독립은 사법부의 고립이 될 뿐이다. 사법부의 독립을 제대로 지키기 위해서도 대법원 구성의 다양화는 필요하다.

대법관 증원론

대법관 증원론은 꾸준히 제기되어왔다. 대법원이 처리해야 하는 사건이 많기 때문이기도 하지만 다양성을 확대하기 위해서 대법관 증원이 필요하다는 주장이다. 대법관 증원과 관련한 국가적 논의는 2004년 사법개혁위원회 건의문으로 일단 정리되었다. 당시 대법관 증원론은 소수의견이었다. 다수의견(과반 이상 3분의 2 미달)은 대법관 수는 그대로 두고 고등법원 상고부를 도입하자는 것이었다. 당시 대법관 증원론의 건의문은 아래와 같다(사법개혁위원회, 2005, 409쪽).

> 소수의견으로는 대법관 증원 방안이 제시되었습니다.
> – 대법원에 의한 최종판결을 받고자 하는 국민들의 의식을 존중하고 대법원 구성의 다양성을 구현하기 위하여 대법관을 증원할 필요가 있습니다.
> – 대법관의 수를 3 내지 6명 증원하고, 대법관의 구성을 경력, 성별, 가치관 등 여러 측면에서 보다 다양화하는 것이 바람직합니다.
> – 대법원에 전문재판부를 두는 것을 검토할 필요가 있습니다.

대법관 증원론은 대법원 구성의 다양화와 잘 어울린다. 만일 2004년 대법관이 6명 정도 증원되었더라면 어떻게 되었을까? 아마 다양성은 훨씬 빨리, 더 많이 진행되었을 것이다. 대법원 판결도 훨씬 더 다양하게 나왔을 것이다. 다수의견과 소수의견의 대립은 더 치열했을 것이며 과거 군부독재와 권위주의 시절의 판례는 더 많이 변경되었을 것이다. 그만큼 국민의 자유와 인권은 더 많이 보장되었을 것이다.

우려했던 대법원의 권위나 위상의 추락은 없었을 것이다. 대법원의 권위는 대법관의 수에서 나오는 것이 아니다. 실제로 국민들 대다수는 대법관이 몇 명인지 모른다. 대법원의 권위는 법률해석의 통일을 통해 국민의 자유와 인권을 지키는 대법원의 역할에서 나온다. 15년 전의 주장이지만 지금도 여전히 대법관 증원론이 주장되는 것은 그만큼 논리적 정당성이 있다는 것을 의미한다.

대법관 증원론은 2010년에도 공식화되었다. 이명박 정부 당시 한나라당은 대법관 증원론을 정식으로 논의한 바 있다. 당시 한나라당은 대법관을 14명에서 24명으로 늘리고 경력은 20년 이상, 나이는 45세 이상으로 높이고 대법관의 3분의 1은 법관 출신이 아닌 이들 중에서 임명하는 방안을 고려했다. 대법관 증원론은 대법원의 반대로 실현되지는 못했다. 하지만 당시 여당에서 정식으로 논의될 정도로 논리적 타당성이 있는 개혁 방안임은 확인되었다. 물론 당시 한나라당의 의도는 법원 견제였기 때문에 비판을 받아 마땅한 것이었지만 말이다.

대법원 구성의 다양화와 대법관 증원론이 반드시 함께 가야 하는 것은 아니다. 대법관 증원을 하려면 법원조직법을 개정해야 한다. 이런 차이는 있지만 함께 추진하면 서로 도움이 되는 보완관계임은 틀림없다. 대법원 구성의 다양화를 추진하기 위해서도 대법관 증원론은 필요하고, 대법관 증원론이 힘을 받기 위해서도 대법원 구성의 다양화가 필요하다.

4. 법원행정의 개혁

국가 법무행정과 법원행정은 다른 영역

사법부는 국가 법무행정을 담당하는 곳이 아니다. 정상적인 국가에서 국가 법무행정은 법무부의 몫이다. 군부독재와 권위주의 시절 법무부는 검찰과 한몸이 되어 법무행정을 했기 때문에 검찰행정에 집중했다. 인권, 출입국 관리, 교정과 같은 국가 법무행정 역시 검찰행정의 일부로서 기능했다. 잘못된 행정, 잘못된 관행이었다. 그럼에도 불구하고 국가 법무행정의 책임자가 법무부라는 것은 변함이 없다. 사법부의 행정은 법원운영에 관한 행정만을 의미한다. 우리가 사법행정이라고 인식하는 것 중에는 국가 법무행정과 사법부 고유의 행정이 혼재해 있다.

법원의 구성, 법관의 임명, 법관의 선발, 법조인의 양성, 법원의 지역 관할, 사물 관할, 재판의 기본 원칙, 재판의 절차, 재판부의 구성 등 헌법, 법원조직법, 민사소송법, 형사소송법, 행정소송법 등에서 정하는 내용은 국가 법무행정으로서 행정부와 입법부가 결정한다. 사법부의 구성원인 법관들이 정하는 것이 아니다.

구체적인 예로는 국민참여재판을 생각할 수 있다. 국민참여재판의 최종 형태를 결정하는 것은 법률이다. 이 법률은 법무부로 대표되는 정부 혹은 국회의원이 발의하고 국회의 의결을 통하여 최종 형태가 결정된다. 사법부는 이 과정에서 중요한 이해관계자로서 의견을 제시할 수는 있지만 국민참여재판의 형태를 최종 결정하는 권한은 없다. 국민참여재판의 최종 형태를 결정하는 것은 국민의 의사, 즉 주권의 발현이기 때문이다. 국민이 결정해야 하는 굵직한 사안은 모두 법률에서 규정되어야 하고, 이것은 입법부의 몫이다. 사법부는 입법부가 결정한 범위 내에서 재판을 한다. 사법부가 법을 말하는 입에 지나지 않는다, 혹은 사법부는 입법권을 행사해서는 안 된다는 법률 격언은 충분한 근거를 가지고 있다.

사법부의 행정은 행정부의 행정과 다르다. 법원의 행정은 입법부가 법률로 제한한 범위 내에서 작동하지만 또한 법원의 자치 이념이 작용한다. 법원의 자치 이념은 사법부의 독립에서 파생되어 나온 이념이다. 법원의 자치는 법원의 명예로운 고립을 동반한다. 법원의 성격에 따라 적극적이고 능동적인 행정보다는 소극적이고 수동적인 행정이 중요시된다.

우리 헌법은 세계적으로 유사한 사례가 없을 정도로 대법원장에 법원행정의 힘을 집중시키고 있다. 대법원장 권한의 핵심은 헌법에서 규정한 법관 임명권이다. 세계 선진국 중 대법원장이 판사 임명권을 독점하는 곳은 없다. 미국, 프랑스는 대통령이, 영국은 국왕이, 독일은 의회를 거쳐 대통령이, 일본은 내각이 판사 임명권을 가지고 있다(신의기, 2017, 167쪽). 이들 국가에서 사법권의 독립이 문제된 경우는 없다. 오히려 대법원장에게 권한을 집중하여 법원의 자치를 최대한 보장한 우리에게 사법권의 독립이 항상 문제였다.

판사의 임명과 같은 사법부 독립의 상징도 헌법, 법률의 지배를 받는다. 국민과 국회가 최종 결정하는 것이다. 우리의 경우에도 대법원장과 대법관 등 가장 중요한 법관은 대통령이 국회의 동의를 얻어 임명한다. 이것은 법관의 인사가 헌법과 법률의 하위에 있다는 것, 원래 사법부의 행정이 아니라는 점을 보여준다.

사법부는 법무행정을 담당하는 것이 아니고 실제 중요한 국가 법무행정은 법률이 정한다. 그렇다고 국가의 법무행정이나 입법부의 법률이 사법부의 독립을 침해하는 것은 아니다. 국가 법무행정 과정과 입법부의 결정도 사법부 독립 원리에 의하여 규제를 받는다. 구체적인 재판부의 구체적인 재판 과정과 결과에는 개입할 수 없다. 사법부가 직접 행정을 하지 않는다고 하여 사법부의 독립이 위험에 처한다는 단순한 가정은 성립할 수 없다.

사법행정은 재판을 잘 하기 위해 존재하므로 관료주의와 거리가 멀다. 법관은 헌법과 법률에 의하여 그 양심에 따라 독립하여 심판한다. 법원행정은 일사분란한 행정, 관료주의에 기초한 행정이어서는 안 된다. 사법부 독립이 행정부의 간섭, 침해를 배제하듯이 재판의 독립은 법원행정의 간섭, 침해를 배제한다.

예를 들어 하급심 법관이 대법원 판례와 어긋나는 재판, 또는 기존의 관행과 다른 재판을 했다고 해서 좌천시키거나 혹은 재임용 탈락시키는 것은 금지된다. 사법부의 독립의 핵심은 법관의 독립이기 때문이다. 행정의 목적으로 법관의 인사를 하는 것은 허용되지만 그 한계도 명확하다. 법관의 신분보장은 헌법의 요구이다. 헌법은 "법관은 탄핵 또는 금고 이상의 형의 선고에 의하지 아니하고는 파면되지 아니하며, 징계처분에 의하지 아니하고는 정직·감봉 기타 불리한 처분을 받지 아니한다."(제106조 ①)고 하여 법관의 신분을 엄격하게 보장한다. 법관의 신분보장은 일반 공무원의 신분보장과 큰 차이가 있다. 일반 공무원에 대해서 헌법은 "공무원의 신분과 정치적 중립성은 법률이 정하는 바에 의하여 보장된다"(제7조 ②)고만 규정한다.

법원행정은 사법부의 속성으로부터 영향을 받는다. 법원의 재판 업무는 소극성을 특징으로 한다. 민사재판은 원고가 소송을 제기해야 시작하고,

형사소송은 검사가 공소를 제기해야 시작한다. 아무리 중대한 사건이라 하더라도 법원이 나서서 재판을 시작할 수는 없다. 신고리 5·6호기 계속 건설 여부를 결정한 것은 법원이 아니라 공론화위원회의 논의였다. 법원은 공론화위원회와 같이 적극적인 행정과는 거리가 먼 조직이다.

법원행정은 일반 행정과 달리 엄격한 제한이 있을 뿐 아니라 나아가 사법의 소극성이라는 틀 안에 존재한다. 양승태 전 대법원장은 바로 이 지점에서 오류를 범했다. 법원행정을 확대하여 사법부의 정책 목표를 달성하기 위하여 재판 결과를 조작하려고 했고 판사들의 성향을 추적하고 감시했다. 법관의 평가를 상고허가제라는 법원의 정책적 목표에 종속시켜 결국 법관의 독립, 재판의 독립을 침해했다. 상고허가제를 결정하는 과정도 문제였다. 상고허가제와 같이 국민의 재판받을 권리와 관련된 문제는 법원이 독자적으로 결정하고 힘으로 밀어붙일 수 있는 과제가 아니다. 법원은 의견을 낼 수는 있지만 국가 법무행정의 일부이기 때문에 행정부가 검토해야 하는 일이고 최종적으로 결정하는 곳은 입법부이다. 오로지 법원의 전권에 속하는 행정의 범위는 지금 법원행정처가 하는 행정보다 훨씬 적다.

법원 관료주의의 문제점

한국 법원의 관료주의는 다음과 같은 문제점을 안고 있다. 반드시 극복해야 할 문제점이다.

첫째, 법원의 폐쇄성과 수직성(김인회, 2005, 365쪽). 법원의 관료주의는 법원행정과 문화를 수직적이고 폐쇄적인 형태로 만들었다. 관료시스템도 장점이 있는 제도이다. 관료주의는 우수한 인재들을 안정적으로 확보하여 사회에 대하여 지도력을 발휘할 수 있고, 전국적으로 동일한 질의 행정을 가능하게 했다. 하지만 현대 사회에 들어 관료주의는 비효율적으로 바뀌었다. 사회가 관료에 의한 사전적인 규제로부터 법률가에 의한 사후적 규제로 급격하게 바뀌고 있기 때문이다. 사회는 개인의 창의성에 기반한 지식사회, 정보사회로 바뀌고 있다. 그렇다고 관료주의가 완전히 불필요한 것은 아니다. 시대의 변화에 따라 법률가의 이미지도 바뀐다. 미래의 법률가는 국민 위에 군림하며 규제를 하는 권력자인 법률가가 아니라 국민의 창의성과 자유, 인권을 옹호하는 국민에게 봉사하는 법률가일 것이다.

법원의 폐쇄적인 운용이란 다른 국가기관 혹은 사회의 경험으로부터 격리되어 법원의 자족적인 원칙과 논리에 따라서 법원을 운용하는 것을 말한다. 이것은 법원의 특성에 반하는 운용이다. 법원은 국가, 사회, 개인들 사이의 분쟁을 해결하는 장소로서 각종 조직 및 개인의 경험이 집중 또는 축적되어야 한다. 법원에도 축적되어야 할 뿐 아니라 인격체인 법관에게도 축적되어야 한다. 현재 법원은 사법부 독립이라는 도그마 때문에 국가 및 사회의 경험을 배제함으로써 사회통합 기능을 상실하고 있다.

사법의 수직적인 운용이란 법원이 외부와 수평적인 교류를 배제하고 초임부터 법원에서 훈련된 인사만을 승진하는 것을 말한다. 기수별 승진, 성적별 임용 및 승진 등이 그것이다. 수직적 승진제도는 법관의 위계질서를 만들었고 관료주의를 심화시켰다. 내부 인사 승진 원칙은 인재 발굴에 온 힘을 기울이는 현대 조직에서는 찾아볼 수 없다. 이러한 인사 측면의 수직적인 운용 이외에 지식 측면의 수직적 위계질서도 있다. 대법원 판례와 과거 판례에 대한 무비판적인 수용과 확대가 여기에 해당한다.

사법부의 폐쇄성, 법관의 폐쇄성을 보여주는 대표적인 사례는 이용훈 전 대법원장의 발언에서 확인할 수 있다. 이용훈 전 대법원장은 2005년 12월 2일, 전국법원장회의에서 사법개혁, 국민을 위한 사법을 이야기하는 법관이 거의 없다는 고백을 했다(권석천, 2017, 193쪽).

저는 대법원장에 취임한 이후 수많은 우리 사법의 구성원들을 만나보았습니다.

그러나 자신의 처지와 신분의 향상에 대한 요구는 많았으나 국민을 위해 우리 사법의 구성원들이 무엇을 할 것인지에 관한 사법의 변신을 위한 처방을 말하는 사람은 거의 없었습니다.

둘째, 사법행정권의 거대화(김인회, 2005, 367쪽). 우리 사법부는 2~3년마다 3000여 명의 법관을 모두 인사이동시킨다. 인사행정이 커지면 사법행정권이 거대해진다. 법관 개인에게 미치는 영향도 크다. 인사행정이 행정의 중심이 되고 인사 업무에 법관이 배치되어 법관의 낭비의 요소가 되고 있다. 인사행정을 중심으로 한 법관의 서열화 현상도 나타난다.

셋째, 법관의 독립성 침해(김인회, 2005, 368쪽). 법관에 대한 인사행정은 법관의 독립성을 침해하는 결과를 초래한다. 모든 법관을 2~3년마다 인사함으로써 법관의 독립성을 침해한다. 순환보직제는 사실상 한 지역에서 최대 3년 이상 근무하지 못하게 하고 있다. 임기가 충분히 보장되지 않기 때문에 자신의 의사에 반하여 다른 지역, 다른 심급, 다른 보직을 담당하게 된다. 지역간 차이가 분명한 현실에서 이것은 일종의 불이익으로 될 수 있다. 인사로 인한 법관 신분의 불안정은 국민들에게 피해를 준다. 같은 법관에게서 재판을 끝까지 받지 못하고 법관이 바뀌면 처음부터 재판을 다시 해야 하기 때문이다.

법관의 변경에도 불구하고 재판이 일관성을 가지려면 결국 개별 법관에 의한 재판이 아닌 법원 조직에 의한 재판으로 바뀌어야 한다. 이렇게 하려면 모든 법관이 동일하다고 가정해야 한다. 그런데 이 가정은 법관의 독립성 원칙에 어긋난다. 법관을 함부로 인사이동시키면 재판의 기본 원칙인 구두변론주의, 직접재판주의, 공판중심주의가 무력해진다.

넷째, 고급 변호사 양성소로서의 법원(김인회, 2005, 369쪽). 이 현상은 전관예우와 관련되어 있다. 법원은 변호사보다 상대적, 절대적으로 윤리적으로 우위에 있다고 주장한다. 그러나 사회에 큰 물의를 일으키는 전관예우 문제는 법관을 하다가 변호사로 전직한 변호사에게서 집중적으로 발생한다. 같은 인물임에도 불구하고 몇 개월을 사이에 두고 법관일 때에는 고귀한 인격의 소유자이고 변호사가 되자마자 비윤리적인 인물이 되어버리는 이상한 현상을 우리는 목격한다. 전관예우는 구조적으로 법원과 검찰의 관료적 운영에 기인한다. 관료주의의 특징 중의 하나는 조직이기주의이다. 조직이기주의의 확장판이 전관예우이다. 관료주의를 혁파하는 순간 전관예우의 문제는 사라지고 브로커 문제만 남는다.

다섯째, 하급심의 부실화(김인회, 2005, 371쪽). 법원의 관료화는 하급심 부실화를 초래한다. 관료주의는 경험 많은 법관들을 상급심에 배치하고 하급심은 신임 판사들의 훈련의 장으로 활용한다. 따라서 필연적으로 하급심은 부실해진다. 경험 많은 법관이 다시 하급심으로 이동해 판결을 하는 것이 하급심을 강화하는 하나의 방안이 될 수 있다. 지금 법원이 일부 시도하고 있지만 이것만으로는 부족하다. 제도적 개선방안과 실무적 개선방안이 필요하다. 제도적 개선방안은 1심을 대폭 강화하는 것이다. 국민참여재판 확대가 핵심적인 과제가 된다. 국민참여재판은 국민들이 직접 참여하여 재판을 하므로 하급심의 부실화를 구조적으로 막을 수 있다. 실무적 개선방안은 하급심의 결정을 최대한 존중하는 판례와 관행을 만드는 것이다.

대법원장 1인 중심의 중앙집권적 법원시스템

법원행정이 헌법과 법률에 의한 제한, 사법부의 독립, 법관의 독립에 의한 제한, 재판의 특징에 의한 제한을 받는다면 법원행정은 적을 수밖에 없다. 그런데 우리의 법원행정은 크고 강력하다. 법관의 임명, 전보, 재임용 등 사법행정은 법관들에게 큰 영향을 미친다. 국가 법무행정의 일부에 대해서도 상당한 영향력을 가지고 있다.

독립성이 중요하다는 법관 개인을 위협할 정도로 법원행정이 커진 첫 번째 이유는 중앙집권적인 법원 구조이다. 법원이 중앙집권적으로 구성되어 있으므로 인사도 중앙집권적으로 대규모로 해야 한다. 예산도 중앙집권적으로 짜야 하는 문제가 있다. 2018년 현재 전국 법관의 수는 3000여 명이다. 3000명의 법관 중 1000명이 매년 인사이동을 한다. 2018년 2월 13일 실시한 지방법원 부장판사 이하 법관 정기인사는 법관 전보인사 979명(지방법원 부장판사 393명, 고등법원 판사 39명, 지방법원 판사 537명), 신임 법관 배치 25명으로 총 1004명이었다. 2017년은 법관 전보인사 976명, 신임 법관 임용 8명, 배치 26명으로 총 1010명이었다. 전국의 모든 법관이 3년에 한 번은 인사이동을 한다. 대법관만 예외다. 대법관이 근무하는 대법원은 서울에만 있으니 이동이 필요없다. 이런 대규모의 인사를 대법원장이 담당하니 법원행정처의 규모와 권한이 확대되는 것이다. 만일 전국적인 인사를 하지 않는다면 법원행정처의 규모와 권한은 크지 않아도 된다.

예산 문제도 같다. 법원이 중앙집권적으로 조직되어 있으므로 전국 단위의 예산을 수립해야 한다. 그렇게 하려면 중앙 단위의 예산업무를 하는 기관이 필요한데 법원행정처가 이를 담당한다. 행정부의 기획재정부와 같이 막강한 권한을 가지고 있다.

사법부 행정은 중앙집권적일 뿐 아니라 인사와 예산의 권한이 모두 대법원장에게 집중되어 있다. 대법원장은 사법행정의 총책임자이다. 법관 임용과 관련해서 국회나 국민이 관여한다면 대법원장의 권한은 분산되고 약화될 수 있다. 하지만 우리는 사법부 독립이라는 이름하에 법관 인사를 대법원장의 권한으로 못박고 있다. 심지어 대법관 임명에도 대법원장은 제청권으로 관여할 수 있다. 1인에게 지나치게 많은 권한이 집중되어 있는 것이다.

법원행정 거대화의 두 번째 원인은 재판과 행정의 결합 현상이다. 대법원장은 사법행정의 최고책임자일 뿐 아니라 재판의 최고책임자이기도 하다. 대법원장은 법령 해석, 즉 재판 업무를 할 때에는 대법관 중의 한 명일 뿐이다. 하지만 대법관 자체가 법관 중에서 재판을 가장 잘하는 유능한 법관이라는 이미지가 있고 대법원장은 대법관 중에서 가장 법리에 밝은 법관이라는 가정을 한다. 여기에서 재판과 행정이 결합되는 현상이 발생한다. 즉 재판을 잘하는 자가 행정도 잘하고 행정을 잘하는 법관이 재판도 잘하는 법관이 되는 것이다. 사법행정과 법령 해석을 독점하는 위험이 현 시스템에 내재해 있다.

법원행정처에 엘리트 판사들이 간다는 신화의 뿌리는 여기에 있다. 법원행정처 출신이 모두 고등법원 부장 등 고위직 법관으로 승진하는 현상의 논리적 뿌리도 여기에 있다. 법원행정처 근무기간 동안 재판을 하지 않았음에도 불구하고 여전히 재판을 잘하는 법관이라는 이미지를 갖는 것은 재판과 행정의 결합 현상 때문이다. 재판은 재판을 많이 한 법관이 잘한다고 가정하는 것이 합리적이다. 법원행정처 근무기간 동안 재판에서 멀어지면 당연히 재판을 못하게 된다고 보아야 한다. 재판과 행정은 다른 일이기 때문이다. 그런데 재판과 행정을 대법원장, 대법관들이 독점하기 때문에 재판을 잘하는 법관이 행정도 잘하고 그 역도 성립한다고 가정한다. 즉 법원행정처 근무기간 동안에도 재판을 하고 있다는 가정을 하는 것이다.

『경향신문』이 2017년 이용훈·양승태 대법원장 시절(2005년 9월~2017년 9월) 행정처에서 근무한 전·현직 판사 456명(연인원)을 전수조사한 결과 행정처 출신 판사 100퍼센트가 고등법원 부장판사로 승진했다고 한다(『경향신문』, 2018). 법원행정처는 행정을 재판으로 보고 재판의 권위를 행정의 권위에 이용한다.

법원행정의 과도한 확대의 근본 원인은 중앙집권적인 법원시스템에 있다. 지역분산적이지 않고 중앙집권적이므로 단일한 인사, 단일한 예산을 마련해야 하는 것이다. 여기에 더해 재판과 행정의 권한이 대법원장 1인에게 집중되어 있다. 재판과 행정의 집중은 법원행정처에게 권한을 모아주는 기제로 작용한다. 법원행정의 개혁을 위해서는 전국 단일의 중앙집권적 조직의 지역적 분산, 대법원장 권한의 축소, 재판과 행정의 분리를 추진해야 한다. 중앙집권적 조직의 분산 과제는 사법의 지방분권과 관련이 있다. 따로 사법부의 지방분권이라는 개혁 과제에서 살펴본다. 여기에서는 나머지 법원행정 개혁 과제를 좀더 구체적으로 생각해보자.

법원행정처를 어찌할 것인가

법원행정처의 역할을 줄이려면 우선 법원행정처를 대법원장으로부터 분리시키고 축소해야 한다. 분리와 축소는 법원행정을 일부 다른 기관에게 맡기거나 혹은 포기함으로써 이루어진다. 당장 불필요한 부분은 축소해야 한다. 양승태 전 대법원장 시절 동료 판사들을 사찰하고 청와대와 교감을 했던 조직은 폐지해야 한다. 법원도 당장 가시적인 조치를 취해 법원행정을 통해 법관의 독립, 사법부의 독립을 침해하지 않겠다는 의지를 보여야 한다.

법원행정처의 분리는 제도적 개혁 과제에 속한다. 대법원장으로부터 분리하는 소규모 개혁이 우선 고려될 수 있다. 아예 사법부에서 독립된 기관으로 분리하는 대규모의 개혁도 있을 수 있다. 개헌 논의 과정에서 '국회 헌법개정특별위원회 자문위원회'는 2018년 1월 법원행정기구로서 사법평의회 설치를 제안했다. 법원조직법 개정안의 구체적인 내용은 다음과 같다.

제110조의2 ① 법관의 임용, 전보 내지 징계, 법원의 예산 및 사법정책 수립 기타 법률이 정하는 사법행정 사무를 처리하기 위하여 사법평의회를 둔다.

② 사법평의회는 법률에 저촉되지 아니하는 범위 안에서 소송에 관한 절차, 법원

의 내부규율과 사무처리에 관한 규칙을 제정할 수 있다.

③ 사법평의회는 국회에서 재적의원 5분의 3 이상의 찬성으로 선출하는 8인, 대통령이 지명하는 2인, 법률이 정하는 법관회의에서 선출하는 6인의 위원으로 구성한다. 위원장은 위원 중에서 호선한다.

④ 위원의 임기는 6년으로 하며, 연임할 수 없다.

⑤ 위원은 법관을 겸직할 수 없고, 정당에 가입하거나 정치에 관여할 수 없다. 위원은 퇴임 후 대법관이 될 수 없다.

⑥ 위원은 탄핵 또는 금고 이상의 형의 선고에 의하지 아니하고는 파면되지 아니한다.

⑦ 사법평의회의 조직과 운영 기타 필요한 사항은 법률로 정한다.

사법평의회 제안은 새롭다. 사법평의회의 법관인사권에는 대법관의 선출, 일반 법관의 임용, 법관 전보 및 징계에 관한 권한이 포함된다. 사법평의회가 설치되면 재판과 행정이 분리되어 중앙집권적 사법행정이 완화된다. 대법원 및 대법원장은 사법부 본연의 임무, 재판권 행사에 전념하게 된다. 그만큼 사법행정은 축소된다. 효과는 극적일 것으로 보인다.

하지만 부작용이 있을 수 있다. 아직까지 국회나 대통령으로 대표되는 정치권력이 사법평의회를 구성할 정도로 유능하고 윤리적이고 사법부 독립을 존중할 것인지 의문이 있다. 국회의 무능력은 국가적으로 중대한 법률안과 예산안도 정쟁을 이유로 통과시키지 못하는 현실에서 확인할 수 있다. 국회나 대통령에 대한 신뢰는 사법부에 대한 신뢰보다 한참 낮다. 정파의 이해관계에 따라 나눠먹기식 인선이 되지 않을까 걱정된다. 정치권의 무능과 비윤리성, 정치성이 사법부로 이전될 위험이 있다. 이를 견제할 만한 방안을 보완해야 한다.

다른 문제점은 70년 동안 계속된 전통을 한꺼번에 단절함으로써 오는 충격이다. 법과 제도는 전통과 역사에 뿌리를 두고 있다. 법과 제도의 모든 것이 전통과 역사에 뿌리를 둔 것은 아니지만 전통과 역사의 힘은 크다. 70년 이상 이어온 전통과 역사를 완전히 바꾸기에는 사법평의회 제안은 불충분한 것으로 보인다. 경로의존성을 반영하여 현재의 제도와 좀더 친화적인 제도를 구상할 필요가 있다.

대법원장으로부터 사법행정 권한을 분리시키는 사법평의회 구상에는 미치지 못하지만 현실적인 대안으로 대법원장의 행정권을 견제하는 방안이 있다. 대법원장이 행정권을 행사하기는 하되 형식적으로 행사하고 실질적으로는 내부기관이 담당하는 방안이 그것이다. 여기에는 법원 인사제도 개혁과 법원 인사절차 개혁이 있다.

법원 인사제도 개혁 방안에는 법관 인사의 이원화, 고등법원 부장판사 승진제도 폐지 방안이 있다. 법관 인사 분권화의 근본 방안은 지역별 분산 인사이다. 다만 사법부의 지방분권은 큰 사법개혁의 주제이고 또 철저한 연구 후에 시행되어야 하는 것이므로 지금 당장 추진하기는 어렵다. 사법의 지방분권이 당장 불가능한 현실에서 법원행정의 단순화를 위해서 일단 지방법원 판사는 지방법원으로, 고등법원 판사는 고등법원으로 인사를 하는 법관인사의 이원화를 시행하는 것이 필요하다. 이를 통하여 법관 인사행정을 단순화할 수 있고, 법관의 승진구조를 타파하여 법관의 관료주의를 약화시킬 수 있다.

현재 법원도 법관 인사를 지방법원과 고등법원으로 구분하는 이원화 제도를 일부 시행하고 있다. 대법원은 법조경력 15년 이상의 법관 중 고등법원 판사를 보임하여 고등법원에서만 계속 근무하도록 하는 법관 인사 이원화 제도를 도입하여 2011년 정기인사부터 실시하고 있다. 2018년에는 2017년보다 16명 증가한 30명의 판사를 고등법원 판사로 신규 보임했다. 아직까지는 미흡하지만 법원의 약속대로 계속 확대하면 법원 인사의 이원화는 어느 정도 성과를 보일 것으로 보인다.

고등부장 승진제도 폐지는 오랫동안 주장되어온 인사혁신 방안이다. 그동안 고등부장 승진제도는 법관들의 승진의 핵심으로 기능했다. 판사들이 고등부장 승진을 법관 인생의 종착지로 보기 때문에 그 승진을 좌우하는 대법원장의 권한도 강화되었고 법원의 관료주의도 심해졌다. 고등부장으로 승진하느냐 여부가 법관 생활을 총결산하고 대법관으로 진출하는 자리로 인식됨으로써 모든 법관이 고등부장판사로 승진하는 데에 목을 매는 현상이 나타났다. 고등부장으로 승진하지 못하면 법관직을 사임하는 관행도 생겼다. 고등부장 승진제도를 폐지하면 법관들 사이에서 승진이라는 개념이 없어지면서 법관 사이의 평등도 강화되고 나아가 수직적인 성격의 관료주의도 약화된다.

법원 인사의 이원화, 고등부장 승진제도 폐지는 오래된 주장들이다. 1993년 6월 서울민사지법 판사 40명은 「사법부 개혁에 관한 우리의 의견」에서 재판 독립을 위한 법관의 신분 보장, 법관인사위원회의 의결기구화, 고등법원 부장판사 직급제도의 조정 또는 폐지, 법관회의 제도화 등을 요구했다. 이용훈 전 대법원장 임기 중에 법관 인사 이원화, 즉 고등법원 판사와 지방법원 판사를 분리하여 인사를 하는 방안은 시행되었고 고등법원 부장판사 승진제도는 사라졌다. 이로써 사법관료화의 폐해도 줄어들었다고 평가된다(권석천, 2017, 411쪽). 하지만 양승태 대법원장이 들어서면서 고등법원 부장판사 승진이 계속되었고 법원 인사의 이원화는 힘을 잃었다.

법관 인사와 전국법관대표회의

법관 인사절차 개혁 방안에는 법관 인사에 대한 법관의 의견 반영 방안, 시민사회 의견 반영 방안이 있다. 법관 인사에 법관의 의견을 반영하는 것은 사법부의 독립 원리에는 맞지만 사법행정을 행정의 대상인 법관이 한다는 점에서 부적절한 점이 있다. 하지만 대법원장에게 행정권한이 초집중되어 있는 현실에서 법원행정을 조금이라도 정상적으로 되돌리기 위해서는 불가피한 측면이 있다. 또한 사법부의 독립에는 법관의 자치 개념이 포함되어 있어 법관대표회의 등에서 인사에 관한 의견을 모으는 것은 이론적으로도 정당화될 수 있다. 다만 전면적인 법원행정 자치여서는 안 된다. 정당한 견제와 감시 체제는 작동되어야 한다.

법관대표회의 요구는 일부 제도화되고 있다. 전국법관대표회의가 그것이다. 대법관회의는 2018년 2월 22일 전국법관대표회의 상설화 규칙을 의결했다. 이에 따르면 법관대표회의는 사법행정과 법관 독립 관련 사항에 대해 의견을 표명하거나 건의할 수 있고 또 사법행정 담당자에게 설명과 자료 제출을 요청할 수 있다. 법관대표회의는 각급 법원에서 선출한 대표 판사 총 117명으로 구성되고 매년 4월과 11월 두 차례 정기회의를 개최한다.

전국법관대표회의는 가능성과 한계를 동시에 가지고 있다. 전국법관회의라는 이름처럼 전국 법관 전체의 의견을 모은다면 대법원장이나 대법관들이 함부로 그 의견을 무시하기는 쉽지 않을 것이다. 하지만 한계도 분명하다. 첫째, 전국법관회의의 주된 임무가 사법행정과 법관 독립 관련 사항에 대한 의견 표명과 건의에 그치고 있다. 의견 표명과 건의이므로 구속력이 없다. 단순한 자문기관이므로 대법원장의 성격에 따라 형식적인 기구에 그칠 가능성이 있다. 둘째, 의견 표명과 건의 대상이 사법행정과 법관 독립 관련 사항에 한정되므로 사법개혁에 대한 의견은 포함되어 있지 않다. 사법행정과 법관독립과 관련된 사법개혁에 대해서는 의견을 낼 수도 있으나 사법개혁 전반에 대한 의견 개진이 허용되지 않는 것은 한계이다.

대법원이 생각하는 전국법관회의의 한계는 대통령 발의 헌법개정안을 살펴보면 더욱 분명하다. 2018년 3월 26일 발의한 헌법개정안은 제104조

제3항에서 "대법관추천위원회는 대통령이 지명하는 3명, 대법원장이 지명하는 3명, 법률로 정하는 법관회의에서 선출하는 3명으로 구성한다"라고 규정하여 법관회의를 법률기구로 격상시키고 대법관추천위원회 구성원 3명을 선출할 수 있는 권한도 부여하고 있다. 또한 일반 법관은 법관인사위원회의 제청으로 대법관회의의 동의를 받아 대법원장이 임명하도록 제안하고 있다. 현재의 전국법관회의의 기능과 권한을 확대할 필요가 있다.

대통령의 개헌안을 좀더 살펴보자. 문재인 대통령의 개헌안에는 법원행정권에 대한 견제 방안이 반영되어 있다. 개헌안은 대법원장 인사권한 조정 및 대법관·일반법관 임명절차 개선(안 제104조②부터⑤까지)을 담고 있다. 대법원장 권한에 대한 견제와 분산을 특히 중시하고 있다.

첫째, 대법원장에게 집중된 인사권한을 합리적으로 조정하기 위하여, 대법관은 대법관추천위원회의 추천을 거쳐 대법원장의 제청으로 국회의 동의를 받아 대통령이 임명하도록 한다. 둘째, 대법관추천위원회는 대통령이 지명하는 3명, 대법원장이 지명하는 3명, 법관회의가 선출하는 3명의 위원으로 구성한다. 셋째, 일반 법관은 법관인사위원회의 제청으로 대법관회의의 동의를 받아 대법원장이 임명한다. 넷째, 대법관추천위원회 및 법관인사위원회의 조직과 운영 등 구체적인 사항은 법률로 정한다.

개헌안보다 더 개혁적인 방안은 대법원장이 가진 대법관 제청권과 일반 법관 임명권을 대통령이나 국회로 이동시키는 것이다. 하지만 대통령으로 하면 제왕적 대통령제를 완화해야 하는 현시대의 요구와 맞지 않다. 국회가 임명권을 가지는 것은 국회에 대한 국민의 불신을 생각할 때 거의 실현 가능성이 없다. 그리고 사법부의 독립을 대법원장의 임명권 독점으로 수십년 동안 운영해온 역사도 무시하기가 쉽지 않다. 현재로는 개헌안과 같은 절충형이 실현 가능한 개혁 방안이 아닐까 생각된다. 운영 과정에서 가능한 한 대법관추천위원회와 법관인사위원회의 권한을 확대하는 것이 필요하다.

대법원장과 사법부의 '명예로운 고립'

대법원장의 권한은 사법행정 분야에 한정되지 않는다. 사법부 독립의 이데 올로기, 사법부에 대한 상대적 신뢰는 대법원장에게 과도한 권한의 부여 로 나타난다. 대법원장은 대법관 및 법관 임명권 이외에 헌법재판소, 중앙 선거관리위원회와 같은 헌법기구, 국가기구의 구성원을 임명하는 권한까 지 가지고 있다. 대법원장은 헌법상 헌법재판소 재판관 3명, 중앙선거관리 위원회 구성원 3명을 지명할 수 있다. 국가인권위원회는 위원장 1명과 상 임위원 3명을 포함한 11명의 인권위원으로 구성하는데, 인권위원 중 3명은 대법원장이 지명한다.

우리 헌법은 독특하게 대법원장에게 헌법기구 구성권한도 부여하고 있 다. 민주적 정당성이라는 관점에서 보면 문제가 크다. 그리고 사법부 독립 에도 좋지 않은 영향을 미친다. 특히 헌법재판소 구성원 지명권은 같은 최 고법원이지만 헌법재판소를 대법원보다 하위의 법원으로 인식하게 만드는 문제점을 안고 있다.

대법원장의 헌법기구 또는 국가기구의 구성원 지명권은 삭제되어야 한 다. 원래 헌법기구의 구성원이나 독립된 행정기구 구성원은 민주적 정당성 이 인정되는 기구, 즉 선출된 권력이 선발하는 것이 타당하다. 국회나 대통 령이 임명하는 것이 정상이다. 민주적 정당성이라는 관점에서도, 사법부 독립이라는 관점에서도 대법원장의 다른 기구 인사권은 문제가 있다.

대법원장의 힘이 법원을 넘어 행정부까지 미치는 사태는 바람직하지 않 다. 고위직 법관에게 이런 자리를 할당함으로써 법원의 관료주의를 심화시 킬 수 있고 사법부의 독립에 좋지 않은 영향을 미친다. 사법부는 지금 국가 기득권 세력으로부터 독립한 '명예로운 고립'이 필요하다. 사법부의 독립 과 법관의 신분보장이라는 것은 민주사회에서도 엄청난 혜택이다. 그 반대 급부로 사법부의 고립에 가까운 생활이 필요하다. 헌법기구나 국가기관에 진출하는 것은 사법부의 독립과 법관의 신분보장이라는 혜택을 받고 여기에 더해 다른 자리까지 욕심내는 것이다.

하급심을 강화하고 전문법원을 설치해야

법원행정 개혁 과제 중 오래되었지만 제대로 이행되지 않는 과제 중의 하나가 하급심 강화이다. 하급심이 강화되면 재판을 받는 국민의 만족도가 높아지고 사법의 신뢰도 높아진다. 그리고 재판도 신속하게 끝난다. 한 번에 제대로 재판을 하기 때문이다. 하지만 하급심이 부실하면 재판은 불신을 받는다. 재판을 받는 시민은 항소와 상고를 하지 않을 수 없다. 재판 기간은 길어지고 소송비용도 증가한다. 고등법원과 대법원 판사들도 경험과 법률지식이 적은 하급심 판사가 내린 판결을 신뢰하지 않아 하급심과 다른 결론을 내린다. 법원 자체가 하급심의 판결을 불신하는 구조를 만들어놓고 만족스러워하지 않으면서 따르고 있다. 이런 상태에서 사법신뢰를 높이자는 이야기는 마치 나무에서 물고기를 구하는 것과 같다.

하급심 강화에 대한 강조는 2004년 사법개혁위원회의 건의문에도 잘 나타난다. 하급심 강화를 위해서 법조일원화, 법관 인사의 이원화, 항소심 대등재판부 구성 등이 필요하다는 점을 잘 정리하고 있다(사법개혁위원회, 2005, 411쪽).

> 법조일원화와 법원의 인적·물적 기반의 확충, 법관에 대한 계속교육, 법관의 전문화 등을 통하여 제1심을 강화함으로써, 재판에 대한 신뢰를 높이고 항소심·상고심은 보다 중요한 사건에 역량을 투입할 수 있도록 하는 것이 바람직합니다.
>
> 이를 위해서 장기적으로는 심급별로 자격이 구분되는 법관으로 제1심 법원과 항소심 법원을 구성하는 제도를 지향하여 제1심 법관의 자격보다 더 많은 법조경력을 가진 사람 중에서 항소심 법관을 선발하고, 궁극적으로 항소심은 사후심

의 기능을 담당하도록 할 필요가 있습니다. 또한, 제1심의 단독재판부 비율을 높여나가면서 항소심 재판부는 대등 경력의 법관으로 구성하는 방향으로 나아가고, 항소심 재판부에서는 주요 쟁점에 한하여 판결문에 소수의견을 기재할 수 있도록 하는 것이 바람직할 것입니다.

하급심 강화는 법원이 관료주의로 운영되는 한 온전히 실현할 수는 없다. 관료주의 체제에서는 신임 법관은 하급심에, 경력이 많은 법관이 상급심에 배치된다. 국민들은 처음 만나는 1심 법관이 경험이 없으니 만족스럽지 않다. 상급심 판사들도 하급심 판사들을 쉽게 못 믿는다. 하급심 약화로 인한 사법 불신의 뿌리는 관료주의이다. 그렇다고 관료주의가 완전히 혁파되지 않으면 하급심이 강화되지 않는 것은 아니다. 국민참여재판 확대, 법조일원화, 법관 인사의 이원화, 경험 많은 법관의 하급심 배치 등을 통하여 어느 정도 하급심 강화를 달성할 수 있다. 하급심이 강화되면 그만큼 법원의 관료주의도 약화된다.

현재 사법부도 하급심의 강화가 필요하다는 점은 인정한다. 이를 반영하여 법원장 등 경력 많은 법관을 원로법관으로 지명해 1심 법관으로 활동하게 하는 '원로법관제'가 있다. 사법부는 2017년부터 원로법관제를 시행하고 있다. 2018년 정기인사 자료에 의하면 법원장을 마친 3명의 법관을 원로법관으로 지명해 1심에서 소액사건을 담당하도록 할 예정이라고 한다. 이 제도는 경륜 높고 원숙한 법관들이 국민생활과 가장 밀접한 1심 소액재판 등을 담당함으로써 사법서비스의 질과 국민들의 재판 만족도를 높이는 것이 목적이다. 나아가 복귀 법원장을 비롯하여 정년이 얼마 남지 않은 원숙한 법관이 법관으로서 정년까지 근무할 수 있도록 하는 제도이다. 법관을 그만두고 무리하게 변호사를 하지 않아도 되게 함으로써 전관예우의 폐해도 방지하는 역할을 한다. 다만 원로법관제도가 고등법원 부장 승진제를 폐지하지 않는 것을 전제로 하는 점, 법관 인사의 이원화에 역행한다는 점에서 한계가 있다. 원로법관의 수가 많지 않다는 점도 문제다. 이 제도가 하급심 강화에 중요한 역할을 할 것으로 평가할 수는 없다.

전문법원 설치 문제는 그동안 주로 노동법원 설치 문제로 논의되어왔다. 노동사건의 특수성을 고려한 것이다. 2004년 사법개혁위원회의에서도 노동법원 설치를 진지하게 고민한 적이 있다. 다음은 사법개혁위원회의 건의문의 내용이다(사법개혁위원회, 2005, 412쪽).

> 장기적으로 노동사건의 특수성을 고려하여 효율적·전문적인 노동분쟁처리기구로서 전문법원 또는 전문재판부가 설치되는 것이 바람직하나, 이를 위하여 노동분쟁의 추이 및 노동사건의 동향, 노동위원회의 역할, 노동사건을 통일적·총체적으로 처리할 수 있는 특별절차, 노동사건 재판에 대한 사법참여제도의 도입 등에 관하여 연구할 필요가 있습니다.

사법개혁위원회는 노동법원의 설치를 장기과제로 건의했다. 이 문제의식은 여전히 의미가 있다. 법원의 반노동자적 판결이 계속되고 있는 것은 노동문제의 특수성을 고려하지 않았기 때문이다. 김지형 전 대법관은 노동사건 전문법관이라는 이유로 임명되었다. 노동문제를 전공한 김지형 전 대법관이 활동하자 노동사건에 관한 대법원의 시각이 제법 바뀌었다. 하지만 다수의견에 이르지 못했고 또한 김지형 전 대법관의 퇴임 후 다시 노동자에게 불리한 판결이 이어지고 있는 것이 현실이다. 대표적인 판결은 통상임금 판결이다.

노동사건의 특수성은 법원에 충분히 반영되어야 한다. 노동사건을 취급하지 않을 수 없는 법원이 노동사건을 지금과 같이 순수 민법적 시각에서 다루면 노동사건을 해결하는 것이 아니라 문제를 악화시킨다. 법원은 문제의 최종적인 해결 기관이어야 하는데, 노동사건의 경우 오히려 문제를 더 일으켜 사태를 악화시킨다. 이런 악순환은 끊어야 한다.

전문법원은 노동법원이 가장 급하지만 노동법원에 한정할 필요는 없다. 사안의 특수성에 따라 전문법원은 여러 개 설치될 수 있다. 실제로 특허법원도 존재한다. 우리의 사정을 반영해 공정거래위원회 관할 사건과 같이 반독점 사건, 불공정거래행위 사건 등을 다루는 전문법원을 창설할 수 있다.

5. 사법의 지방분권

현실로 다가온 지방분권

사법부는 국가 안에 존재한다. 국가의 틀에 따라 사법부의 모습이 정해진
다. 중앙집권적인 국가구조이면 사법부도 중앙집권적으로 존재한다. 지방
분권적인 국가구조이면 사법부도 지방분권적으로 존재한다. 현재 한국은
중앙집권국가에서 지방분권국가로 변모 중이다. 그렇다고 연방국가로 변
신하고 있는 것은 아니다. 지방정부, 지방주민에게 좀더 많은 권한을 주기
위하여 '연방제에 준하는 지방분권'이라는 표현을 사용하고 있을 뿐이다.

지방분권은 대통령 헌법개정안에도 반영되어 있다. 문재인 대통령의 개
헌안은 "대한민국은 지방분권국가를 지향한다"(제1조③)를 신설하여 지방분
권국가를 국민주권주의와 같은 수준으로 상향시켰다. 대한민국 구성의 근
본 원리 중의 하나가 되었다. 또한 수도에 관한 사항을 법률로 정하도록 하
여 헌법개정 없이도 수도를 이전할 수 있도록 했다.

문재인 대통령의 개헌안은 국가자치분권회의 신설 등 중앙과 지방의 소
통 강화 방안을 마련했다. 첫째, 입법 과정에서 지방의 의견이 반영될 수
있도록 지방자치와 관련된 법률안에 대해서는 국회의장이 지방정부에 이

를 통보하도록 하고, 지방정부가 이에 대해 의견을 제시할 수 있도록 한다. 둘째, 중앙과 지방 간의 소통과 협력 체계를 구축하고, 지방의 실질적인 국정참여를 확대하기 위하여 대통령, 국무총리, 법률로 정하는 국무위원과 지방행정부의 장으로 구성되는 국가자치분권회의를 심의기구로 신설한다. 셋째, 국가자치분권회의는 지방정부 간 협력을 추진하고 지방자치와 지역 간 균형발전에 관련되는 중요 정책을 심의한다.

개헌안은 지방정부에 대한 주민참여를 강화한다. 첫째, 실질적 지방민주주의의 실현을 위하여 지방정부의 자치권이 주민으로부터 나온다는 것을 명시하고, 주민이 지방정부를 조직하고 운영하는 데에 참여할 권리를 가짐을 명확히 한다. 둘째, 주민들이 직접 지방정부의 부패와 독주를 견제할 수 있도록 주민발안, 주민투표 및 주민소환의 헌법적 근거를 신설한다.

개헌안은 지방분권의 가장 큰 원칙인 보충성의 원칙 역시 신설했다. 보충성의 원칙은 국가와 지방정부 간, 지방정부 상호 간 사무의 배분은 주민에게 가까운 지방정부가 우선하는 원칙을 말한다.

개헌안은 지방정부 등 명칭을 변경하고 자주조직권을 부여한다. 첫째, 중앙과 지방이 종속적·수직적 관계가 아닌 독자적·수평적 관계라는 것이 분명히 드러날 수 있도록 '지방자치단체'를 '지방정부'로, 지방자치단체의 집행기관 명칭을 '지방행정부'로 한다. 둘째, 지방정부가 스스로에게 적합한 조직을 구성할 수 있도록 지방의회의 구성 방법, 지방행정부의 유형, 지방행정부의 장의 선임 방법 등 지방정부의 조직과 운영에 관한 기본적인 사항은 법률로 정하되, 구체적인 내용은 조례로 정하도록 한다.

개헌안은 자치입법권도 강화한다. 첫째, 지역의 특색에 맞게 정책을 시행할 수 있는 기반을 마련하기 위하여 지방정부의 자치입법권이 더욱더 폭넓게 보장되도록 '법령의 범위 안에서' 조례를 제정할 수 있도록 하던 것을 '법률에 위반되지 않는 범위에서' 조례를 제정할 수 있도록 자치입법권을 확대한다. 둘째, 지방행정부의 장도 법률 또는 조례를 집행하기 위하여 필요한 사항과 법률 또는 조례에서 구체적으로 범위를 정하여 위임받은 사항에 관하여 자치규칙을 정할 수 있도록 한다.

개헌안은 자치재정권을 보장하고 재정조정제도를 신설한다. 첫째, 정책 시행과 재원 조달의 불일치로 인하여 중앙정부와 지방정부가 서로에게 재정 부담을 떠넘기는 문제를 해결하기 위하여 지방정부는 자치사무의 수행에 필요한 경비를 스스로 부담하고, 국가 또는 다른 지방정부가 위임한 사무를 집행하는 경우 그 비용은 위임하는 국가 또는 다른 지방정부가 부담하도록 한다. 둘째, 실질적 지방자치에 필수적인 재정 확보를 위하여 법률에 위반되지 않는 범위에서 자치세의 종목과 세율, 징수 방법 등에 관한 조례를 제정할 수 있도록 과세자주권을 보장하고, 조세로 조성된 재원은 국가와 지방정부의 사무 부담 범위에 부합하게 배분하도록 한다. 셋째, 자치재정권 보장이 지방정부의 재정을 악화시키거나 지역 간 재정격차 확대를 초래하지 않도록 국가와 지방정부 간, 지방정부 상호 간의 재정 조정에 대한 헌법적 근거를 마련한다.

대통령의 개헌안은 국회의 비협조로 좌절되었다. 형식은 헌법개정안 표결을 위한 국회 본회의의 의결정족수 미달로 인한 투표불성립이었으나, 실질은 야당의 개헌 반대였다. 야당은 대통령선거 전에는 2018년 지방선거와 동시 개헌을 주장했으나 대통령선거가 끝나자 이에 반대했다.

그럼에도 불구하고 대통령의 개헌안은 많은 점을 시사한다. 전 행정부의 역량, 시민사회, 전문가, 국민의 의견까지를 모두 모아서 만든 개헌안이므로 국민들의 요구가 대폭 반영되었다. 개헌안은 향후 대한민국의 방향, 진로, 희망을 보여준다. 지방분권에 관한 한 대한민국의 미래는 거의 방향이 정해져 있다. 야당도 이 조항 때문에 반대한 것은 아니다. 지방분권이 대한민국의 기본 방향이고 또한 대한민국의 미래발전전략이기도 하다. 그렇다면 대한민국의 구성부분인 사법부도 지방분권을 적극 수용해야 한다.

재판은 중앙집권, 행정은 지방분권

사법의 지방분권을 논의할 때 고려해야 할 점은 재판, 즉 구체적인 사건에 대한 법률 해석과 적용은 중앙집권적이라는 점이다. 중앙집권적 사법시스템은 국가 통합과 안정에 필수적이다. 한 국가 내에 하나의 법률해석만 있어야 한다. 특히 중요한 법률해석은 단 하나 존재해야 한다. 중요한 법률해석에는 국가 구성의 기본 원리, 주권에 관한 사항, 국민의 기본적 자유와 권리에 관한 사항, 국가기관의 설치와 권한에 관한 사항, 국가기관 사이의 관계에 관한 사항, 외국과의 관계에 관한 사항, 국가 운영 원리에 관한 사항, 중앙과 지방의 관계에 관한 사항 등이 있다. 주로 헌법에서 규정하고 있는 내용들이다. 하나의 해석이 있어야 하는 법률은 헌법만 있는 것은 아니다. 중요 법률인 민법, 형법, 상법 등에 대해서도 하나의 해석이 있어야 한다.

헌법은 단 하나의 공식적인 법적 해석과 적용을 허용한다. 만일 헌법에 대한 공식적인 해석이 여러 개 있다면 그것은 헌법의 분열이다. 헌법의 분열은 곧 주권의 분열이고, 주권의 분열은 곧 국가의 분열이다. 국가의 분열은 일부 지역이나 계층의 독자적인 정부 수립을 부추긴다. 이 대립과 갈등이 심각해지면 내전이 된다. 사법시스템의 중앙집권성은 국가 통합과 안정, 국가 번영에 필수적이다. 이처럼 재판은 지방분권적일 수 없다.

만일 서울의 재판 결과와 부산 혹은 광주의 재판 결과가 다르다면 그것은 다른 나라라는 이야기다. 검찰의 경우도 같다. 검찰이 같은 사건을 한 지역에서는 범죄로 수사, 기소하고 다른 지역에서는 수사조차 하지 않는다면 큰 문제다. 대법원과 대검찰청은 하나밖에 없다. 사법시스템은 중앙집권적인 것이고 또 중앙집권적이어야 한다.

다만 법률 이외의 자치에 관한 부분은 자치정부가 헌법에 의한 위임에 따라 독자적으로 정할 수 있다. 그렇다고 하더라도 국가 구성의 기본 원리, 주권에 관한 사항, 헌법기구에 관한 사항, 국민의 기본권에 관한 사항 등은 지방정부가 정할 수 없다. 이들 내용은 모두 단일한 주권에 기반한 것으로서 국가의 통합성을 보장하는 내용이기 때문이다.

연방제 국가의 사법시스템은 조금 다르다. 연방을 구성하는 주(州)마다 사법시스템을 가지고 있기 때문이다. 따라서 주마다 같은 사건에 다른 판결이 나올 수 있다. 연방제는 국가의 형태를 갖춘 주가 연방으로 모인 것이므로 해당 주의 일은 해당 주 안에서 해결하는 것이 원칙이다. 하지만 주를 뛰어넘는 사건, 연방의 관할이라고 규정된 사건은 연방이 담당한다. 그리고 연방국가의 구성에 관한 내용, 국민의 기본적인 자유와 인권에 관한 내용은 연방이 관할한다. 대표적인 연방제 국가인 미국에서 연방대통령, 연방법원, 연방대법원의 역할은 바로 여기에 있다. 미국은 연방대법원을 통하여 연방제 국가임에도 불구하고 강한 구심력을 보장한다. 연방대법원은 연방의 구성에 관하여 단 하나의 의견을 냄으로써 연방을 유지한다. 국민의 기본적인 자유와 인권에 관한 문제에 대해서도 판결을 통해 국민의 통일성을 높인다. 주에도 대법원이 있지만 중요한 사건은 연방대법원이 관할하는 것은 중앙집권적 사법시스템을 통해 국가의 통일성을 유지하기 위한 것이다.

주의할 것은 중앙집권적인 사법시스템은 재판에 관한 것, 즉 구체적인 사건에서 헌법·법률을 해석하고 적용하는 것에 한정된다는 점이다. 법원 행정까지 중앙집권적인 것은 아니다. 사법부의 독립, 구체적으로 법관의 독립은 중앙집권적인 행정과는 거리가 있다. 법관의 임명과 전보 등 법관의 인사, 법원 직원의 인사, 법원의 예산과 법원의 활동 등은 충분히 지방분권적일 수 있다. 법률해석의 전국적인 통일과 지역분권적 법원행정은 상충되지 않는다.

실제로 법원은 현재 지역계속근무법관제를 운영하고 있다. 이 제도는 2004년부터 실시한 고등법원 단위 내 지역법관제를 승계한 것으로 보인다. 2018년 법원장 및 고등법원 부장판사 정기인사 자료에 의하면, 고등법원 부장판사로 신규 보임된 지역계속근무법관은 이흥구와 신동헌이다. 지역계속근무법관제는 법원행정의 지역분산, 법관의 희망 등을 이유로 시행되었다. 하지만 반대도 만만치 않다. 지역법관제가 시행되면서 법관이 지역 토호세력과 결탁하여 법조비리를 저지르는 경우가 종종 발생했다. 이 때문에 지역법관제는 2014년 폐지되었다. 지역법관의 부패에 대한 견제 방안, 윤리의식 제고가 필요하다.

지역법관제, 지역계속근무법관제에서 보듯이 전국의 법관을 대상으로 전국적으로 일시에 인사를 하는 것이 당연한 현상인 것은 아니다. 전국 법관을 대상으로 한 통일적인 인사가 법률해석의 통일성을 보장하는 것도 아니다. 만일 전국 법관 대상의 통일적인 인사가 법률해석의 통일을 보장한다면 대법원 구성도 다양화할 필요도 없고 하급심도 강화할 필요가 없다. 현재처럼 철저하게 관료주의로 법원을 운영하면 된다. 하지만 관료주의와 법률해석의 통일은 아무런 상관관계가 없다. 미국 연방대법원은 구성의 다양화에도 불구하고 미국의 법률해석 통일이라는 임무를 잘 수행하고 있다.

전국의 법관을 대법원장이 일시에 통일적으로 인사를 하는 것이 오히려 이상한 현상이다. 지역법관이라면 권역별로 법관 인사를 할 수 있다. 이러한 생각을 더 발전시키면 권역 단위의 법원행정도 할 수 있다. 그러나 법원은 2017년부터 서울·경인권 판사의 지방순환 근무를 늘려 경향교류를 확대하여 중앙집권을 강화하는 길을 가고 있다. 이 방향은 잘못된 것이다.

사법의 지방분권은 당장의 성과는 나오지 않는다. 성과가 적으니 반대도 심하다. 지방의 법조비리가 한번 발생하면 여론은 싸늘해지고 비판은 높아진다. 사법의 지방분권을 반대하는 경향이 강하게 남아 있는 상태에서 이런 비판은 현실적인 걸림돌이다. 사법의 지방분권을 반대하는 근거는 지방의 법조비리 이외에도 많다. 법원행정처를 통한 전국 단일의 인사 관행은 실무적 반대 근거이다. 대법원장에게 집중되어 있는 법원행정권은 제도적 반대 근거이다. 지방별로 사법부의 행정이 달라질 경우는 상상하기도 싫어하는 정서는 반대의 심리적 근거이다. 지방분권이 충분히 제대로 되어 있지 않은 정치현실도 반대 근거 중의 하나이다. 그러나 이런 모든 반대 근거에도 불구하고 사법의 지방분권은 중요하다. 지방분권이라는 측면에서 그 자체로 중요할 뿐 아니라 다른 사법개혁에도 큰 영향을 미친다. 국민참여재판의 확대, 법원행정의 개혁 등에 큰 영향을 미친다. 사법의 지방분권이 이루어져야 사법개혁 과제가 완성될 수 있다.

사법 지방분권을 위한 전제조건

사법의 지방분권은 필연적인 흐름이지만 당장 시행할 수는 없다. 기초 연구가 너무 없기 때문이다. 지방분권을 했을 때 헌법상 보장되는 국민의 공정하고 신속한 재판을 받을 권리가 침해되지 않도록 철저하게 준비해야 한다. 사법의 지방분권을 위해서는 몇 가지 전제조건이 필요하다.

첫째, 지방분권의 단위를 정확히 특정해야 한다. 지방법원 단위로 지방분권을 할 것인지 아니면 고등법원 단위로 지방분권을 할 것인지를 먼저 결정해야 한다. 지방법원 단위로 지방분권을 하면 지방분권이 더 확실하게 되지만 법원행정이 너무 세분화된다. 고등법원 단위로 지방분권을 하면 지방분권은 불충분한 면이 있지만 법원행정의 단위가 안정적이고 신속하게 도입할 수 있는 장점이 있다. 현재 법원에서 실시하고 있는 지역계속근무 법관제는 고등법원을 단위로 한다. 대통령 개헌안에서도 본 바와 같이 기초단위의 지방정부가 더 주민친화적이고 민주주의의 본래 모습에 가깝다.

보충성의 원칙은 가능한 한 주민과 가까운 지방정부를 더 많이 만들 것을 요구한다.

기존의 행정자치, 교육자치의 단위를 고려하여 지방분권체제를 구상하는 것도 필요하다. 서울을 예를 들어보면 서울의 지방법원은 5개, 지방법원장은 5명이다. 그런데 서울의 행정단위는 광역단위로는 서울특별시 1개, 기초단위로는 25개의 구가 있다. 그래서 서울시장은 1명, 구청장은 25명이다. 이처럼 법원의 관할과 행정관할이 다르다. 이 점도 함께 맞추어야 하는 과제다. 재판이 아닌 이상 행정에 서로 다른 행정구역을 적용하는 것은 행정의 효율성을 방해하기 때문이다.

둘째, 법원은 검찰과 함께 지방분권을 하는 것이 바람직하다. 법원과 검찰에 출입해본 경험이 있는 사람이라면 누구나 알 듯이, 법원과 검찰 건물은 서로 마주보고 서 있다. 법원과 검찰의 관할이 같기 때문이다. 법원이 지방분권이 되면 검찰도 지방분권이 되어야 한다. 검찰이 지방분권이 되면 법원도 지방분권을 피할 수 없다. 만일 한 곳이 지방분권이 되지 않으면 다른 곳의 지방분권도 되지 않는다. 그런데 법원과 검찰의 지방분권 방안과 속도는 서로 다를 수 있다. 검찰이 적폐청산 1호로 지목되고 검찰개혁이 시대의 과제가 된 지금 검찰의 지방분권은 더욱 급하게 느껴진다. 하지만 법원과 검찰은 형사절차를 담당하는 기관으로서 관할을 같이 하므로 지방분권을 하더라도 함께 하는 것이 바람직하다.

셋째, 법원장직선제는 사법의 지방분권이 충분히 이루어진 다음 모색하는 것이 바람직하다. 지금으로서 법원장직선제는 장기과제이다. 법원장직선제는 민주주의의 꽃이라 할 수 있다. 직접민주주의의 발현으로 민주주의 발전 과정에서 실시해볼 수 있는 제도이다. 다만 선진국 모두 법원장을 주민들이 직선하지는 않는다는 점 역시 분명한 사실이다. 법관에 대한 주민 직접선거는 미국의 일부 주에서 실시 중이다. 하지만 미국도 연방법원 법관은 대통령이 지명하고 상원의 인준을 거쳐 대통령이 임명한다. 독일과 프랑스의 경우 대통령이, 영국은 국왕(실질은 내각)이, 일본은 내각이 법관임명권을 가지고 있다. 이것은 법관직선제가 민주주의의 필수요소는 아니라는 것을 의미한다. 법원장직선제에 대해서는 신중한 접근이 필요하다. 사법이 정치와 가까워지면 사법부의 독립은 위태로워진다.

법원장직선제는 법원행정 개혁이 충분히 이루어진 다음에 이루어지는 것이 바람직하다. 법원 행정개혁이 제대로 이루어지지 않은 상태에서 법원장직선제를 하면 오히려 법원장의 행정권한이 강화되어 법관의 독립이 위태로워질 수 있다. 그리고 사법의 지방분권은 행정자치, 교육자치, 경찰자치와 같이 자치행정의 핵심이 충분히 추진된 다음에 이루어져야 한다. 행정자치, 교육자치, 경찰자치는 지방자치의 중추이다. 현재 행정자치와 교육자치는 시행되고 있지만 충분하지 못하다. 경찰자치는 아예 시작되지도 못했다. 제주자치경찰이 있지만 경찰자치라는 측면에서 보면 실질은 없다. 사법의 지방분권은 지방자치의 핵심들인 이들 자치가 어느 정도 자리를 잡은 시점에 지방자치의 대폭 확대와 함께 시행하는 것이 바람직하다.

연구부터 시작하자

사법의 지방분권은 아직 논의조차 시작하지 못했다. 공식적인 사법개혁 과제로 등록되지 못했다. 지방분권을 주장하는 시민단체나 일부 전문가들 사이에서 논의하고 있는 수준이다. 국가행정 업무를 담당하는 행정부나 지방분권을 실제로 해야 하는 사법부에서는 아예 논의조차 한 적이 없다. 거의 모든 사법개혁 과제를 다룬 참여정부 당시 사법개혁위원회와 사법제도개혁추진위원회도 사법의 지방분권은 의논하지 못했다. 완전히 새로운 과제, 시대의 흐름을 반영한 새로운 과제인 것이다.

지금 당장 필요한 것은 행정부와 사법부 등 책임 있는 국가기관 차원의 연구이다. 개별적인 전문가들의 연구도 필요하지만 책임 있는 기관의 책임 있는 연구가 더 필요하다. 사법의 지방분권이 왜 필요한지, 사법의 지방분권을 하는 단위, 즉 재판의 관할을 포함한 행정단위는 지방법원별로 할 것인지 아니면 고등법원 단위로 할 것인지, 현재의 재판 관할을 변경해야 하는지, 사법의 지방분권을 하는 데에 장애요소는 무엇인지, 사법의 지방분권을 위해서 어떤 법령을 정비해야 하는지, 법관을 포함한 사법부의 인력은 어떻게 충원하고 어떻게 배치할 것인지, 사법의 지방분권을 위해서 어느 정도의 시간이 필요한지, 로드맵을 만든다면 어떻게 될 것인지 등 수많은 의문에 대해 연구를 해야 한다. 이런 연구는 지금 당장 할 수 있다. 사법의 지방분권은 국가기관의 연구의 수준, 질에 따라 순서나 시기가 결정될 것이다. 사법의 지방분권에 관한 한 지금은 사법개혁 과제로 확정짓고 연구부터 시작해야 하는 단계이다.

제5장
제도개혁 4대 과제

제도개혁 4대 과제는 사법부를 직접 대상으로 하는 개혁 과제가 아니다. 사법 관련 제도를 개혁하여 국민의 자유와 인권을 더 잘 지키기 위한 과제들이다. 사법 관련 제도를 개혁하면 사법부는 간접적으로 변화한다. 징벌배상제도와 집단소송제도를 도입하면 사법부는 이런 소송을 해결할 능력과 체제를 갖추어야 한다. 법치주의를 제고하는 방안을 추진하면 법률가들에게 직접적인 영향이 있고 사법부도 간접적으로 영향을 받는다. 이런 면에서 제도개혁은 사법개혁의 일환이라고 할 수 있다.

제도개혁 과제, 특히 사회의 공정성을 강화하는 개혁, 법치주의를 제고하는 개혁, 국민주권주의를 강화하는 개혁 등은 오래 전부터 사법개혁 과제로 제기되었던 것들이다. 사법시스템을 바꾸고 한국의 법치주의 수준을 높이는 과제들이기 때문이다. 행정부의 담당 부처가 개혁을 추진할 수도 있으나 이들 제도는 여러 부처에 공통적이고 또 1개 부처가 개혁하기에는 힘든 과제가 대부분이다. 담당 행정부가 기존의 관행에 익숙해져서 개혁의 필요성은 느끼지 못하는 경우도 많다.

제도개혁 과제는 촛불혁명으로 더욱 필요해졌다. 그동안 제도개혁을 소홀히 해온 결과 사회의 불공정성은 높아졌고 법치주의 수준은 낮아졌다. 국정농단 사태의 원인 중의 하나는 사회의 공정성, 공평성 추락과 법치주의 악화이다. 촛불혁명으로 새로운 민주주의가 필요하듯 새로운 사법제도, 새로운 법치주의가 필요한 시점이다.

1. 공정성 강화

공정하지도 공평하지도 않은 사회

촛불혁명의 요구 중의 하나는 공정성, 공평성 회복이다. 박근혜, 최순실의 국정농단 사태, 이명박 정부 이후 나타난 민주주의 후퇴, IMF 이후 심각해진 사회의 양극화는 사회의 불공정, 불공평, 불평등을 낳았다. 공정성, 공평성 요구가 터져나왔다.

부패는 불투명과 불공정에서 비롯된다. 대규모 부정부패, 즉 정경유착, 권력형 비리는 권력의 힘을 동원하여 불공정한 방법이나 범죄행위를 통하여 사회적 약자의 부를 체계적으로 약탈한다. 권력자 중 하위 권력자는 상위 권력자에게 부를 상납하면서 자기보다 밑에 있는 약자를 또 약탈한다. 권력의 상하구조가 부패의 상하구조가 된다.

사회의 양극화는 불공정, 불공평의 최종 형태이다. 한국의 불공정은 국가권력과 시민사회, 국가권력과 경제권력, 대자본과 중소자본, 기업과 노동자, 기업과 자영업자, 노동자와 노동자, 자영업자와 자영업자, 남성과 여성, 노인과 청년 사이에 만연해 있다. 심지어 학생 때부터 배우는 것이 불공정이다. 학교생활의 불공정은 대학입시에서 나타나고 취업에서도, 직장

생활에서도 나타난다. 최근 취업비리는 불공정의 끝판왕에 가깝다. 취업했다고 해서 불공정이 끝나는 것도 아니다. 퇴직자 순서를 정할 때에도 공정하지 않다. 죽을 때까지 불공정에서 벗어날 수 없을 정도로 한국의 불공정의 그물망은 촘촘하다. 헬조선, N포세대 등 젊은이의 절망은 사회의 불공정, 불평등에 대한 분노를 의미한다. 수십 년간 계속된 불공정이 폭발한 것이 국정농단 사태였다.

공정성은 우선 정치권력을 견제할 때 보장할 수 있다. 정치권력은 견제되지 않으면 이익집단이 되어버린다. 자신의 이익을 위하여 국가권력을 남용하고 국민의 자유와 권리를 짓밟는다. 부를 축적하기 위하여, 권력을 유지하기 위하여 나라를 팔아먹기도 한다. 조선 말기 왕실과 민씨 일당, 그리고 매국노들이 철도, 광산 등 나라의 이권을 팔아 사익을 채웠던 것은 권력이 견제받지 않고 전횡하였기 때문이다.

정치권력에 대한 견제가 부실하면 세 가지 현상이 발생한다. 첫 번째 현상은 국민의 자유와 인권에 대한 침해이다. 두 번째 현상은 국가권력과 자본권력의 부패이다. 부패는 국가권력의 부패를 넘어서 민간의 부패로까지 확대된다. 국가권력과 함께 사회를 지배하는 자본권력의 힘이 정경유착, 권력형 비리를 통하여 극대화된다. 세 번째 현상은 사회적 약자의 권익 약화이다. 국가권력과 자본권력의 힘은 정확히 사회적 약자를 향하게 되어 있다. 이들을 지배함으로써 권력을 확대한다. 2014년 서울시 공무원 간첩조작 사건은 사회적 약자라고 할 수 있는 화교를 대상으로 했다.

자본권력 역시 견제받지 않으면 공정성을 파괴한다. 자본권력은 사회적 약자인 비정규직과 아르바이트생을 폭발적으로 만들어낸다. 재벌은 하청구조를 통해 중소기업의 이익을 착취하고 상속을 위한 일감 몰아주기로 중소기업 분야를 지배해버린다. 재벌의 힘은 너무 커져서 자본과 노동만이 아니라 한국 사회를 지배하고 있다. 대기업, 중규모의 자본도 갑과 을의 관계를 통해 약자를 지배한다. 불공정거래행위의 일상화, 이것이 한국 시장의 현 상태이다.

자본권력의 불공정성을 바로잡는 것은 법과 정치이다. 국가권력이 제대로 작동한다면 자본권력의 극대화, 자본권력의 횡포는 어느 정도 저지할 수 있다. 국가권력만으로는 충분하지 않지만 상당히 많은 부분을 제한할 수 있다. 국가권력이 자본권력과 한몸이 되면, 즉 정경유착이 되면 자본권력은 통제할 수 없다. 국가권력이 자본권력과 한몸이 되는 것은 국가권력이 정상적으로 견제와 감시를 받지 않기 때문이다. 법의 지배를 받지 않고 시민의 통제를 받지 않기 때문이다. 공정성, 공평성 회복은 국가권력에 대한 견제에서 시작하여 자본권력 등 기득권 세력에 대한 견제로 발전해야 한다.

공정이 생명인 법원

법원은 공정성을 대표하는 국가기관이다. 법원의 업무인 재판 자체가 공정성을 생명으로 하기 때문이다. 재판의 공정성은 법 앞의 평등을 의미한다. 민사소송의 원고와 피고, 형사소송의 검사와 피고인은 평등하다. 피고인 사이도 절대 평등하다. 아무리 실력 있는 변호사를 선임하더라도 재판을 받아야 하는 자는 원고와 피고이며, 피고인이다. 특히 형사사건에서 피고인 자리에 서면 대통령도, 재벌도, 자본가도, 노동자도, 농민도, 비정규직도, 여성도, 학생도, 아르바이트생도 모두 평등하다. 검사와의 관계에서도 공정성이 보장된다. 피고인의 방어권이 있고 변호사의 도움을 받을 수 있기 때문에 재판에서 검사와 대등하게 다툴 수 있다. 최근 박근혜, 이명박 전 대통령 재판, 이재용 삼성 부회장 재판에서 확인할 수 있듯이 재판 과정은 법 앞의 평등, 공정성을 가장 정확히 보여준다. 재판 과정 자체가 공정하도록 조직되어 있을 뿐 아니라 결과도 공정하게 이루어져야 한다. 재판

과정 및 결과의 공정성을 뒷받침하는 원리는 사법부 독립의 원리이다.

공정성을 주요 특징으로 하는 법원은 앞으로 더욱 공정성을 강화해야 하는 과제를 맡게 되었다. 촛불혁명에서 요구한 공정성을 최종적으로 해결할 곳은 법원이기 때문이다. 법원이 담당해야 할 공정성 확보 과제는 첫째, 국가 공권력 견제를 통한 시민의 자유와 인권 보호, 둘째, 부정부패, 권력형 비리 추방을 통한 불법적인 공정성 파괴 행위 근절, 셋째, 공정성 강화를 통한 사회적 약자 보호이다.

공정성 강화는 사법부의 독립이나 법관의 독립과 같은 형식적인 개념이 아니다. 내용적인 개념이다. 법원의 조직 변경, 사법시스템의 변경, 양형의 변화, 의식개혁, 관행과 문화의 변화까지를 포함한다. 사법시스템으로는 강자와 약자의 균형을 도모할 수 있는 제도가 필요하다. 국가권력과 자본권력의 횡포를 사전적, 사후적으로 통제하는 제도가 필요하다. 국가권력의 통제는 공권력 개혁을 통하여 이루어져야 하고, 자본권력 통제는 공정거래위원회 강화, 징벌배상제도, 집단소송제도 등의 도입을 통하여 이루어져야 한다.

징벌배상제도

불공정, 불평등의 심화는 경제지표에 의해서도 확인된다. 김용기 교수에 의하면, 외환위기 이후 20년간 과거 정부의 경제정책은 불공정, 불평등을 심화시키는 경향이 있었다. 첫째, 1996년 국민총소득 대비 가계소득 비중은 70.8퍼센트, 기업소득 비중은 15.7퍼센트였는데 2016년의 가계소득 비중은 62.1퍼센트, 기업소득 비중은 24.1퍼센트였다. 가계, 즉 노동자는 가난해지고 기업, 즉 자본은 부자가 되었다. 이유는 기업 소득의 가계로의 환류비율이 낮고 기업의 유효세율이 가계에 비해 상대적으로 낮아진 것 때문이다. 둘째, 실질 생산성과 시간당 실질임금 상승률을 비교해보면 2004년부터 2014년 사이에 실질 생산성 상승률은 연평균 2.4퍼센트였는데 실질 평균임금 상승률은 0.9퍼센트였다. 생산성 대비 임금상승률은 0.4퍼센트였는데, 이는 캐나다, 프랑스, 독일, 싱가포르, 미국, 일본과 비교했을 때 가장 작다. 이유는 노동시장의 포용성이 매우 낮은 것 때문인데 높은 비정규직 비율(32.9퍼센트), OECD 국가 중 가장 높은 성별 임금격차(61퍼센트), 대기업과 중소기업 간 임금격차 등이 원인이다. 생산성 향상의 3분의 2를 자본이 가져가고 그 비율은 세계 최고인 것이 우리의 현실이다. 셋째, 소득 1분위 가구와 5분위 가구의 비율, 즉 가구소득 5분위 배율은 5배 이상 늘었다. 부익부빈익빈 현상이 심각해진 것이다(정해구 외, 2017).

정치권력과 자본권력의 횡포는 갑질문화로 나타났다. 갑질문화는 급속히 퍼져 자본과 노동 관계만이 아니라 자본 사이, 노동 사이, 서민 사이에도 퍼졌다. 갑질문화는 노동력 과잉착취의 일상화, 불법적인 노동력 착취의 일상화를 의미한다. 갑질문화의 결과 시민들은 항상적인 적대관계 속에서 지내야하고 항상 화를 내야 하는 상태에 빠졌다. 조금이라도 양보하는 것은 곧 노동력의 과잉착취를 허용하는 것이 된다. 노동력의 과잉착취를 허용하면 그 결과는 사회에서의 탈락, 배제이다.

갑질문화는 다른 한편으로는 사회의 계급화를 의미한다. 항상 갑질하는 계급과 갑질당하는 계급이 탄생한다. 정치권력과 자본권력은 이미 기득권 계급이 되어 한국 사회를 지배하고 있다. 구체적인 사람 하나하나를 지배하는 단계까지 되었다. 노동자에게 욕하고 노동자를 하인 부리듯 부리며 노동자를 마음대로 해고하는 일부 재벌의 행태는 한국 사회가 얼마나 계급화되었는지 보여주는 증거들이다. 사회 계급화에 대한 불만이 폭발하고 갑질문화, 불공정, 불공평 타파를 요구한 것이 촛불혁명이었다.

불공정, 불평등을 완화하고 공정성을 제고하는 제도는 많이 있다. 그중 한국의 역사에서 사법개혁 과제로서 논의되어온 것은 징벌배상제도와 집단소송제도이다. 일상화되고 고착화된 노동력 과잉착취 구조를 바꾸고 공정성, 공평성을 다시 구축하려면 최소한 징벌배상제도와 집단소송제도를 도입해야 한다.

징벌배상제도는 이미 국가적으로 충분히 검토되었다. 2004년 사법개혁위원회는 징벌배상제도의 도입을 건의한 바 있다. 당장의 도입이 아니라 연구·검토를 건의한 것이었지만, 도입을 전제로 한 연구·검토임은 말할 것도 없다. 다음은 그 건의문이다(사법개혁위원회, 2005, 444쪽).

> 불법행위 중 상대방에게 해악을 끼칠 적극적인 의사를 가지고 결과 발생을 용인하거나 의도적으로 그 행위를 저지른 때 등 일정한 경우에 행위자에게 징벌적 손해배상을 명하는 제도를 도입할지 여부에 관하여 검토할 필요가 있습니다.
>
> 　이를 위하여 징벌적 손해배상에 관한 각국의 입법례, 제도적 장·단점, 징벌적 손해배상제도 도입 시 우리나라 법체계 및 현실에서의 긍정적·부정적 효과 등에 관하여 심도 있는 연구·검토가 이루어져야 할 것입니다.

상대방에게 해악을 끼칠 적극적인 의사를 가지고 그 행위를 저지르는 경우는 크게 세 가지가 있다. 하나는 다수의 국민이나 소비자에 대해 피해가 발생하는 경우로서 환경범죄, 화이트칼라 범죄 등이 여기에 해당한다. 최근의 사례로는 가습기 살균제 피해, 독성 생리대 문제, 방사능 침대 피해 사태 등이 있다. 다른 하나는 불공정거래행위로서 하청회사에 대한 계속적, 조직적 약탈과 같은 것이다. 마지막으로 최근 부각되고 있는 일부 대자본가들의 갑질 행태다. 최근 한진그룹 재벌 일가의 노동자에 대한 횡포는 마치 새로운 계급이 창설된 것과 같은 정도의 충격을 준다. 세 번째의 갑질 행태는 과거에 비해 새로운 현상이지만, 우리 사회의 불평등이 얼마나 심각하고 공정성이 얼마나 붕괴했는지를 잘 보여준다.

기존의 손해배상제도는 이런 세 가지 행태의 불법행위에 대해 무력하다. 그중에서도 특히 갑질 횡포에 무력하다. 악의적인 불법행위를 억제하는 효과가 적기 때문이다. 가해행위가 과실행위인지, 고의행위인지, 악의적인 행위인지를 구분하지 않는 것이 하나의 이유이다. 상당인과관계설에 입각하여 제한배상주의를 채택하고 있고 또한 위자료도 소액만 인정하고 있는 것은 또 다른 이유이다. 이런 맹점으로 범죄행위, 혹은 범죄에 가까운 행위를 하고도 가벼운 손해배상만 하면 된다는 인식이 퍼져 있다.

이를 증명하는 대표적인 사례는 2010년 발생한 맷값 사건이다. 2010년 10월 최태원 SK그룹 회장의 사촌동생이자 물류업체 M&M의 전 대표인 최철원(41) 씨가 고용승계 문제로 1인시위를 벌여온 탱크로리 운전자를 야구방망이와 주먹으로 때린 뒤 '맷값'이라며 2000만원을 수표로 건넨 사건이 발생했다(『경향신문』, 2011). 사람이 사람을 때려서는 안 된다. 사람을 때리면 맞는 사람은 바로 목적이 아닌 목적 달성을 위한 수단이 되어버린다. 인간의 존엄성을 파괴한다. 사람이 사람을 때려서는 안 되지만 논의를 진전시키기 위해 사람을 때릴 때 최철원 씨처럼 생각한다고 가정해보자. 이때 만일 사람을 때리면 2000만원이 아니라 수십억원의 손해배상을 할 수도 있다고 생각했다면 최철원 씨는 야구방망이를 쉽게 들지 못했을 것이다. 만일 2010년 이전에 징벌배상제도가 도입되었더라면 이 사건은 방지할 수 있었을지도 모른다. 2018년 우리는 한진 재벌 일가의 갑질 횡포를 목격하고 있다. 징벌배상제도 도입이 필요한 시대가 되었다. 아니 이미 도입되었어야 했다.

징벌배상제도 도입 방안은 마련되어 있다. 사법제도개혁추진위원회는 2006년 9월 18일 징벌배상제도 도입 방안을 마련한 바 있다. 사법제도개혁

추진위원회가 마련한 법률안의 주요 내용은 다음과 같다(사법제도개혁추진위원회, 2006, 상, 331~332쪽).

목적(제1조): 악의적 불법행위의 경우 전보배상 이외에 추가적 배상책임을 지도록 함으로써 악의적 불법행위자를 징벌하고 유사한 불법행위의 발생을 억제하기 위한 것이 이 법의 목적이다.

징벌배상 책임(제3조): 악의적 불법행위를 타인의 권리나 이익을 침해할 의사를 가지고 의도적으로 그 결과발생을 용인하거나 위법행위를 감행한 경우로 규정하되, 다만 징벌배상 제도의 도입 범위를 식품·제조물·환경·보건·정보통신망·언론·노동·공정거래·증권거래 등 징벌배상제도의 도입 필요성이 크고 제도 도입에 관한 사회적 합의 도출이 용이한 9개 분야로 한정하였다.

소멸시효(제5조): 징벌배상청구권의 소멸시효 기간을 전보배상청구권의 소멸시효 기간과 같게 하고, 어느 일방에 관한 소멸시효 중단은 타방에도 효력을 미치도록 하였다.

소의 제기(제6조): 소송경제, 응소상의 편의, 남소 방지 등의 취지에서 징벌배상청구소송은 전보배상을 청구하는 소와 별도로 제기할 수 없도록 함으로써 전보배상청구소송에 관한 확정판결이 있은 후에는 별도로 징벌배상청구의 소를 제기하지 못하도록 하였다. 인지액은 통상 소송 인지액의 2분의 1로 하되, 상한을 1000만원으로 한정함으로써 과도한 인지액 부담으로 인한 제소상의 장애를 완화하는 규정을 마련하였다.

변론의 병합(제7조): 재판 결과의 모순·저촉을 방지하고 적절한 배상액의 산정이 가능하도록 동일한 사실관계를 원인으로 하는 여러 개의 징벌배상 청구소송이 제기된 경우 원칙적으로 변론을 병합하도록 하였다.

사법제도개혁추진위원회의 건의 이후 징벌배상제도는 일부 법률에서 제한적으로 도입되었다. 「하도급거래의 공정화에 관한 법률」, 「제조물책임법」 등에 도입되어 있다. 하지만 징벌배상액이 3배로 제한되어 있고 인지대가 높은 제도적 한계로 제대로 활성화되고 있지 않다. 갑질 횡포에 대해서는 아예 법률도 없다.

사법제도개혁추진위원회의 방안은 여전히 유효하다. 다만 징벌배상의 책임을 특정 행위에만 한정할 필요가 있는지는 검토가 필요하다. 당시에도 악의적 불법행위에 대한 응징과 억제의 필요성은 특정 불법행위 영역에 국한된 문제가 아니라는 점, 부분적 도입 시 분야를 제한한 합리적 기준이 없다는 점에서 전면적 도입이 타당하다는 주장이 있었다. 사회의 불평등, 불공정성이 새로운 계급을 만들 정도로 심각한 현재 전면적 도입을 더 적극적으로 고려해야 한다.

집단소송제도

공정성을 강화하는 사법제도 중 다른 하나는 집단소송제이다. 집단소송의 대표적인 예로는 기업의 위법행위에 대한 소비자들의 소송이 있다. 최근의 사례로는 가습기 피해자 소송, 라돈 침대 매트 사건을 생각할 수 있다. 이런 사건의 특징은 피해자들이 다수이고, 개별 피해자들의 피해는 소액이거나 정확히 측정하기 어려운 데에 반해 기업이 얻는 이익은 막대하다는 것이다. 여기에 더해 제품의 하자나 환경 파괴에 대한 정보의 불균형이라는 어려움도 있다.

이런 사건에서는 개별 피해자가 재판을 쉽게 제기할 수도 없을 뿐 아니라 재판에서 승소하는 것은 더 어렵다. 설혹 이런 모든 어려움을 다 극복하고 개별 피해자가 승소한다고 하더라도 받는 손해배상액수는 극히 적다. 이에 비해 변호사비용 등 소송비용은 재판의 어려움에 비례하므로 막대하다. 이런 이유로 피해자들은 명백히 부당한 사태에도 불구하고 소송을 포기하는 경우가 많다. 기업은 불법행위, 범죄행위를 저질렀음에도 불구하고 손해배상을 하지 않을 뿐 아니라 오히려 이익을 얻는다. 정의는 실종되고 사회의 공정성, 공평성이 파괴된다.

집단소송은 이런 사건에서 피해자들이 하나의 집단을 이루어 소송을 제기하도록 함으로써 소송을 쉽게 제기하고 적절한 피해를 배상받을 수 있도록 하는 제도이다. 집단소송은 권리의 구제, 기업 불법행위 예방 효과, 소송경제, 공익적 기능, 집단분쟁의 합리적 해결 등의 장점이 있다. 개인의 소송으로 기업의 불법행위를 저지한다는 점에서는 징벌배상제도와 유사하고 제품의 하자 또는 환경 파괴로 동일한 피해를 입은 불특정 다수의 피해자가 있다는 점에서 징벌배상제도와 차이가 있다.

반대론도 있다. 집단소송제가 미국에서 발생했으므로 우리와 법문화에서 차이가 있고 법체계의 정합성도 떨어진다는 반대론이 그것이다. 여기에 더해 무임승차, 기업 활동 제한, 남소의 위험 등이 문제점으로 지적된다. 그중 가장 중요한 반대의견은 기업 활동이 제한된다는 것이다. 기업이 자유롭게 활동을 해야 경제도 발전하고 노동자도 고용하는데 기업 활동을 제한해버리면 경제도 정체되고 고용도 떨어진다는 것이다.

반대주장은 근거가 없다. 기업이 불법행위를 통해 이익을 만들어내면 오히려 사회적으로 효용이 감소된다. 가습기 피해 사태, 라돈 침대 매트 사태를 생각해보면 쉽게 기업의 불법행위가 사회에 미치는 영향을 알 수 있다. 그리고 기업에게도 이익이 되지 않는다. 불법행위를 한 기업은 브랜드가치, 기업가치가 떨어지는 효과에 더하여 손해배상소송이나 수사와 재판으로 기업이 존폐 위기에 처하는 심각한 상황에 빠진다. 기업윤리, 윤리경영, 기업의 사회적 책임이 강조되는 현재 기업의 자유를 무제한적으로 주장해서는 안 된다. 현실에서도 기업 활동 제한 주장은 근거가 없다. 집단소송제도가 발전한 미국은 기업이 가장 왕성하게 활동하는 곳이다. 법률적으로는 소송 남용의 위험이 지적된다. 하지만 소송의 남용은 미국의 특유한 현상이고 한국에서는 문제가 되지 않는다.

집단소송이 가지고 있는 장점은 명백하고 단점은 적다. 그렇지만 집단소송이 현재 모든 분야에 적용되고 있는 것은 아니다. 지금은 「증권 관련 집단소송법」이 시행 중이다. 증권에 관련한 불법행위는 허위공시, 주가조작, 내부자거래, 분식회계 등이 있다. 증권 관련 사건의 특징은 피해자는 불특정 다수이고 피해액수가 얼마인지 산정하기 어려울 뿐 아니라 피해액수를 산정하더라도 개인의 피해액수는 적다는 점이다. 이에 비해 증권 관련 불법행위자의 이익은 막대하다. 사법개혁위원회는 2003년 이미 증권 관련 집단소송법 시행을 참조하면서 집단소송법을 확대적용할 것을 건의했다(사법개혁위원회, 2005, 442쪽).

> 약자 및 소수자의 권익 보호를 위하여 공익소송을 활성화하는 방향으로 나가는 것이 바람직하고, 그 방안 중 하나로 집단소송제도의 도입을 검토할 필요가 있습니다. 그러나 일단 2005. 1. 1.부터 시행될 예정인 증권 관련 집단소송법의 시행 경과 등을 지켜보면서 계속적으로 연구·검토함이 타당할 것입니다.

사법개혁위원회의 건의를 받아 사법제도개혁추진위원회는 2006년 9월 18일 제13차 본위원회에서 집단소송제도 도입 방안을 정책보고서로 의결했다. 다음은 그 내용이다(사법제도개혁추진위원회, 2006, 326~327쪽).

○ 도입 여부
현재 증권 관련 집단소송법이 시행되고 있는 상황에서 집단소송을 전면적으로 도입할 것인지 여부에 관하여는 찬성론과 반대론이 갈리고 있는 바, 집단소제도를 전면적으로 확대할 경우 가장 우려되는 문제점은 남소 가능성이라고 할 것이다.

우리나라는 미국과는 전혀 다른 소송제도를 취하고 있어 집단소송의 제기가 미국의 경우와 같이 피고(기업 등)를 압박하는 수단이 될 수 없으므로 근거 없는 소 제기에 대하여는 기업이 부담을 갖거나 화해에 나설 이유가 없다고 할 것이며, 특히 미국에는 없는 인지첨부 제도와 소송비용 예납제도는 그 적지 아니한 액수(소송청구액에 비례하여 증가)로 인해 현실적인 측면에서 집단소송 제기의 가장 강력한 억제장치로 작용할 수 있다.

소액다수 피해자의 권리구제 강화, 기업의 위법행위에 대한 예방적 효과, 집단적 분쟁의 1회적 해결을 통한 소송경제 효과, 사회경제적 정의 실현의 공익적 측면 등을 고려할 때 우리나라도 집단소송제도를 전면적으로 도입함이 상당하다고 할 것이다.

○ 모델 입법례

미국의 대표당사자소송(Class Action)

○ 적용 대상

집단소송은 민사사건, 행정사건을 불문하고 시안이 정하는 요건을 갖춘 집단적 분쟁사건을 대상으로 한다. 다만, 법익의 주체가 아닌 '단체'에 당사자적격을 부여하는 '단체소송 제도'는 시안에서는 규정하지 아니한다.

○ 증권 관련 집단소송의 청구권 제한

일반 집단소송법을 제정하는 경우에도 증권거래와 관련하여서는 상장기업 등에 한하여 허위공시, 주가조작, 내부자거래, 분식회계 등으로 인한 손해배상청구만으로 청구권을 제한하고 있는 현행 증권 관련 집단소송법상의 청구권 제한 규정은 그대로 유지한다.

○ 증권 관련 집단소송법과의 관계

증권 관련 집단소송법과 일반 집단소송법을 통합하여 시안을 마련하였다. 일반 집단소송법이 제정될 경우 증권 관련 집단소송법은 청구권 제한 등 극소수 조항을 제외하고는 일반 집단소송법과 달리 규정할 사항이 없어지게 되기 때문이다.

집단소송제가 도입되면 가습기 살균제 사건, 최근 발생한 침대 매트 라돈 방사능 사건 등에 효과적으로 대응할 수 있을 것이다. 집단소송제는 구조적으로 공정성이 무너진 사안에서 공정성을 회복하는 중요한 제도다.

2. 법치주의 제고

우리 사회에 법치주의는 있는가

촛불혁명은 수준 높은 법치주의를 요구한다. 박근혜, 최순실 등 국정농단 세력은 법률에 의한 행정이라는 법치주의 원칙을 무너뜨렸다. 이들의 통치는 김기춘 비서실장, 우병우 민정수석, 황교안 국무총리 등 법률가를 통하여 이루어졌지만, 법치가 아니라 인치였다. 법치주의는 단순히 법률에 의한 통치만을 의미하지 않는다. 법치주의는 시민의 자유와 권리를 보장하기 위하여 국가권력을 정의로운 법률로 통제하는 것이 핵심이다.

법치주의가 무너지자 시민들이 당연히 누려야 하는 자유와 권리는 침해당했다. 헌법에서 보장된 집회의 자유, 언론의 자유, 표현의 자유는 봉쇄되었고 직접민주주의, 거리의 민주주의는 위협받았다. 백남기 농민 사망 사건에서 볼 수 있듯이 거리에서 정권 반대를 외치려면 목숨을 걸어야 하는 시대가 되었다. 시민들만이 위기에 처한 것이 아니었다. 공무원들도 위기에 처했다. 공무원의 신분보장, 정치적 중립성은 훼손되었다. 정치권력의 명령을 따르지 않은 공무원들은 징계를 받았고 정치권력의 명령을 따르는 공무원은 승진했다. 헌법이 보장하는 공무원의 신분보장, 정치적 중립은 박근혜 전 대통령의 한마디로 무너졌다.

공공연한 법률 위반도 많이 발생했다. '세월호 참사 특별조사위원회'의 활동을 정부가 조직적으로 방해한 것은 전형적인 법률 위반 사례이다. 법률에 의하여 구성된 세월호 참사 특별조사위원회는 세월호 참사의 진상을 규명해야 할 권한과 의무가 있다. 그리고 법률을 집행하는 정부로서는 세월호 참사 특별조사위원회의 활동을 적극 도와야 할 의무가 있다. 국가기관이 다른 국가기관과 상호 협조하여 행정을 해야 하는 것은 당연한 의무이다. 그럼에도 박근혜 정부는 세월호 참사 특별조사위원회의 활동을 방해했다. 법률 위반일 뿐 아니라 윤리적으로도 용납되지 않는 일이다. 이에 저항해 이석태 세월호 참사 특별조사위원장이 광화문 한복판에서 단식농성을 하기까지 했다. 국가기관이 국가기관을 상대로 단식농성을 하는 풍경은 법치주의가 상갓집 개와 같은 신세임을 보여주는 상징적인 사건이었다.

법치주의 국가에서 국가의 법률 위반을 용납해서는 안 된다. 법치주의가 관철되지 않으면 시민의 자유와 인권은 위협받고 심지어 생명까지 위태로워진다. 정치권력의 전횡으로 부패가 창궐하고 무고한 공무원들이 범죄집단이 되어버린다. 법을 따르자니 징계와 불이익처분을 받아야 하고, 정치권력의 명령을 따르자니 범죄자가 되는 상황에 처하는 것이다. 이런 비정상적인 상태는 극복되어야 한다. 법률을 준수하고 윤리적인 정치권력이 공무원을 존중할 때 이런 현상은 막을 수 있다. 법치주의를 정착시킬 때 이런 비정상적인 현상을 막을 수 있다.

법치주의 제고는 전통적인 사법개혁 과제이다. 사실 사법개혁의 모든 과제가 법치주의 제고와 관련되어 있다. 2004년 사법개혁위원회는 법치주의 제고와 관련하여 법률전문가의 활용 방안을 건의한다. 사법개혁위원회의 건의는 행정부 내 법무담당관 제도 신설, 기업 내 법률전문가 배치로 법치주의 수준을 높이자는 것이었다.

행정부 내 법무담당관 제도 신설은 행정기관의 법무담당관이 해당 기관의 정책 수립이나 법령 입안 등을 검토함으로써 정책이나 법령의 혼선, 위법과 탈법을 막는 것이 목적이다. 법률가에 의한 사전적 검토를 통하여 법령에 맞는 정책과 추진이 될 수 있도록 하는 것이다. 법치주의 수준을 높이고 법률에 의한 행정을 강제하여 국정농단과 같은 엄청난 사태를 방지할 수 있다.

기업 내 법률전문가 배치 구상은 기업의 분쟁을 사전에 예방하고 투명한 경영을 확보하는 것이 목적이다. 분쟁 예방 기능과 반부패 기능을 통하여 법률의 규정에 맞는 법치경영을 달성하도록 하는 것이다. 법치경영이 달성되면 기업의 윤리경영, 기업의 사회적 가치 실현도 더 쉽게 할 수 있다. 이 제도는 기업의 범죄행위, 불법행위, 비윤리적 행위가 갈수록 규모가 커지고 심각해지는 현재 의미가 있다.

사법개혁위원회와 사법제도개혁추진위원회 활동 이후 법치주의 확대를 위한 노력은 이루어지지 않았다. 이명박, 박근혜 정부 동안 법치주의 제고를 위한 노력은 사라졌고 급기야 법치주의 자체가 사라져버렸다. 원세훈의 국가정보원, 최순실의 청와대는 법치주의를 붕괴시키고 정권 안보와 사익 추구를 위해 국가권력을 동원했다. 지금은 법치주의를 회복하고 법치주의 제고를 위한 사법개혁을 해야 할 때이다.

행정부의 법무담당관

법치주의 제고는 정부의 의무이다. 법치주의의 수준이 높아져야 국민의 자유와 권리가 잘 보장되기 때문이다. 법치주의는 국가기관 사이의 견제와 균형, 권력기관에 대한 감시와 견제, 권력의 분산, 국민의 직접참여 등을 통하여 높아질 수 있다. 여기에는 정부 스스로 내부적으로 법치주의 수준을 높이는 것이 포함된다. 외부의 감시체제는 내부의 직접 견제와 감시의 활성화와 함께할 때 효과가 극대화된다.

정부가 법률을 무시하고 무도하게 행정을 하면 법치주의 수준은 높아질 수 없다. 가깝게는 박근혜, 최순실의 국정농단 사태가, 멀리는 군부독재 시대의 경험이 이를 말해준다. 행정부의 법치주의 수준을 높이기 위한 직접적인 방안은 법률전문가가 정책 수립과 집행, 법령 입안 및 심사 등을 제도 시행 전에 미리 검토하는 것이다. 이를 법무담당관제도라고 한다. 법무담당관은 중앙행정기관, 지방정부, 공공기관에 필요하다. 이에 대한 문제의식은 2004년 사법개혁위원회 건의문에서 보인다(사법개혁위원회, 2005, 441쪽).

> 법치행정의 구현을 위하여 법률전문가가 행정공무원으로 진출하는 기회가 확대되어야 합니다. 이를 위하여 우선, 중앙행정기관 및 광역지방자치단체에 개방형 직위로 법무담당관을 두고, 상당한 실무경력을 가진 변호사 자격자 중에서 임용하여 해당 기관의 정책 수립이나 법령 입안 등에 관하여 법적 자문을 담당하도록 하는 것이 바람직합니다.

사법개혁위원회의 문제의식은 사법제도개혁추진위원회의 법무담당관제도의 개선 방안으로 연결된다. 사법제도개혁추진위원회는 2006년 1월 16일 법무담당관제도 개선 방안을 의결한다. 다음은 주요 내용이다(사법제도개혁추진위원회, 2006, 317쪽).

○ 개방형 직위로 지정
변호사 등 법률전문가를 법무담당관으로 임명하기 위해, 직제(대통령령), 직제 시행규칙(부령)을 개정하여 법무담당관 직위를 개방형 직위로 지정하도록 한다.
○ 법무담당관의 직급
법무담당관의 직급을 일률적으로 규정하는 것은 '행정기관의 자율성 강화'라는 현재의 직위 운영 방향과 배치되고, 각 부처별로 법률 수요 등이 다르다는 현실을 고려해야 하므로, 직급에 대한 결정을 각 부처의 자율적 판단에 맡기도록 한다.

○ 법무담당관의 자격

법치행정의 강화를 위하여 법무담당관의 자격은, 일정 경력 이상의 변호사와 법학박사 학위 소지자, 법무 관련 분야에서 일정 기간 실무경력을 쌓은 행정공무원 등 법률전문가로 한정한다. 다만 법무담당관 직위의 전문성을 감안하여 선발시 변호사 자격 보유에 대해 일정한 가점을 인정할 수 있도록 한다. 향후 적절한 시기에 그 임용 자격을 변호사 자격 소지자로 한정할 필요가 있다.

○ 법무담당관의 직무

법무담당관의 직무를 실효성 있게 하기 위하여, 대통령령으로 되어 있는 각 행정부처 등의 직제를 개정하여 법무담당관의 직무로서 ① 법령안 입안 단계에서의 조기 검토와 ② 주요 정책 수립 및 집행 단계에서의 법적 타당성 검토를 규정한다. 현재 법무담당관의 주된 직무는 ① 법령안의 심사, ② 소원심사, ③ 소송사무, ④ 법규의 편찬 및 발간 등이다. 위 직무가운데 '법령안 심사'는 사후적·형식적 심사가 주를 이루며, '소송사무의 총괄', '법령질의 회신의 총괄' 등과 같은 총괄업무는 해당 업무를 실·국 담당자에게 전달해주는 형식적 업무에 그치고 있다. 또한 '주요 정책에 대한 검토'나 '정책, 법령의 집행 단계에서의 검토'는 직제상 명시되어 있지 않다.

법무담당관제도는 그 필요성이 일찍 주장되었으나 아직 실현되지 않고 있다. 2017년 7월 5일 대한변호사협회는 나경원 국회의원과 공동으로 '법무담당관제도 활성화를 위한 토론회'를 개최한 바 있다. 이에 따르면 2016년 정부가 피고인 소송은 4742건, 소송가액은 7조 5458억원으로 만일 소송에서 패소할 경우 3조원에 육박하는 비용이 지출될 전망이라고 한다

(대한변호사협회, 2017). 법무담당관제도는 사전에 정책 수립 및 집행을 검토하기 때문에 이런 비용을 줄일 수 있다. 비용도 비용이지만 잘못된 정책과 집행으로 국민들이 받는 고통을 생각해보면 사전 통제 장치인 법무담당관제는 반드시 필요하다.

법무담당관제에 대한 심리적 저항은 이 제도가 변호사만을 위한 제도라는 오해이다. 실제로 법무담당관제가 도입되면 변호사들의 일자리가 늘어나는 것은 사실이다. 하지만 변호사의 일자리가 늘어난다고 하더라도 이를 통해 위법행정, 탈법행정을 바로잡을 수 있다면 비용 대비 효과는 훨씬 크다. 최근 로스쿨을 통해 변호사들이 많이 배출되고 있다는 점을 감안하면 비용 대비 효과는 더 클 것이다.

기업의 준법관리인

기업의 법치주의를 제고하는 것은 탈법경영, 위법경영을 막고 기업을 위기에서 구하는 지름길이다. 우리 기업문화는 탈법, 위법, 범죄를 허용할 뿐 아니라 적극 활용한다. 기업의 탈법, 위법, 범죄는 정경유착, 권력형 비리에서부터 불공정거래행위, 갑질 횡포에 이르기까지 다양하다. 최근에는 국정농단 사태를 박근혜 정부와 함께 만들 정도까지 발전했다. 자본주의가 발달할수록 기업은 커지고 기업이 사회에 대해 가지는 힘도 커진다. 국가보다도 강한 힘을 가진 기업도 있다. 실제로 애플이나 삼성은 작은 나라가 갖고 있는 힘보다 더 큰 힘을 가지고 있다.

현대 사회는 기업, 특히 대기업이 없이는 제대로 운영될 수 없다. 기업은 현대 사회에 필요한 상품과 서비스를 싼 값에 대량으로 공급한다. 인류 역사상 가장 편하고 자유로운 사회를 만드는 데에 기업은 분명히 큰 역할을 했다. 상품과 서비스에만 한정해 보면 역사상 그 어떤 조직도 해내지 못한 일이다.

한편 자본주의 발전, 기업의 발전은 필연적으로 자본의 독점, 기업의 거대화를 초래한다. 자본권력은 노동의 지배를 바탕으로 사회를 지배하고 사회의 지배를 넘어 국가와 지구까지 지배한다. 기업은 기업의 노동자만이 아니라 주주, 소비자, 지역주민, 사회구성원까지 지배한다. 기업의 힘은 끝이 없는 것처럼 보인다. 마침내 한 기업의 붕괴는 전 세계 경제를 마비시키는 지경에 이르렀다. 1930년대의 세계공황에서 시작된 위기는 최근 2008년의 금융위기까지 이어진다.

기업의 힘이 커지면 기업 통제의 필요성도 그에 비례하여 커진다. 독점자본, 기업의 횡포로 인한 피해가 커지기 때문이다. 기업 통제의 필요성은 윤리경영이라는 형태로 나타나기도 하고 기업의 사회적 책임이라는 형태로 나타나기도 한다. 이러한 이론은 기업의 실체와 영향력을 인정하고 이를 순화시키려는 이론이다.

하지만 윤리경영과 사회적 책임 이전에 탈법경영, 위법경영, 범죄경영을 막는 것이 우선이다. 기업은 이윤을 목표로 하고 생존이 최대의 과제이기 때문에 상황이 악화되면 언제든지 탈법과 범죄에 빠질 수 있다. 기업은 정경유착, 권력형 비리, 비자금 마련, 뇌물, 분식회계, 주가 조작 등에 노출되어 있을 뿐 아니라 실제 일부 기업은 이를 통해 이윤을 축적해왔다. 윤리경영과 사회적 책임이 최근 대두된 것은 기업의 불법과 범죄가 창궐했기 때문이다.

특히 한국의 대기업은 불법과 범죄와 가깝다. 한국의 대기업은 대부분 재벌이다. 한국의 재벌은 정경유착, 비자금, 뇌물, 분식회계 등을 통하여 출발했고 성장했다. 지금도 일부 재벌은 이를 통하여 생존 또는 성장을 노린다. 재벌 구조는 재벌에 속한 기업의 불안요소이고 재벌 오너 일가의 문제는 재벌 전체의 위험요소이다. 도저히 일반 상식으로 이해되지 않는 재벌 오너들의 횡포는 재벌 구조에서 비롯되는 구조적인 문제이다.

한국의 대기업은 더 많은 견제와 감시를 받아야 한다. 더 많은 윤리경영과 사회적 책임이 요구된다. 이러한 문제의식에 따라 2004년 사법개혁위원회는 다음과 같이 건의했다(사법개혁위원회, 2005, 441쪽).

분쟁을 사전에 방지하고 법률에 근거한 투명한 경영을 확보하기 위하여 기업 내에 법률전문가를 두고 상시적으로 법적 문제에 대한 점검을 하도록 유도하는 것이 바람직하며, 앞으로 이를 제도화할 수 있는지 여부에 대한 연구가 필요합니다.

사법개혁위원회의 문제의식을 이어받은 사법제도개혁추진위원회는 2006년 9월 18일 기업 내 법률가제도 개선 방안을 의결한다. 그 주요 내용은 다음과 같다(사법제도개혁추진위원회, 2006, 322쪽).

○ 도입 형식

준법관리제도의 구체적인 도입 방법에 대해 ① 현재 제도 유지 방안, ② 공정거래법 개정 방안, ③ 일반법 제정 방안 등을 제시하고, 각각에 따른 구체적인 법률안을 예시한다.

○ 자율적 도입

준법관리제도 본래의 취지를 살리기 위해 제도의 도입 여부를 기업의 자율적인 판단에 따라 결정하도록 하며, 별도의 의무를 부과하지 않도록 한다.

○ 준법관리인의 자격

준법관리제도의 주된 업무가 법규 준수 관리 업무이므로 제도의 효율적인 운영을 위하여 일정한 자격과 경력을 갖춘 법률전문가로 하여금 준법관리인의 업무를 담당하도록 한다.

○ 준법감시인의 겸직

현재 금융기관을 대상으로 시행되고 있는 준법감시제도와의 조화를 고려하여,

준법감시인이 일정한 자격을 갖춘 경우에는 준법관리인을 겸할 수 있도록 한다.

○ 인센티브 방안

기업들의 자발적인 참여를 유도하기 위하여는 다양한 인센티브 방안이 필요하다. 또한 준법관리제도 도입 기업들의 예측 가능성 보장을 위해 인센티브의 내용과 그 부여 조건을 법률상 명확히 제시한다.

기업 내 준법관리인 제도는 전면적으로 도입되어 있지 않고 준법감시인 제도와 준법지원인제도로 일부 도입되어 있다. 준법감시인제도는「금융회사의 지배구조에 관한 법률」과「자본시장과 금융투자업에 관한 법률」에 의하여 도입되어 있다. 이에 의하면 금융회사(자산규모 등을 고려하여 대통령령으로 정하는 투자자문업자 및 투자일임업자는 제외한다)는 내부통제기준의 준수 여부를 점검하고 내부통제기준을 위반하는 경우 이를 조사하는 등 내부통제 관련 업무를 총괄하는 사람('준법감시인')을 1명 이상 두어야 하며, 준법감시인은 필요하다고 판단하는 경우 조사 결과를 감사위원회 또는 감사에게 보고할 수 있다. 금융회사는 사내이사 또는 업무집행 책임자 중에서 준법감시인을 선임하여야 한다. 다만, 자산규모, 영위하는 금융업무 등을 고려하여 대통령령으로 정하는 금융회사 또는 외국금융회사의 국내지점은 사내이사 또는 업무집행 책임자가 아닌 직원 중에서 준법감시인을 선임할 수 있다. 준법감시인의 임기는 2년 이상이다. 신용평가회사도 같다.

준법지원인제도는「상법」에서 규정하고 있다. 이에 의하면 자산규모 등을 고려하여 대통령령으로 정하는 상장회사는 법령을 준수하고 회사 경영을 적정하게 하기 위하여 임직원이 그 직무를 수행할 때 따라야 할 준법통제에 관한 기준 및 절차('준법통제기준')를 마련하여야 한다. 그리고 상장회사는 준법통제기준의 준수에 관한 업무를 담당하는 사람('준법지원인')을 1명 이상 두어야 한다. 준법지원인은 준법통제기준의 준수 여부를 점검하여 그 결과를 이사회에 보고하여야 한다. 준법지원인을 임면하려면 이사회 결의를 거쳐야 한다. 준법지원인의 임기는 3년으로 하고, 준법지원인은 상근으로 한다. 이 규정에 따라 준법지원인을 두어야 하는 상장회사는 사업년도 말 현재 자산총액 5000억원 이상인 회사이다. 하지만 준법지원인을 두지 않았을 경우 처벌하는 처벌규정은 없다. 강제성이 없어 확산과 정착에 어려움이 있다. 기업 내 법률가제도는 준법감시인, 준법지원인제도를 통하여 일부 도입되었으므로 이를 확대하고 정착시키는 것이 중요한 단계이다.

국회의 법률전문가

입법부의 법치주의를 제고하기 위하여 법률전문가를 활용하는 것은 제도화되어 있지 않다. 사법개혁과 관련하여 거의 모든 분야를 다룬 사법개혁위원회도 입법부의 법률전문가 활용에 대해서는 연구, 검토하지 않았다. 입법부에 대한 의견 권고가 행정부 또는 사법부의 월권으로 비칠 수 있어서 조심했기 때문일 것이다.

입법부에도 수준 높은 법치주의가 있어야 하고 이를 위해서 법률전문가를 적극 활용할 필요가 있다는 점은 분명하다. 입법부의 법률전문가는 국회의원의 법안 제출 등 의정활동과 윤리 수준을 높여 국회의 생산성을 제고할 수 있다. 지금 국회의 사정은 국회의원 스스로가 국회를 믿지 않을 정도로 악화되었다. 개별 국회의원의 의정활동 수준을 높일 필요가 절실하다. 이를 위해 필요한 제도가 법률전문가제도이다.

변호사 등 법률전문가 활용은 제도로서는 도입되어 있지 않지만 현실에서는 이미 많은 변호사들이 국회의원의 보좌관 또는 비서관으로 활동하고 있다. 그리고 국회사무처와 입법조사처 등에도 많은 법률전문가가 활동하고 있다. 2016년 9월의 『한국경제』 보도에 의하면 국회사무처 소속 직원 중 변호사 자격을 가진 사람은 30여 명이라고 한다(『한국경제』, 2016). 입법부의 법치주의 제고를 위한 법률전문가 활용 방안도 사법개혁의 일환으로 논의해야 할 때가 되었다.

입법부의 법치주의 제고를 위해서 국회의원들이 변호사 등 법률전문가를 보좌관이나 비서관으로 채용하도록 해야 한다. 법률보좌관들은 첫째, 법안 제출 시 법안의 완성도를 높이는 역할을 한다. 국회의원이 제출하는 법률안은 훌륭한 것도 있지만 완성도가 낮은 것도 있다. 인기영합적인 법률안 제출이 많은 것은 사실이다. 대표적인 사례로 잔혹범죄, 엽기적인 범죄가 발생했을 때 무조건 형량을 높여 엄벌에 처하려고 하는 법률안이 있다. 법률의 논리적 정합성, 타 법률과의 균형 등은 고려되지 않는다. 국회 입법조차서의 도움을 받으려고 해도 법률전문가가 부족하다. 잘못된 법률안, 완성도가 낮은 법률안은 법률안을 가다듬는 데에 많은 에너지를 쓰게 한다. 이를 방지하려면 국회의원의 입법 발의 단계에서부터 법률전문가가 결합할 필요가 있다.

둘째, 법률보좌관들은 국회의원의 범죄행위, 반윤리행위를 막을 수 있다. 국회의원의 대표적인 범죄행위인 뇌물에 대해서는 국회의원도 잘 알고 있어서 큰 문제는 없다. 문제는 범죄가 될지 안 될지 애매한 경우, 또는 윤리 위반에 대한 판단이 어려울 때이다. 최근 문제가 된 사례이지만 국회의원이 피감기관의 후원으로 해외연수를 간 경우는 관행이라고 하더라도 윤리적으로 혹은 법적으로 문제가 될 수 있다. 국회의원일 때 받은 정치자금을 자신이 운영하는 연구소에 후원하는 것도 문제가 된다. 이러한 사례는 건전한 상식으로는 해결하기 어렵다. 애매한 경우에는 법률 검토가 사전적으로 필요하다. 법률보좌관들의 활동은 국회의원의 범죄행위, 윤리위반 행위를 줄이는 긍정적인 역할을 할 것이다.

3. 국민주권주의 확대

촛불과 참여민주주의

촛불혁명은 직접민주주의의 전형으로서 국민주권주의 시대를 열었다. 이명박, 박근혜 정부 동안 민주주의 시스템은 대통령, 청와대, 검찰, 국정원, 경찰 등에 의하여 무너졌다. 국회는 행정부 견제 기능을 상실했다. 견제와 균형의 민주주의 시스템이 붕괴되면 직접민주주의, 직접행동민주주의가 등장할 수밖에 없다.

과거 대의민주주의가 지배적이던 때, 시민의 덕목은 복종과 저항이었다. "저항과 복종이 시민의 두 가지 덕이다. 시민은 복종을 통하여 질서를 보장하고 저항을 통하여 자유를 보장한다." 프랑스의 알랭의 표현이라고 한다 (앙드레 콩트-스퐁빌, 2010, 87쪽).

시민들은 평상시에는 복종을 통해 질서와 안정을 추구한다. 민주주의 시스템이 제대로 작동될 때, 대의민주주의 체제가 제대로 작동될 때, 시민들은 대표들이 행한 정치와 정책 결정에 승복한다. 그리고 질서와 안정, 평화를 확보한다. 위기 시의 시민의 덕목은 저항이다. 저항을 통해 자유와 인권을 지킨다. 민주주의 시스템이 제대로 작동하지 않을 때, 민주주의가 절대적인 위기에 처했을 때, 대의민주주의 체제가 붕괴되었을 때, 시민들은 저항한다. 민주주의를 위기에 빠뜨리는 권력이 적법하게 선거로 뽑혔더라도 시민들은 저항할 수 있고 또 저항해야 한다. 왜냐하면 민주주의 시스템의 핵심은 권력이 어떻게 생겨났는가 하는 권력의 기원이 아니라 권력에 대한 견제와 통제, 특히 시민의 권력에 대한 통제에 있기 때문이다(앙드레 콩트-스퐁빌, 2010, 87쪽). 비상시의 시민불복종과 저항권 개념은 리버럴리즘의 민주주의에서 불가결한 부분이다(정태욱, 2009, 47쪽). 이렇게 시민들은 저항을 통해 자신을 지킨다. 시민의 희생을 대가로 자유와 인권이 지켜진다. 그래서 자유와 인권이 위대한 것이기도 하다.

대의민주주의 시대를 거쳐 민주주의가 더 발전한 지금 시민의 덕목은 하나 더 늘어났다. 참여가 그것이다. 제2차 세계대전 이후 민주주의가 발전하면서 세계는 과거와 달라졌다. 한편으로는 과거보다 훨씬 평화로워졌으나 다른 한편으로는 과거보다 훨씬 위험해졌다. 이 시기의 특징은 국가권력이 급속히 팽창했다는 것이다. 대의민주주의로는 도저히 통제할 수 없을 정도로 국가권력이 팽창했다. 그중 행정부의 팽창은 특히 두드러졌다. 행정부의 힘이 입법부와 사법부를 압도했다.

국가권력이 팽창하자 국가권력을 통제하는 방법으로 시민들의 참여가 등장했다. 참여를 통해 시민들은 대의민주주의를 보완하고 민주주의를 확대한다. 그리고 국가권력의 횡포를 일상적인 수준에서 통제한다. 과거의 덕목인 복종과 저항은 너무 극단적이어서 평화적이면서도 위기상태인 현시기에 민주주의를 지키거나 만들기에는 부적절하다. 이때 중간 형태로서 등장한 것이 참여이다. 물론 복종과 저항은 여전히 시민의 덕목이다. 참여는 복종과 저항을 바탕으로 할 때에 더욱 힘을 갖는다.

복종과 저항에 더하여 참여가 등장하면서 국민주권시대가 본격화되었다. 참여라는 덕목이 등장하게 된 근본 배경에는 민주시민의 등장이 있다.

시민들의 교육수준, 교양수준이 절대적으로 높아졌다. 교양수준이 높은 절대 다수의 등장은 대의민주주의를 넘어 참여민주주의, 숙의민주주의를 출범시키는 근원이다.

촛불혁명은 저항이라는 형태로 시민의 덕목이 폭발한 것이다. 하지만 그 이전부터 계속되어온 꾸준한 참여가 바탕에 깔려 있다. 촛불혁명의 저항은 참여의 최고 형식이라고 할 수 있다. 일상적인 참여의 시대, 참여를 통하여 민주주의를 만드는 시대, 일상적인 참여를 가능하게 할 정도로 수준 높은 시민의 시대는 이미 시작되었다.

국민소환제, 국민발안제, 국민소송제

국민주권주의를 확대하는 제도로는 국민소환제, 국민발안제, 국민소송제도가 있다. 오랫동안 논의되어왔으나 실현되지는 못했다. 국민소환제, 국민발안제 등은 국회의원들의 권한을 줄이거나 견제하는 것이므로 국회의 반대가 심했다. 법을 만드는 국회의 반대가 심하니 제도는 도입되지 못하고 논의만 무성했다. 대의제 민주주의를 기본으로 하는 현대 민주주의 체제를 위협하는 요소로 보는 시각은 여전히 강고하다.

국민소환제, 국민발안제, 국민소송제도는 대의민주주의를 대체하거나 위협하는 제도가 아니다. 대의민주주의를 보완하고 대의민주주의와 함께 더욱 풍부한 민주주의를 만드는 역할을 한다. 국민들의 교육수준과 교양수준이 높아지고 국가기관의 권한이 확대된 지금 직접민주주의를 실현하는 이 제도들의 필요성은 더욱 높아졌다. 2016년 촛불혁명은 한국의 국민주권시대를 활짝 열었다. 국민주권시대의 다른 말이 직접민주주의라는 점에 비추어 보면 국민주권주의를 확대하는 제도를 시급하게 도입할 필요가 있다.

국민소환제와 국민발안제는 문재인 대통령의 개헌안에도 포함되어 있다. 권력의 감시자 및 입법자로서 직접 참여하고자 하는 국민의 요구를 반영하여 국민이 국회의원을 소환하고 직접 법률안을 발의할 수 있도록 하는 등 직접민주제를 대폭 확대하여 대의민주주의를 보완한다는 것이다. 다만 구체적인 사항은 법률로 정하도록 되어 있다. 개헌안은 추상적인 차원에서 국민소환제와 국민발안제를 제안했다. 구체적인 내용은 더 논의되어야 하겠지만 개헌안으로 제안되었다는 것 자체가 이 제도가 현재 시급하게 필요한 제도라는 것을 보여준다.

국민소송제도는 국민주권주의를 예산에 적용하는 제도이다. 국민소송제도는 국가, 공공기관 등의 위법행위로 예산 낭비가 발생할 경우 이를 환수하도록 국민이 직접 소송을 제기할 수 있는 제도이다. 2006년부터 주민소송제도가 도입되어 있는 지금, 국민소송제도 도입을 늦출 이유는 없다. 국민소송제도 도입과 관련하여 2004년 사법개혁위원회는 다음과 같이 건의했다(사법개혁위원회, 2005, 442쪽).

현재 정부에서 입법 추진 중인 주민소송제도(지방자치단체의 예산 집행 과정에서 발생할 수 있는 공무원의 위법부당한 정책 수립 내지 집행으로 인한 예산의 부정집행과 낭비에 대한 사법적 통제제도)의 도입은 바람직한 방향이라고 볼 수 있고, 앞으로 그 시행 경과를 지켜보면서 중앙정부의 공무원 등을 상대로 하는 유사한 사법통제제도 등의 도입 가능성에 대하여도 검토할 필요가 있습니다.

이러한 문제의식은 사법제도개혁추진위원회의 국민소송에 관한 법률안 마련으로 이어졌다. 다음은 그 주요 내용이다(사법제도개혁추진위원회, 2006, 310~312쪽).

○ 목적(제1조)
국가의 재정 낭비를 방지하고 재무회계행위의 건전성을 확보함에 있다고 규정함으로써 국민소송의 도입 취지가 공공기관의 행정작용 전반에 대한 적법성 확보가 아니라 국가재정과 관련된 재무회계행위의 적법성 확보에 있음을 명확히 함.

○ 대상기관(제2조)

지방자치단체와 그 장을 제외하고 국가예산이 투입되는 모든 공공기관을 국민소송의 대상으로 하는 것을 원칙으로 하여 중앙행정기관 이외의 정부산하기관 등도 대상기관에 포함시킨다. 다만, 국회, 법원, 헌법재판소 등 헌법기관의 재무회계행위에 대한 사법심사는 헌법기관의 자율성을 보장하는 헌법 규정과 권력분립 원칙에 반할 우려가 있으므로 대상기관에서 제외하고, 같은 취지에서 대통령, 국무총리, 감사원도 국민소송의 대상에서 제외한다.

○ 국민감사 청구와 국민소송의 대상, 감사기관(제3조, 제10조 제1항)

국민감사 청구와 국민소송의 대상을 동일하게 공공기관의 공금의 지출, 재산의 관리·취득·관리·처분, 계약의 체결·이행 및 공금의 부과·징수의 해태 즉 재무회계사무의 처리로 규정한다.

다만, 수사 또는 재판에 관여하게 되는 사항, 동일한 사항에 대하여 국민소송의 어느 한 유형에 해당하는 소송이 계속 중이거나 본안판결이 확정된 사항, 중대한 국가기밀·안전보장에 관한 사항은 감사 청구의 대상에서 제외한다.

중앙행정기관 및 그 소속기관의 재무회계사무의 처리에 대해서는 중앙행정기관의 장을, 그 밖의 공공기관의 재무회계사무의 처리에 대해서는 관계법령에 의하여 당해 공공기관의 업무를 관장하는 중앙행정기관의 장을 감사기관의 장으로 한다.

○ 감사청구전치주의와 그 예외(제9조)

국민소송 남발에 따른 국가행정의 혼란을 예방하고 법원의 심리 부담을 완화하고자 필수적 감사청구전치주의를 채택한다. 다만, 청구인의 대표자가 감사 결과의 통지를 기간 내에 받지 못하거나 중대한 손해를 예방하여야 할 긴급한 필요가 있는 경우에는 감사 결과를 기다리지 않고 곧바로 국민소송을 제기할 수 있는 예외를 인정한다.

○ 국민소송의 종류(제10조 제1항 각호)

　국민소송은 민중소송으로서 법률이 정한 경우에 법률이 정한 자에 한하여 제기할 수 있는 것이고, 법이 정한 소송 이외에 무명소송의 난립을 방지하기 위해 구체적으로 소송유형을 법률로 정한다.

　구체적인 유형은 행위의 전부 또는 일부의 중지를 구하는 소송(제1호 소송), 당해 행위의 취소 또는 무효확인 소송(제2호 소송), 당해 해태사실의 위법확인을 구하는 소송(제3호 소송), 손해배상 등을 청구할 것을 요구하는 소송(제4호 소송)으로 4가지 종류이며, 이는 현행 주민소송제도와 동일하다.

○ 비용 및 보상금의 지급(제23조, 제24조)

　국민감사 청구 및 국민소송 제도의 활성화를 위하여 국민소송의 원고가 승소한 경우 변호사 보수 등 소송비용 외에 감사청구절차의 진행 등을 위하여 소요된 경비 기타 비용을 피고인 공공기관이 부담하도록 하는 규정을 마련한다. 국민소송제도의 활성화를 위한 인센티브를 제공하고 내부고발자 보호 차원에서 승소한 국민에게 감사청구절차 진행을 위한 비용과 소송비용 외에 일정액의 승소보상금을 지급하는 근거규정을 마련하고, 구체적인 보상금의 지급 기준, 지급 범위에 관하여는 대통령령에 위임한다.

○ 담보제공의무(제25조)

　국민소송이 제기된 경우 법원은 피고의 신청에 따라 원고에게 변호사 보수 등 소송비용에 대한 담보를 제공할 것을 명할 수 있다. 이는 필수적 국민감사청구전치주의의 채택, 감사 청구에 있어 국민연서 요구, 감사청구기간의 제한, 제소기간의 제한, 동일 사항에 대한 별소 금지 규정과 함께 남소 방지를 위한 대표적 제도에 해당한다.

법무부는 국민소송제도를 2018년 하반기에 도입하기로 결정하고 이를 추진하고 있다. 하지만 구체적인 법안은 아직 제출되지 않았다. 법안의 성안과 제출 시기를 생각해보면 2018년의 입법은 어려워 보인다. 국민소송제도의 의의를 생각해보면 신속한 법안 마련이 필요하다.

4. 군 사법제도 개혁

미완의 과제

군인은 제복을 입은 시민이다. 군 장병의 자유와 인권은 시민과 같은 수준
에서 보호되어야 한다. 군대 역시 대한민국의 조직이다. 군대에도 법치주
의가 적용되어야 한다. 군에 사회의 법치주의와 같은 수준의 법치주의가
적용되어 법에 의한 행정을 하고 정당한 견제와 감시를 받을 때 우리 군은
민주화될 수 있고 안전한 군이 될 수 있다.

민주화된 군은 장병들에게 군의 특수성에 의하여 제한되는 자유와 권리
를 제외한 일반적인 자유와 권리를 보장한다. 안전한 군은 사건사고가 발
생하지 않는 군이고 사건사고가 발생하더라도 그 원인을 정확히 규명하여
책임자를 처벌하고 재발을 막는 군이다. 시민들이 자녀를 안심하고 보낼
수 있는 군대를 말한다.

군 사법제도 개혁은 꾸준히 논의되어왔다. 군 장병에 대한 비인간적인
대우와 잦은 군내 사고는 사법제도 개혁의 필요성을 호소해왔다. 2004년
사법개혁위원회도 군 사법제도 개혁을 건의했다. 건의문은 구체적이고 정
밀하다. 그만큼 군의 사법제도는 문제가 많고 개혁할 내용도 많다는 것을

의미한다(사법개혁위원회, 2005, 434~435쪽).

○ 군사재판의 독립성·공정성 강화

군사재판의 독립성을 더욱 강화하기 위하여, 국방부 소속의 군관사단에서 각급 부대를 순회하는 순회재판을 실시하는 것이 바람직합니다.

군판사는 군법무관 또는 민간 법조인력 중에서 선임하고, 군판사에 대한 인사권을 각 군의 지휘권으로부터 실질적으로 독립시켜 국방부장관이 행사하되, 공정성이 보장될 수 있도록 군판사인사위원회를 설치할 필요가 있습니다.

군사법원의 심판관제도는 평시에는 폐지하는 것이 바람직합니다. 다만, 민간법원에서 국민의 사법참여제도를 도입하는 경우에는 군사법원에도 그 도입을 고려할 필요가 있습니다.

군사법원의 재판 결과에 대하여 지휘관이 형을 감경할 수 있는 제도인 관할관의 확인감경권제도는 평시에는 폐지하는 것이 바람직합니다.

○ 군검찰의 독립성, 군사법경찰에 대한 통제권 강화

군검찰의 독립성을 강화하기 위하여 군검찰의 조직을 국방부의 소속으로 통합하여 단위 부대의 장으로부터 독립적으로 활동하도록 하는 방안이 바람직합니다.

군검찰에 대한 인사는 국방부에서 실시하고, 군검찰관은 군법무관 또는 민간 법조인력 중에서 선임할 필요가 있습니다.

군수사기관이 인권을 침해하지 않도록 하고 수사절차가 적법하게 이루어지도록 하기 위하여 구체적 사건에 있어서 군검찰에게 군사법경찰에 대한 수사지휘권을 부여할 필요가 있습니다.

이를 뒷받침하기 위하여 군검찰에게 구체적 사건에 대한 사후감찰권 및 군사법경찰에 대한 징계·해임·체임 요구권을 부여할 필요가 있습니다. 이때 징계·해임·체임 요구를 받은 해당 지휘관은 행정처분 후 군검찰에 통보하도록 할 필요가 있습니다.

○ 징계영창제도의 공정성 강화

징계영창제도의 공정성을 강화하고 인권침해 소지를 없애기 위하여, 각급 부대에 '인권담당 법무관'을 두어 징계영창의 적법성을 심사하는 한편, 징계영창 처분을 취소할 수 있는 권한을 부여하며, 징계영창처분에 대하여 항고하는 경우에는 집행을 정지하는 제도를 도입할 필요가 있다는 것이 다수의견입니다. 한편, 징계영창제도는 영장주의에 위반되어 위헌의 소지가 있으므로 이를 폐지하고, 합리적인 대체 징계수단을 마련하여야 한다는 소수의견이 있었습니다.

○ 미결 피의자의 구금시설 개선

군사재판이 종결될 때까지 구속된 피의자 및 피고인을 군사법경찰의 수감시설에 구금하도록 되어 있는 미결구금제도를 개선하여 적어도 군검찰 수사 단계 이후부터는 군사법경찰로부터 분리된 별도의 미결구금시설에 수감하는 것이 바람직합니다.

사법개혁위원회의 건의는 사법제도개혁추진위원회의 군 사법제도 개혁 법안 마련으로 이어졌다. 하지만 군 사법개혁은 국회의 문턱을 넘지 못하고 좌절되었다. 국방개혁의 일환이면서 사법개혁의 일환이었던 군 사법개혁은 정부가 법안을 제출하고 법안 통과를 위해 최선을 다했음에도 국회에서 입법화되지 못했다. 이명박, 박근혜 정부 동안 군 사법제도개혁은 중단되었다.

문재인 정부 들어 군 사법개혁은 다시 시작되었다. 국방부는 2018년 2월, 군 영창제도 폐지, 군 인권보호관 설치, 피해자에 대한 국선변호사 도입, 고등군사법원 폐지 후 군 항소법원 서울고등법원 이관, 1심 군사법원 국방부 소속 전환 및 5개 지역 통합 설치, 장병참여재판제도 도입, 평시 관할관확인조치권 폐지, 평시 심판관제도 폐지, 지역군사법원장 민간화, 각급 부대 검찰부 폐지 후 각군 참모총장 소속 검찰단 설치, 군검찰의 군사법 경찰에 대한 수사지도권 도입, 수사와 작전 헌병 분리 등 군 사법개혁 방안을 마련했다(국방부, 2018). 사법개혁위원회와 사법제도개혁추진위원회의 개혁 방안을 반영한 바람직한 개혁 방안이다. 다만 아직 입법에는 성공하지 못하여 개혁은 완결되지 못한 상태이다.

군 사법제도 개혁이 제대로 되지 않으면 군 장병의 인권은 제대로 보장되지 못한다. 총기 사건, 군납비리, 방산비리 등 군 내부의 사건사고에 대한 충분한 수사와 재판도 이루어지지 않는다. 군 장병 인권침해 사건, 방산비리 등이 계속 발생하는 것은 이들 문제가 부분적인 일탈행위가 아니라 구조적인 문제임을 말해준다. 좋은 제도를 가지고 있으면 계속 발생하는 동일한 사건, 사고를 막을 수 있다.

개헌과 함께 모색하는 군 사법제도 개혁

과거의 군 사법제도 개혁과 지금의 군 사법제도 개혁은 차이가 있다. 지금의 군 사법제도 개혁은 헌법 개정과 함께 연구되어야 한다. 지금 대부분의 개헌안은 평시 군사법원 폐지를 제안하고 있다. 만일 평시 군사법원이 폐지된다면 대규모의 군사법원과 군 검찰을 상정하는 현재의 군 사법제도 개혁은 다시 검토되어야 한다.

문재인 대통령의 개헌안은 "군인 또는 군무원이 아닌 국민에 대한 군사재판권이 지나치게 넓다는 지적이 있으므로, 군인 또는 군무원이 아닌 국민은 원칙적으로 군사재판을 받지 않는다는 점을 분명히 하고, 비상계엄이 선포되어 일정한 요건을 갖춘 경우에만 군사재판을 받도록" "비상계엄 선포 시 또는 국외 파병 시의 군사재판을 관할하기 위하여 특별법원으로서 군사법원을 둘 수 있다"라는 개정안을 제안하고 있다. 즉, 군사법원은 비상계엄 선포 시 또는 국외 파병 시에만 둘 수 있고 평시에는 군사법원은 두지 않도록 되어 있다. 대통령의 개헌안은 군 사법제도 개혁의 최종적인 목적을 잘 보여준다.

개헌안이 무산된 이후 군 사법제도 개혁은 정체 상태이다. 개헌으로 문제를 해결하면 가장 좋겠지만 개헌이 불가능하게 된 이상 차선책을 마련해야 한다. 차선책은 이미 국방부 차원에서 마련한 바 있다. 차선책이라도 제대로 추진되어야 한다. 그래야만 군 장병의 인권 보호와 방산비리와 같은 부정부패 사건을 조금이라도 막을 수 있다. 그리고 개헌안의 진정성도 확인할 수 있다. 평시 군사법원 폐지라는 개헌안의 정신을 살리기 위해서도 군사법원과 군검찰의 독립성과 중립성을 확대하는 개혁이 필요하다.

제6장
시대와 판결, 윤리와 신뢰

1. 시대와 판결

법원의 존재이유, 판결

법관은 판결로 말한다는 격언이 있다. 법관은 다투고 있는 사안에 대해 유권적인 판단을 내린다. 신중하고 공정한 심리를 거쳐 판결을 내리는 것이 법관의 존재이유이다. 법관의 판결로 분쟁과 다툼은 종식된다. 불안정한 사실관계, 법률관계는 확정되고 개인과 사회는 안정을 찾는다. 라드부르흐가 말한 법의 이념 중의 하나인 정의는 판결을 통하여 확보되고 또 다른 법의 이념인 법적 안정성은 판결이 확정됨으로써 확보된다. 정의를 통하여 사회관계가 안정되어야 안전도 확보하고 미래를 설계할 수 있다. 판결은 법관, 법원의 존재이유이다.

한편, 사회의 변화는 법원 판결의 변화를 가져온다. 새로운 사실관계가 나오고 사회의 인식이 바뀐다면 판결은 바뀔 수 있고 또 바뀌어야 한다. 사회의 변화는 법원의 변화를 부르고, 법원의 변화는 판결의 변화를 초래한다. 법원의 변화, 판결의 변화는 항상 사회의 변화보다 늦지만 법률해석을 독점하는 법원의 판결은 사회의 변화를 공인하는 의미가 있다.

한국 사회를 바꾼 사건 중 법원의 판결이 포함되는 것은 이 때문이다.

대법원이 2008년 사법 60주년을 맞아 선정한 '한국을 바꾼 시대의 판결' 12건은 한국 사회의 변화를 잘 보여준다. '한국을 바꾼 시대의 판결' 12건에는 ① 1988년의 여성 전화교환원 정년을 남자와 같다고 한 여성정년 판결, ② 2005년의 여성 종중원 지위 인정 판결, ③ 2006년의 성전환자 호적 정정 허가 판결, ④ 1997년 전두환·노태우 내란 사건 판결, ⑤ 1990년 공익소송의 효시라고 하는 서울 망원동 수재 손해배상 사건, ⑥ 1992년의 진술거부권을 알리지 않고 얻은 진술의 증거능력을 부인한 신이십세기파 사건, ⑦ 2007년의 적법한 압수수색 절차를 거치지 않은 증거의 증거능력을 부인한 김태환 제주지사 사건 등이 있다. 일반 시민들에게도 친숙한 판결들이다. 한국 사회를 바꾼 판결이지만, 정확하게 이야기하면 바뀐 한국 사회의 현실을 법적으로 인정해준 판결들이다.

하지만 한국을 바꾼 판결에는 대법원이 자랑할 만한 판결만이 있는 것은 아니다. 대법원이 부끄러워할 만한 사건도 많이 있다. 1974년의 판사들이 가장 부끄러워한다는 인혁당재건위 및 민청학련 사건, 같은해의 조작간첩 사건인 울릉도 간첩조작 사건, 1980년 김대중 내란음모 사건, 1982년 법원의 가장 치욕스러운 판결이라 할 수 있는 송씨 일가 사건, 1986년 성고문 경찰관에 대한 재정신청 사건, 1991년의 강기훈 씨 유서 대필 사건 등이 있다. 이외에도 수많은 사건이 있다. 대표적으로 위헌인 긴급조치로 처벌을 받은 사건들이 있다. 피해자를 중심으로 보면 야당 정치인 사건, 민주주의 활동가 사건, 인권운동가 사건, 학생과 노동자, 농민 사건 등이 있다. 국가보안법을 들이대어 무고한 사람을 간첩으로 만들고 이적행위자로 만든 판결도 수없이 많다. 모두 법원이 부끄러워해야 하는 판결이다. 이 사건들 중 제법 많은 사건들이 재심을 통해 무죄를 확인받고 있다. 하지만 모든 사건이 정리된 것은 아니다.

판결, 그것도 중대한 사건에 대한 판결에는 법관의 법률지식만이 들어 있는 것이 아니다. 법관의 가치관도 들어 있다. 지금까지는 국가권력이 정해준 길을 걸어간 보수적인 판결이 절대 다수였다. 어쩌다 간혹 민주적이고 양심적인 판결이 있었다. 민주주의가 정착되면서 이러한 변화의 가능성은 조금 커졌다. 민주주의가 발전하면서 사회의 변화를 온몸으로 받아들이는 개방적인 자세, 미래를 전망하는 날카로운 지혜가 판결에 반영되는 경우가 조금씩, 진짜 조금씩 늘어나고 있다. 하지만 아직 부족하다. 민주주의 시대, 촛불혁명의 시대에 사회의 변화를 받아들이며 미래를 전망하는 지혜를 반영하는 판결이 더욱 절실하다.

한편 법관은 판결로 말한다는 명제가 법관의 의사표현의 자유, 활동의 자유를 제한하는 것으로 해석되어서는 안 된다. 법관은 판결로 말한다는 명제는 재판에 관해서 유권적인 해석을 할 때에만 적용된다. 이를 과장하면 법관의 일반 행동의 자유를 제한하고 법관이 재판 이외의 사건에 대해 의견을 말하는 것을 금기시한다. 법관 윤리강령은 "법관은 품위 유지와 직무 수행에 지장이 없는 경우에 한하여, 학술활동에 참여하거나 종교·문화 단체에 가입하는 등 직무 외 활동을 할 수 있다"고 규정하여 제한적으로 법관의 재판 외 활동을 허용한다.

현실에서 윤리강령은 법관의 의사표현을 가로막는 결과를 낳는다. 법관이 인간인 이상 어찌 판결로만 말을 할 수 있겠는가. 사법부의 독립과 법관의 독립이 위태롭다면 법관이 판결문 뒤에 숨어 아무 말도 안하는 것이 과연 바람직한가. 대한민국의 민주주의가 위기에 처했을 때, 시민의 인권이 위기에 처했을 때, 어찌 사건이 발생하기를 기다려 재판을 한 다음 판결로 말해야 하겠는가. 당연히 법관들도 사법부의 독립, 법관의 독립, 민주주의와 인권에 대하여 말을 할 수 있고 또 책임 있게 말해야 한다. 법관은 판결로 말한다는 것을 오해해 법관의 의사표현의 자유를 막아서는 안 된다.

다만 법관의 개인적이거나 집단적인 의견표명, 사법부의 독립, 법관의 독립, 민주주의와 인권에 대한 의사표현은 판결만큼 영향력이 없다는 점 또한 분명하다. 법관이 아니라 민주시민으로서의 의견표명이기 때문이다. 다른 국가기관을 구속하지도 못한다. 판결과 의사표현의 자유는 상충하는 것이 아니다.

미란다 판결, 그리고 대법원 구성의 다양화

판결로 세상을 바꾸는 것은 대법원 구성의 다양성보다 훨씬 중요하다. 세계를 바꾼 판결 중 가장 유명한 판결은 아마 미국 연방대법원의 '미란다 판결'(1966)일 것이다. 법률가가 아닌 보통 사람도 이 판결은 들어본 적이 있을 것이다. 이 사건에서 미국 연방대법원은 경찰이 피의자를 신문하기 전에 다음의 내용을 피의자에게 알려야 한다고 선언했다. ① 침묵할 권리가 있다는 사실, ② 피의자의 진술은 불리한 증거로 사용될 수 있다는 사실, ③ 변호인과 동석하고 조언을 구할 권리가 있다는 사실, ④ 돈이 없으면 국선변호인의 도움을 받을 권리가 있다는 사실 등이 그것이다. 경찰은 이에 대한 피의자의 의사를 확인한 이후에만 신문을 시작할 수 있다. 만일 위 내용을 고지하지 않았다면 피의자의 자백은 위법하게 수집한 증거로서 증거로 사용할 수 없다. 피의자, 피고인이 묵비권 또는 변호인접견권을 요구하면 그 즉시 모든 신문은 중단되어야 한다. 이상의 법리를 바탕으로 미국 연방대법원은 18세 소녀를 납치, 강간한 혐의로 수사를 받았던 미란다의 자백은 진술거부권이 고지되지 않은 상태에서 이루어진 위법수집증거로서, 법정에서 증거로 사용할 수 없다고 그에게 무죄를 선고했다. (하지만 그 이후의 미란다의 운명이 역사적인 명성에 걸맞은 것은 아니었다. 그는 술집에서 붙은 시비 끝에 칼에 찔려 죽음을 맞았다.)

이 판결로 진술거부권 고지, 변호인의 도움을 받을 권리, 위법하게 수집된 증거는 증거로 사용할 수 없다는 원칙 등이 확립되었다. 이 판결은 위법수사를 통제하고 피의자, 피고인의 인권을 보호하는 데에 전환점이 되었다. 미란다 판결은 어마어마한 중요성을 가지고 전 세계로 수출되었다. 우리나라는 위에서 본 대로 민주화 이후인 1992년과 2007년에 대법원 판결로 이를 받아들인다. 나아가 우리 형사소송법은 피의자신문을 하기 전에 ① 일체의 진술을 하지 아니하거나 개개의 질문에 대하여 진술을 하지 아니할 수 있다는 것, ② 진술을 하지 아니하더라도 불이익을 받지 아니한다는 것, ③ 진술을 거부할 권리를 포기하고 행한 진술은 법정에서 유죄의 증거로 사용될 수 있다는 것, ④ 신문을 받을 때에는 변호인을 참여하게 하는 등 변호인의 조력을 받을 수 있다는 것을 알려주도록 규정하고 있다(형사소송법 제244조의3①).

미란다 판결은 1960년대에 계속되어온 시민의 권리 확대라는 시대의 흐름을 반영한 판결이면서 또한 이 경향을 확실하게 만든 판결이었다. 그런데 미란다 판결은 5:4로 간신히 과반수를 넘겼다. 만약 딱 한 사람만 반대의견 쪽에 섰다면 이 판결은 나오지 않았을 것이고, 미국을 바꾸지도 못했을 것이다. 당연히 우리를 포함한 전 세계 인권법, 형사소송법에 어떤 영향도 미치지 못했을 것이다. 단 1명으로 다수의견이 된 것이 바로 미란다 판결이다.

미란다 판결은 우여곡절 끝에 만들어졌지만 살아남았다. 이 판결은 유명한 얼 워런 대법원장 체제에서 만들어진 판결이다. 이 판결로 수많은 사람들이 혜택을 보고 있지만, 사람들은 이 판결만을 기억할 뿐 이 판결을 만든 법관들은 기억하지 않는다. 그것이 5:4로 결정되었다는 사실도, 4명의 소수의견도 기억하지 않는다.

우리 사정에 비추어 보면 다음과 같이 생각할 수 있다. 우선 대법원 구성이 다양화되어야 미란다 판결처럼 인권을 옹호하는 판결이 나올 가능성이 커진다. 대법원 구성이 다양화되지 않고 구태의연하게 계속 고위직 법관 출신의 대법관으로만 채워진다면 인권옹호적인 판결을 만들기 어렵다. 긴급조치 위헌 판결은 1987년 6월 민주항쟁으로부터 23년이나 지난 2010년이 되어서야 겨우 나온다. 대법원 구성이 먼저 다양화되어야 인권을 옹호하는 판결이 나올 가능성이 커진다. 하지만 대법원 구성은 역사에 남지 않는다. 판결만이 남을 뿐이다. 대법원이 어떻게 구성되는가, 그리고 얼마나 다양하게 구성되는가는 판결로 나타나지 않는 한 의미가 없다. 다양한 사회의 가치가 소수의견에 머물러서도 의미가 없다.

대법원 구성의 다양화는 좋은 판결을 위한 필요조건일 뿐 충분조건은 아니다. 다른 수많은 조건이 충족되어야 한다. 민주주의의 발전, 인권옹호 체제의 확립, 경제적 발전, 시대정신의 발견, 법치주의 발전, 사회 공정성 강화, 정치적 발전, 사법부의 독립, 법관의 독립, 좋은 대통령, 좋은 대법원장과 대법관, 법원의 민주화, 시민의 참여 등 여러 조건이 함께 갖추어져야 한다. 대법원 구성의 다양화는 그 조건 중의 하나이다. 대법원 구성이 지금과 같이 법원 중심의 획일적 구조라면 좋은 판결이 나올 수 없다는 것은 분명하다. 당장 할 수 있는 것은 대법원 구성의 다양화라는 점도 명확하다. 하지만 이것만으로는 부족하다. 대법원 구성의 다양화는 판결로 표현되어야 한다.

이용훈 대법원장 체제와 다섯 명의 소수의견 대법관

이용훈 전 대법원장 체제는 6년간 지속되었다. 이 기간 동안 대법원의 다양화는 대폭 진전되었다. 시대의 흐름을 따르는 좋은 판결도 있었고 소수의견도 많이 나왔다. 다만 이용훈 전 대법원장 체제 6년 동안 일관하여 대법원 구성의 다양화를 바탕으로 좋은 판결이 쏟아져나온 것은 아니다. 후반기로 갈수록 개혁의 동력은 떨어졌고 개혁적인 판결은 줄어들었다. 시대정신에 맞는 판결이라 하더라도 소수의견에 그친 경우가 많았다. 하지만 우리 역사상 가장 많은 진보적인 판결이 나온 시기임은 틀림없다. 소수의견이라고 하더라도 대법원 판례로서 공식적인 기록으로 남았다.

다수의견과 소수의견의 대결은 그 자체로 의미가 있다. 기존의 판결을 답습하는 다수의견은 소수의견을 맞아 자신을 방어하기 위하여 더욱 논리를 가다듬어야 한다. 그냥 다수로 밀어붙일 수는 없는 상황이 된 것이다. 소수의견 역시 다수의견을 바꾸려면 치밀한 이론과 논리를 개발해야 한다. 이 과정에서 법이론은 발전하고 판례 역시 발전한다. 이것만으로도 큰 진전이다.

과거 보수 일색의 대법원, 그것도 한국의 기득권층에 기생했던 대법원 체제는 특별한 논리도 없이 보수적인 판결을 내렸고 보수적인 판결은 판례라는 이름으로 한국을 지배했다. 논쟁은 아예 허락되지 않았다. 논쟁을 하려는 사람들은 모두 감옥을 갔거나 법관이 되지 않았기 때문이다. 이용훈 전 대법원장 체제가 되면서 의미있는 소수파가 등장했다. 다수파도 이제 이심전심으로 판결을 선고하던 시대, 맹목적으로 1960년대, 70년대의 판례를 따라 재판을 하던 시대가 끝났음을 깨달았다. 소수파의 등장으로 그동안 무시되었던 의미있는 논쟁이 대법원에서 벌어졌다. 우리가 이용훈 전 대법원장 체제에서 보았던 상황은 바로 이것이었다.

대법원의 논쟁, 다수의견과 소수의견을 둘러싼 논쟁은 다섯 명의 대법관 덕분에 가능했다. 박시환, 김지형, 김영란, 전수안, 이홍훈이 그들이다. 이들은 기존에 확립되어 있었던 대법관 코스를 밟지 않았지만 대법관이 되었던 인물들이다. 법원 내부에서 대법관으로 훈련받지 않았다. 그래서 이들은 과감하게 소수의견을 썼다. 이들의 존재로 대법원의 기능을 활성화되었고 우리 법치주의와 법문화의 수준은 높아졌다. 법이론도 발전했다. 이들의 노력은 대법원 구성의 다양화가 판결에 어떤 영향을 미치는지를 잘 보여주었다. 우리의 법치주의, 법문화, 법이론을 고민하는 전문가, 실무가,

일반 시민은 이 다섯 명의 대법관에게 큰 빚을 졌다. 이러한 체제를 가능하게 한 이용훈 전 대법원장과 노무현 대통령에게도 빚을 졌다.

소수의견을 낸 다섯 명의 존재와 활동은 세 가지를 보여준다.

첫째, 대법원은 법원의 엘리트 판사들만으로 구성해서는 안 된다. 기존 시스템과 기존 판례에 의문을 제기하는 사람이 대법관이 되어야 한다. 법원에서 먼 사람이어야 기존 판례에 의문을 제기한다. 법원행정처에서 근무한 판사보다는 재판만 했던 판사가, 법원에서 인정하는 엘리트 판사보다는 평범한 판사가, 법원 내부 출신보다는 법원 외부 출신이 더 필요하다.

둘째, 소수의견을 쓰는 대법관의 수는 최소한 다섯 명이 되어야 한다. 그래야 파괴력이 있다. 한두 명으로는 소수의견의 구성 자체가 불가능하다. 대법원 전원합의체에 의견을 올릴 수도 없다. 다수의견이 무시해도 반발할 수 없다. 최소한 다섯 명이 되어야 다수의견도 무시할 수 없다. 대법원 전원합의체에 사건을 회부할 수도 있고 다수의견을 설득할 수 있다.

셋째, 슬픈 이야기이지만, 다섯 명으로는 전원합의체의 다수를 점해서 대법원 판례를 바꿀 수 없다. 다섯 명의 대법관들은 대법원 구성의 다양화를 달성했고 소수의견을 통해 법치주의, 법문화, 법이론의 발전을 선도했다. 몇몇 중요한 사건에서는 다른 대법관을 설득하여 대법원 판례를 바꾸었다. 형사법의 관점에서 보면 위법한 압수수색 과정에서 취득한 증거를 증거로 사용할 수 없다는 위법수집증거배제법칙을 확인한 판결은 획기적이다. 다섯 명의 대법관의 노력이 돋보이는 순간이라고 할 수 있다.

하지만 다른 사건들에서는 이들은 여전히 소수파였다. 소수의견은 법이론 차원에서는 굉장한 발전이지만 현실에서는 무력하다. 대법원의 입장으로 남지 않는다. 국가의 공식적인 의견이 아니다. 다른 국가기관을 강제하지 못한다. 법학 교과서에서 소수의견으로 소개될 수도 있지만, 대부분 무시당한다. 미란다 판결에서 소수의견은 다수의견보다 한 명이 부족했을 뿐이지만 아무도 기억하지 않는다. 판결문이 공개될 때에는 소수의견은 빛나 보이지만 세월이 지나면 소수의견은 잊혀진다.

소수의견은 다수의견이 될 수 있다는 가능성만을 가지고 있다. 그 가능성을 이용훈 전 대법원장 시절 다섯 명의 대법관들이 시험했다. 그 임무는 충분히 달성되었다. 일부 사건에서는 다수의견을 만들었고, 대부분의 경우 대법원 판결문에 소수의견을 남겼다. 촛불혁명을 거치고 민주주의가 더 발전한 지금 인권친화적이고 권력견제적인 의견, 국민의 자유와 인권을 지키는 의견, 사회 공정성을 확대하는 의견은 대법원의 다수의견이 되어야 한다. 시대의 흐름을 정면으로 보고 이에 대응하는 소수의견은 다수의견이 되어야 한다. 이것은 후임 대법관들의 임무다. 하지만 대법관이 다양하게 구성되지 않는다면, 그리고 대통령, 대법원장이 민주적이고 개방적인 인물이 아니라면 아예 소수의견을 쓸 기회조차 보장받지 못할 가능성이 크다. 우리는 이러한 현상을 양승태 전 대법원장 체제에서 보았다.

양승태 전 대법원장 체제가 어떠했는지가 점점 드러나고 있다. 판사가 판사를 사찰하고 청와대와 교감하면서 판결을 조작하려고 시도하고 상고허가제를 관철하기 위해 사법부의 독립, 법관의 독립을 저버렸다. 이 정도면 대법원장이라고 할 수도 없고 법관이라고도 할 수 없다. 불법과 범죄를 가리지 않는 노회한 정치인으로 보일 뿐이다. 이런 인물이 우리의 사법부를 6년 동안 이끌어왔다는 사실이 놀라울 뿐이다.

양승태 전 대법원장 체제에서 대법원 구성의 다양화는 실종되었다. 법원, 그것도 법원의 핵심에서 훈련된 인물들이 대법원을 채워나갔다. 성별의 다양화는 그나마 유지되었지만, 그것도 법원의 핵심에서 훈련된 인물들로 구성된 성별의 다양화, 제한된 의미의 다양화였다. 법원과 인연이 없는 외부인사는 아무도 대법관이 되지 못했다. 다섯 명의 소수의견 대법관은 배출되지 못했다.

그 결과 국민의 자유와 권리를 확대시키는 것이 아니라 오히려 축소시키는 판결이 쏟아졌다. 법치주의는 순식간에 후퇴했다. 법문화와 법이론 역시 후퇴했다. 논쟁은 사라지고 전원일치의 대법원 전원합의체 의견이 나왔다. 시대의 흐름에 역행하는 판결은 대법원 구성의 다양화 실종 탓만은 아니다. 이명박, 박근혜 정부 동안의 민주주의와 인권 퇴행의 영향이기도 하다. 하지만 정권이 변하더라도 사법부의 역할이 변하는 것은 아니다. 대법원 구성이 다양했다면 국민의 자유와 인권을 지키는 최소한의 역할은 했을 것이다.

이런 면에서 양승태 전 대법원장 체제는 나쁜 판결 양산의 시대로 정리된다. 평가는 결과에 근거해 이루어질 수밖에 없다. 대법원장 시대의 평가는 역시 판결로 이루어진다. 양승태 전 대법원장 체제의 영향은 아직도 계속되고 있다. 대법관 13명이 나서서 재판거래 의혹이 없다고 주장하면서 판사 블랙리스트와 재판거래 사건의 진상규명을 방해하고 있다.

양승태 전 대법원장 시절의 퇴행적인 판결 중 대표적인 판결은 긴급조치를 이유로 한 손해배상청구 사건일 것이다. 양승태 전 대법원장 시절 긴급조치가 위헌임에도 긴급조치로 처벌받은 사람에 대한 배상을 거부한 판결이 나왔다. "고도의 정치성을 띤 국가행위"여서 "정치적 책임"만 있을 뿐 배상책임은 없다는 것이다. 이런 논리는 중세 봉건왕조시대에나 가능한 이야기다. 봉건시대의 왕은 국민들로부터 권한을 위임받지 않았기 때문에 국민이 처벌할 수 없다. 왕은 다만 혁명에 의하여 제거될 뿐이었다.

양승태 체제의 대법관들이 왜 굳이 이런 비논리적인 판결을 했는지는 알 수 없다. 추측할 뿐이다. 국가예산, 국민의 세금이 아까워 이런 판단을 하지는 않았을 것이다. 당시 청와대의 주인은 박근혜 전 대통령이었다. 박근혜 전 대통령의 아버지는 긴급조치를 통하여 유신시대를 통치한 박정희 전 대통령이었다. 긴급조치는 유신 그 자체였고 유신은 곧 박정희 1인체제였다. 긴급조치는 박정희의 분신이었다. 이 판결은 긴급조치가 위헌이라고 하면서도 박정희 전 대통령에게는 법적인 책임은 없고 유신시대가 법적으로 암흑시대는 아니었다고 복권시키는 판결이다. 결국 유신시대에 면죄부를 준 것이다. 수혜자는 당시 청와대에 있었던 박근혜 전 대통령이었다. 법원은 이를 통하여 법원의 권한 확대와 상고법원 도입을 노렸다.

자유, 견제, 공정을 확대하는 판결

국민들의 사법개혁 요구, 특히 대법원 구성의 다양화 요구는 지금 시대에 필요한 좋은 판결로 수렴한다. 이용훈 전 대법원장 체제와 양승태 전 대법원장 체제에 대한 평가기준 중의 하나가 대법원 판결이다. 김명수 대법원장 체제에 대한 평가기준 중의 하나 역시 현 시대에 필요한 판결일 것이다. 사법개혁을 했음에도 불구하고 기존의 판결, 기득권의 이익을 옹호하는 판결이 계속 나온다면 그런 사법개혁은 필요없다. 사법개혁의 결과는 판결로 표현되어야 한다. 사법부의 독립, 법관의 독립 보장도 좋은 판결을 위한 전제조건일 뿐이다. 국민참여재판 확대, 사법부의 과거사 정리, 대법원 구성의 다양화, 법원행정 개혁, 사법의 지방분권은 모두 좋은 판결을 위한 필요조건이다.

좋은 판결은 주로 대법원 판결을 말한다. 대법원 판결은 최종적으로 국가의 법률 해석을 결정한다. 고등법원, 지방법원 등 하급심 법원을 비롯하여 모든 국가기관이 따르고 국민들도 따라야 한다. 대법원 판결은 판례로 남아 한국의 현재와 미래에 큰 영향을 미친다. 그렇다고 하급심 판결이 중요하지 않은 것은 아니다. 국민들의 생활과 밀접한 생활을 다루기 때문에 하급심 판결은 작게는 국민들의 법감정, 크게는 시대정신을 다룰 수 있다. 그리고 하급심에서 기존의 대법원 판결에 의문을 제기하는 판결을 해야 대법원에서 그 사건이 다루어질 수 있다. 하급심에서 기존의 대법원 판결에 순응하는 판결을 내려서는 희망이 없다.

현 시대에 필요한 판결은 자유, 견제, 공정을 강화하고 발전시키는 판결이다. 시대의 요구에 맞게 국민의 자유와 인권을 극대화하고 국가권력 등 기득권 세력을 적절히 견제하고 사회의 공정성을 확대하는 판결, 이를 통해 모두에게 정의로운 사회에서 살 기회를 주는 판결이 필요하다. 구체적으로 다음과 같은 판결이 필요하다.

첫째, 국민의 자유와 인권을 신장시키는 판결이 필요하다. 국민주권시대는 국민의 자유와 인권이 늘어나는 시대이다. 자유와 인권을 옥죄는 여러 제약을 없애고 자유와 인권을 누릴 수 있도록 하는 판결이 필요하다. 자유권과 사회권 모두 확대하는 판결이 필요하지만, 특히 국민의 생존권이 위협받는 시대에 사회적 생존권을 보장하는 판결이 더욱 필요하다. 또한 남녀평등과 성평등을 보장하는 판결, 성의 해방을 통한 인간해방, 인간평등을 지향하는 판결이 필요하다. 성별, 장애, 병력, 나이, 언어, 인종, 피부색, 국적, 지역, 용모, 혼인, 종교, 사상, 성적 지향, 성정체성, 학력 등에 의한 모든 차별을 시정하는 판결, 사회적 약자에 대한 보호를 강화하는 판결도 필요하다.

둘째, 국가 공권력을 적절히 견제하는 판결이 필요하다. 과도한 국가 공권력은 필연적으로 국민, 시민의 자유와 인권을 침해한다. 독일의 나치 시대, 일본의 제국주의 시대, 우리의 군부독재 및 권위주의 시대에 겪었던 일이다. 과도한 정보기관의 힘, 과도했던 검찰과 경찰의 힘은 민주주의와 인권을 후퇴시켰다. 이들 국가권력기관을 적절하게 견제하는 판결이 필요하다. 국민의 자유와 인권을 침해하는 법률에 대한 위헌심사, 4대강 사업과 같은 정책에 대한 엄격한 법률심사 등이 필요하다.

셋째, 정치 분야에서 민주주의를 발전시키는 판결이 필요하다. 시민의 정치적 자유는 충분히 보장되어야 한다. 정당 설립 및 활동의 자유는 보장되어야 한다. 정당을 통한 정치적 의사 표현도 자유로워야 하고 개인과 집단의 정치적 자유도 보장되어야 한다. 표현의 자유, 언론의 자유, 집회의 자유, 시위의 자유도 보장되어야 한다. 국민주권주의 시대를 맞아 대의민주주의와 함께 직접민주주의를 확대하는 판결이 필요하다. 그리고 정치개혁을 뒷받침하기 위하여 표의 등가성, 비례성을 확보하는 판결도 필요하다. 정당 설립 및 활동의 자유를 보장하는 판결, 정당에 준하는 조직의 활동 보장 판결 등이 필요하다.

넷째, 사회의 공정성, 공평성을 구축하고 확대하는 판결이 필요하다. 심각한 양극화 현상은 헬조선, 갑질문화, 흙수저를 낳았다. 공정성은 붕괴했고 계층간의 이동, 계층간의 상호 이해는 사라졌다. 이러한 현상의 배후에는 불공정, 불공평한 사회시스템이 있다. 사회의 운동장은 가진자, 기득권자 편으로 심하게 기울어져 있다. 개인은 아무리 노력하더라도 이 기울어진 운동장을 뛰어넘을 수 없다. 판결로 기울어진 운동장을 바로잡아야 한다.

다섯째, 부패를 추방하고 깨끗한 사회를 만드는 판결이 필요하다. 이명박, 박근혜 정부를 거치면서 우리 사회의 부패는 심각해졌다. 국정농단 사태는 청와대와 행정부, 그리고 기업이 함께 국가의 재산을 빼돌린 극단적인 부패 현상이었다. 반부패 시스템은 붕괴되었다. 특히 정경유착, 권력형 비리는 단호하게 처벌해야 한다. 법원은 부패문제에 관한 한 엄격한 판결을 통해 반부패 시스템을 구축하는 데에 역할을 해야 한다. 만일 법원이 부패문제에 연루되었다면 법원의 비리에 대해서도 엄격하게 처벌해야 한다.

여섯째, 자본권력의 힘을 견제하고 통제하는 판결이 필요하다. 자본주의 발전 과정은 자본의 독점을 만들고 독점은 자본의 힘을 극대화한다. 이러한 경향은 20여 년 동안 세계를 풍미한 신자유주의에 의하여 더욱 강화되었다. 한국적 풍토는 더욱 자본의 힘을 강화시켜 재벌과 대기업의 힘은 극대화되었다. 이와 함께 노동자들의 경제적 수준 및 사회적 지위는 하락했다. 조직적으로 노동자들은 분열되었고, 비정규직, 시간제 노동자가 양산되었다. 하청노동자들은 싼 값에 위험한 작업으로 내몰렸다. 최근 빈발하는 산업재해가 주로 하청노동자, 비정규직 노동자에게 발생하는 것은 자본의 힘에 비하여 노동의 힘이 극도로 위축된 현실을 반영한다. 대자본은 노동자를 차별하는 것을 넘어서서 중소자본, 소상공인도 차별하고 착취한다. 하청기업에 대한 노골적인 불공정행위, 소상공인 전문 업종에 대한 진출 등이 그 예이다. 극대화된 자본의 힘은 사회의 공정성을 파괴하고 새로운 계급을 탄생시키고 있다. 최근 일부 재벌그룹의 세습과 갑질 횡포는 공동체를 무너뜨리는 수준으로까지 악화되었다. 이들의 권력을 제한하는 판결이 절실하다.

일곱째, 평화롭고 안전한 공동체를 보장하는 판결이 필요하다. 세월호 사건은 우리가 얼마나 위험한 사회에 살고 있는지를 충격적으로 보여주었다. 이후 우리 사회에서 대형사고는 끊이지 않았다. 가습기 살균제 사건도 있었고 최근 라돈 침대 매트 사건도 발생했다. 우리의 평화로운 생활을 위협하는 각종 사건은 한 번 발생하면 불운일 뿐이다. 불운은 공동체가 감내해야 하는 일회적인 사건이다. 그러나 같은 사건이 계속 발생하면 그것은 불운을 넘어 부정의가 된다. 부정의가 되면 법률이 작동해야 한다. 안전한 생활을 위협하는 각종 사건사고, 특히 기업의 무분별한 이윤 추구로 인하여 발생하는 사건사고에 대해서는 엄격하게 처벌하고 대응하는 판결이 필요하다. 징벌배상제도, 집단소송제도 등은 이러한 사건사고에 대한 대응 중의 하나이다.

여덟째, 한국의 과거사를 정리하는 판결이 필요하다. 양승태 전 대법원장 체제에서 나온 과거사 피해자들에게 2차 피해를 가하는 이상한 판결이 아닌 진짜 과거사를 정리하는 판결이 필요하다. 과거사 사건의 진상을 규명하는 판결, 피해자에게 온전하게 배상하고 사과하는 판결, 과거사를 공동체의 기억으로 남기는 판결, 과거사 정리를 바탕으로 민주주의와 인권이라는 미래를 만들어나가는 판결, 정의를 수립하여 후세들에게 전해주는 판결이 필요하다. 수많은 과거사 사건에서 의도적으로 혹은 소극적으로 잘못된 판결을 양산했던 대법원의 솔직한 반성이 담긴 판결이 필요하다.

아홉째, 평화지향적이고 통일지향적인 판결이 필요하다. 지금까지 사법부는 국가보안법을 통하여 통일운동을 벌인 통일운동가, 활동가를 탄압해왔다. 정당의 설립 및 활동의 자유도 침해했다. 특히 법원은 '북한의 이중적 지위론'을 동원하여 겉으로는 북한을 같은 민족이자 통일의 동반자로 규정하면서 실제로 반국가단체로 규정했다. 민간 차원의 남북한 교류는 막혔고 통일운동은 탄압받았다. 남북정상회담을 통해 북한과의 관계가 개선되고 남북교류와 협력이 활성화되는 지금 북한에 대한 적대적인 규정인 북한의 이중적 지위론은 폐기되어야 한다. 평화지향적이고 통일지향적인 판결을 만들어내야 한다.

열째, 국제적으로 평화와 인권 공동체를 형성하는 판결이 필요하다. 동북아시아와 전 세계 차원에서 평화와 인권이 확대되도록 선언하는 판결, 국제인권을 선도하는 판결이 필요하다. 과거사 정리의 경험을 바탕으로, 국가인권위원회 활동을 기반으로 작게는 동북아시아, 크게는 전 세계에 평화와 인권의 가치를 전하는 대한민국 대법원의 판결이 필요하다. 우리라고 어찌 세계를 뒤흔든 미 연방대법원의 미란다 판결 같은 의미 있는 판결을 만들지 못하겠는가.

좋은 판결의 전제조건

대법원의 좋은 판결은 저절로 주어지지 않는다. 여러 조건이 충족되어야 한다. 민주주의의 발전, 인권옹호 체제의 확립, 경제적 발전, 시대정신의 발견, 법치주의 발전, 사회 공정성 강화, 정치적 발전, 사법부의 독립, 법관의 독립, 좋은 대통령, 좋은 대법원장과 대법관, 법원의 민주화, 시민의 참여 등이 그 조건에 해당한다. 이 수많은 조건들은 사법개혁이라는 관점에서 보면 두 가지로 요약할 수 있다. 제도개혁과 좋은 법관이다.

좋은 판결을 만들기 위한 제도개혁은 이미 살펴보았다. 사법개혁 5대 과제, 즉 국민참여재판 확대, 사법부 과거사 정리, 대법원 구성의 다양화, 법원행정 개혁, 사법의 지방분권 등이 제도개혁 과제에 해당한다. 제도개혁 4대 과제로 징벌배상제와 집단소송제 도입으로 대표되는 공정성 강화 방안, 국민소송제도로 대표되는 국민주권주의 확대 방안, 입법부·행정부·기업 등에서 법률가를 활용하여 위법을 감시하는 법치주의 제고 방안, 군 장병의 인권과 안전을 보장하는 군 사법제도 개혁 등이 있다.

좋은 판결을 만드는 데에 제도개혁만큼 중요한 것은 좋은 법관이다. 좋은 제도 하에서 좋은 법관이 재판을 하면 좋은 판결이 나올 수 있다. 좋지 않은 제도하에서도 좋은 법관은 일정한 역할을 한다. 더 나빠지지 않도록 막는 역할은 한다. 조직은 생존과 확대만을 생각하기에 조직 자체를 윤리적이고 도덕적으로 좋게 만들 수 없다. 개인만이 윤리적이고 도덕적일 수 있다. 좋은 판결을 하려면 좋은 법관이 필수적이다.

좋은 법관을 많이 확보하는 것은 제도개혁만큼 중요하다. 두 가지 방법이 있다. 하나는 좋은 법률가를 법관으로 임용하는 것이고, 다른 하나는 현재의 법관을 교육하는 것이다. 좋은 법관을 임용하기 위해서는 법조일원화를 확대하는 등 법원의 문호를 개방하는 것이 필요하다. 법관 임용의 문호를 개방하여 인권의식과 공공의식을 갖춘 법률전문가를 법관으로 임용해야 한다. 법조일원화보다 더 근본적인 개혁은 법원의 관료주의를 깨고 법관 임용을 대법원장이 아닌 대통령이나 국회가 담당하는 것이다. 정치적 영향은 있을 수 있으나 현재 사법부의 근본적인 문제인 관료주의, 대법원장의 제왕적 권한을 완화할 수 있다. 이 과제는 사법개혁 5대 과제 중의 하나인 법원행정 개혁 과제의 하부 과제이다.

좋은 법관을 확보하는 다른 방법은 법관에 대한 교육이다. 교육이 좋은 법관을 만드는 충분조건은 아니지만 교육이 없다면 전문적이고 윤리적이며 도덕적인 법관을 만들 수도 없다. 교육의 중요성은 아무리 강조해도 지나치지 않는다. 교육은 크게 전문분야 교육과 윤리 교육으로 나누어진다. 전문분야 교육은 이미 법원에서 잘 하고 있다. 전문가 집단이기 때문에 전문분야 교육은 필수적이며 그 수요는 항상 있기 마련이다. 문제는 윤리 교육이다. 윤리적이고 도덕적인 법관, 다른 말로 하면 사법부의 독립을 온몸으로 체현하면서 국민의 자유와 인권을 지키는 법관을 만들기 위해서는 윤리교육이 필수적이다. 이제 초점은 법관의 윤리를 어떻게 확립할 것인가로 이동한다.

2. 법관의 윤리

법관과 사법개혁

사법개혁을 추진하면 법관들이 지위가 애매해진다. 법관들은 사법개혁의
대상인가 아니면 사법개혁의 주체인가, 이도 저도 아니고 그냥 구경꾼인
가? 아니면 이 모든 지위를 다 가지고 있는 것인가? 사법개혁 과정에서 이
런 질문을 피할 수는 없다.

법관들이 사법개혁의 대상이라는 점은 명확하다. 사법부에 문제가 있으
니 사법개혁을 논의한다. 사법부의 문제는 법관들이 만들어왔다. 사법부
독립만 해도 사법부의 독립을 침해한 것은 정치권력과 자본권력이지만 이
에 저항하면서 사법부 독립의 전통을 만들지 못한 사람들은 법관들이었다.
오히려 정치권력에 적극적으로 동조하면서 스스로 권력집단이 되어버렸
다. 많은 판사들은 동의하지 않겠지만, 사실을 부정할 수 없다.

사법부가 사법부의 독립을 지키지 못했다는 증거, 사법부 스스로 타락했
다는 증거는 많이 있다. 지금도 계속 진행되고 있는 재심사건이 그 증거이
다. 재심사건에서 사법부는 정치권력의 요구대로 사건을 조작하는 데에 가
담했다. 재심사건은 진상을 알면서도 진상을 묵살하고 사건을 조작한 정치

권력, 정보기관, 경찰, 검찰, 법원의 조작사건이다. 그 대가로 사법부의 구성원은 일신의 안일과 영달을 얻었다. 권력의 일부가 된 것이다. 양승태 전 대법원장 시절 벌어진 정치권력과의 거래 의혹은 수많은 증거 중의 하나일 뿐이다.

사법부를 타락시킨 자가 사법부 구성원이었다는 사실은 법관은 어디까지나 사법개혁의 대상이라고 알려준다. 사법부를 타락시킨 자가 사법부를 개혁한다는 것은 사법개혁을 하지 않겠다고 하는 것이나 다름없다. 마치 적폐 청산을 위해 이명박, 박근혜 전 대통령을 다시 대통령으로 선출하는 것과 같다.

또한 법관들은 개혁에는 전문가들이 아니다. 사법부가 사법개혁의 대상임에도 법관들은 자신들이 방법만 알면 이를 실행할 수 있다고 생각하는 경향이 있다. 일종의 엘리트주의이다. 그러나 법관들은 재판 전문가이지 개혁 전문가가 아니다. 사법개혁을 평생 한 번도 생각해보지 않은 법관이 갑자기 사법개혁의 주체로 나서면 그 사법개혁은 제대로 될 수가 없다.

법관은 사법개혁을 전체적으로 주도할 수 없고 주도해서도 안 된다. 하지만 일부 법관은 사법개혁의 구성원으로 활동할 수 있다. 법관들 중 일부라도 사법개혁에 동참하려면 최소한 다음과 같은 사항이 선행되어야 한다.

첫째, 법관들은 우선 사법부의 실태를 정확히, 객관적으로 인식해야 한다. 국민과 전문가, 다른 분야의 인사들이 사법부를 어떻게 보고 있는지, 그리고 사법부의 문제와 그 원인은 무엇인지 정확히 인식해야 한다. 자기에게 유리하게 일부 사실에 눈을 감거나 해서는 안 된다. 사법부의 문제를 정확히 알면 사법개혁의 필요성과 대의를 인정하게 될 것이다.

여기에서 경계해야 할 것은 사법부가 그나마 다른 국가기관보다 낫다는 자만심과 법관들이 똑똑하다는 엘리트주의이다. 사법부가 다른 국가기관보다는 잘못을 적게 저질렀다는 것은 사실이 아니다. 앞에서 본 바와 같이 과거사 사건에서 법원은 자신의 역할을 충실하게 수행했다. 직접 몽둥이를 들고 직접 물을 먹이지 않았다는 것은 변명이 될 수 없다. 그것은 원래 정보기관, 경찰, 검찰의 일이었다. 법원은 재판이 업무였고 권력기관이 요구하는 대로 재판을 아주 잘 수행했다.

엘리트주의는 법관들이 사법부의 실태를 객관적으로 보는 것을 가로막는 중요한 요소이다. 법관들이 똑똑하므로 잘못을 저지를 리 없고 설혹 잘못을 저질렀다고 하더라도 매우 작거나 무시할 만한 잘못이라는 인식을 한다. 하지만 실상은 그렇지 않다. 엘리트주의로 무장한 법관들이 사건 조작에 적극적으로 가담한 것이 우리의 현실이다. 그들의 잘못은 작거나 무시할 만한 것이 아니다. 사건 조작으로 피해자는 생명을 잃고, 인생을 완전히 잃어버렸다.

둘째, 법관들은 외부의 의견에 귀 기울여야 한다. 사법부 문제의 원인을 정확히 진단하기 위해서는 동료 법관과 토론하고 전문가나 일반 시민의 의견을 경청해야 한다. 외부인사와 함께 근본 원인을 진단한 후 사법개혁 과제를 깊이 논의하고 확정해야 한다. 법관들에게는 외부의 도움이 절실하다. 법관들은 내부에서 사법개혁을 바라보기 때문에 사법개혁을 초래한 원인을 객관적으로 분석하기 어렵다. 분석을 하더라도 편향되거나 혹은 중요한 부분을 누락시킬 가능성이 크다. 사법개혁은 국가적 개혁 과제이므로 원인 진단과 과제 선정은 객관적이어야 한다. 법관들의 객관적 시각은 외부의 도움이 있을 때 확보될 수 있다. 외부의 도움을 많이 받으면 받을수록 사법부의 독립은 잘 지켜진다. 스스로 원하여 외부의 도움을 받으면 더욱 사법부의 독립을 지킬 수 있다. 아직 법원에게는 법원을 도와줄 자발적인 자원봉사자, 법원의 좋은 친구들이 많이 있다.

셋째, 법관들은 사법개혁 과제 중에서 법관들이 할 수 있는 일을 정확히 특정해야 한다. 사법개혁 과제 중 실무적이고 전문적인 내용은 법관들이 가장 잘 아는 분야이다. 사법개혁 과제를 실무적으로 구체화하는 작업은 법관의 몫일 가능성이 크다. 필요하다면 법관 내에 사법개혁에 관한 모임을 만들 수도 있다. 법관들이 우선 할 수 있는 일은 타락한 사법부를 청소하는 일일 것이다. 그 다음 법원 내부의 자치조직을 만들어 법원의 자치수준을 높이고 법원의 관료주의를 완화하는 것도 법관의 몫이다. 예를 들어 법원장이나 법원행정처의 법관의 독립을 침해하는 간섭행위에 저항하고 시정하는 것이 있을 수 있다. 또한 지금까지 벌어진 법관의 독립 침해 사례를 정리하여 발표하는 것도 하나의 방안이 될 수 있다.

넷째, 법관은 사법개혁 이후 개혁된 체제에서 개혁의 성과를 정착시키고 구체적인 사건에 적용해야 한다. 법관의 사법개혁에 대한 본질적인 기여는 여기에서 나온다. 모든 개혁은 제도개혁으로 끝나지 않고 끝날 수도 없다. 제도개혁 이후 그 개혁 내용을 수행하는 사람이 변하지 않는 한 개혁은 정착되지 않는다. 개혁 이후의 개혁은 현장에서 활동하는 사람들의 몫이다.

제도는 일종의 무대장치이다. 제도개혁은 무대장치를 바꾸는 것이다. 연기자들이 더욱 자유롭고 행복하게 연기할 수 있도록 장치를 마련하는 것이다. 하지만 아무리 무대장치가 뛰어나고 컴퓨터그래픽이 훌륭해도 연기자가 형편없으면 좋은 영화가 되지 않듯이, 제도만으로는 좋은 재판을 만들 수 없다. 연극을 완성하는 것은 바로 연기자, 사람들이다. 재판제도를 개혁해도 재판을 하는 사람은 결국 법관들이다. 연기자가 바뀐 훌륭한 무대에 잘 적응해야 좋은 연극이 완성되듯이 법관들이 바뀐 좋은 제도에 잘 적응해야 좋은 재판이 완성된다.

개혁이 정착되지 않으면 다시 과거로 회귀하려는 움직임이 노골화되고 또 실제로 과거로 회귀한다. 우리는 이러한 현상을 바로 코앞에서 보았다. 노무현 대통령의 참여정부 이후 개혁이 이명박, 박근혜 정부에 의해 파괴되는 모습을 보았다. 양승태 전 대법원장은 직전의 이용훈 전 대법원장 체제의 성과를 모두 파괴하는 행태를 보였다. 그 결과 우리는 사법부와 청와대의 교감이라는 역사상 처음 있는 노골적인 사법부의 타락을 목격하고 있다.

개혁된 제도는 정착되는 데에 시간과 노력이 필요하다. 제도의 정착이라는 중요한 업무는 실무를 담당하는 법관들의 몫이다. 사법개혁의 영향은 모든 법관에게 미친다. 법관들은 사법개혁의 결과를 개인으로서 제대로 이해해야 이를 정착시킬 수 있다. 법관들은 사법개혁 과정을 지켜보면서 사법개혁의 대의와 필요성, 문제의식을 공유할 필요가 있다. 여기에서 법관에 대한 윤리와 교육이 얼마나 중요한가를 다시 실감하게 된다.

윤리의 역할

윤리는 제도와 다르다. 윤리는 제도와 달리 개인적인 성격이 훨씬 강하다. 개인윤리만이 아니라 직업윤리도 개인적인 성격을 띤다. 직업윤리는 법률, 규칙, 강령, 준칙의 형태로 정리될 수 있을 정도로 법률과 제도에 매우 가깝다. 그렇지만 여전히 윤리는 제도보다는 개인적인 성격이 강하다.

모든 개혁에서 윤리의 강조는 불가피하다. 무엇보다 제도개혁 이후 이를 정착시키려면 개혁의 필요성과 대의를 이해하는 윤리적인 사람이 필요하다. 또한 조직과 조직의 관계, 조직 내부의 관계를 모두 법률이나 규칙으로 규제할 수 없다. 공백은 항상 있기 마련이다. 법치주의가 아무리 발전해도 그리고 법치주의가 발전하면 할수록 법치주의를 운영하는 사람이 중요해지는 것은 바로 이 때문이다. 법률과 규칙의 공백은 윤리가 메운다. 법률이나 규칙으로 담을 수 없는 공백을 채우는 것으로 관행도 있다. 하지만 관행은 윤리적이지 않으면 개혁을 가로막는 방해물일 수도 있다. 과거의 모든 관행은 윤리와 도덕이라는 보편적인 기준으로 다시 검토되어야 한다. 사법개혁을 하게 되면 공백은 조직과 조직 사이, 조직 내 관계에서 공백은 더 커진다. 새로운 제도에 맞는 관행은 당장 생기지 않는다. 제도개혁이라는 이행기의 공백도 윤리가 채워야 한다.

윤리는 독자적으로는 개혁 과제에 포함될 수 없지만 개혁 과제가 논의될 때 빠질 수 없는 주제이다. 비유하자면 제도개혁은 수술, 윤리는 재활에 해당한다. 제도개혁은 극심한 통증을 느끼는 환자를 수술처치하거나 투약처방을 하여 치료를 하는 것과 같다. 단기간에 문제를 집중적으로 해결함으로써 비정상을 정상으로 바꿀 수 있는 토대를 만든다. 허리가 아플 때 허리수술을 하거나 혹은 소염제, 진통제 등의 처방을 하는 것과 같다. 윤리는 일상적인 행동과 자세, 식이요법, 생활패턴을 바꿈으로써 병의 원인을 제거하는 것과 비슷하다. 허리가 아플 때 허리가 아픈 자세를 피하고 허리에 좋은 자세와 운동을 하는 것이다. 둘 다 필요하지만, 지금 당장 사법부에 필요한 것은 수술에 해당하는 제도개혁이다. 그리고 시간을 두고 사법개혁의 성과를 체질화해야 한다. 사법개혁을 체질화하는 것은 바로 윤리다.

윤리를 이야기하면 반드시 윤리교육을 이야기하게 된다. 사법개혁 후 새로운 사법부 시스템에서 법관이 활동하려면 새로운 윤리가 필요하다. 새로운 윤리는 새로운 교육으로 갖추어야 한다. 윤리는 개인의 내밀한 부분과 맞닿아 있지만, 당연히 교육될 수 있다. 새로운 윤리에 대한 이해가 우선되어야 한다. 법관에 대한 윤리교육은 새로운 윤리에 근거해야 하고 새로운 공부 방법에 근거해야 한다. 과거와 같이 직관적, 감정적, 일방적이어서는 안 되고 과학적, 논리적, 쌍방향적이어야 한다.

이런 인식은 윤리의 규격화, 법제화를 시도한다. 누가 보더라도 따를 수 있는 객관적인 윤리는 법제화로만 가능하다. 윤리의 법제화는 윤리의 최소화를 의미한다. 윤리를 법률과 같이 강제하려면 모든 사람이 이해하고 실천할 수 있을 정도로 수준을 낮추어야 한다. 이런 인식은 전통적으로 윤리를 외부에서 강제하려는 사법개혁 시도에서 확인할 수 있다. 2004년 사법개혁위원회는 법관 및 검사의 윤리의식 고양을 주장하면서도 실제로는 "법관윤리규정 및 검사윤리규정을 보다 구체화하여 실천적인 규범이 되도록 할 필요"가 있다고 건의했다(사법개혁위원회, 2005, 439쪽). 윤리의 법제화를 시도한 사례이다. 이러한 시도는 당연히 필요하다. 윤리를 법제화함으로써 위법행위, 범죄행위, 극단적인 윤리위반행위를 방지할 수 있다.

하지만 윤리와 도덕은 그 속성상 최소한에 만족하지 않는다. 자본과 권력에 대한 개인의 욕심은 적으면 적을수록 좋지만 윤리와 도덕에 대한 욕심은 아무리 많아도 문제없다. 윤리에 대한 교육도 최소한의 윤리가 아닌 최대한의 윤리를 지향해야 한다. 다양한 공동체가 존재하고 다원주의가 지배하는 지금 필요한 윤리교육은 정답 없는 현실의 문제에 대한 토론 방식의 교육이다. 미리 문제와 정답을 가지고 교육을 하는 것이 되어서는 안 된다. 문제은행식 교육은 이미 축적된 지식만을 전달할 뿐 현장에서의 문제 해결 능력을 키우지 못한다.

윤리문제, 특히 법관 윤리의 문제는 대부분 딜레마 상황이다. 구체적으로는 두 개 중 좋은 것을 선택해야 하는 이익충돌 상황이 아니라 최악을 피해야 하는 의무의 충돌 상황인 경우가 대부분이다. 더 나은 것을 선택하는 것이 아니라 더 나쁜 것을 피하는 선택을 해야 하는 상황인 것이다. 이런 이유로 법철학자 아르투어 카우프만은 다원주의 위험사회의 법철학 원칙으로 관용의 원칙을 제시한다. 관용의 원칙은 "너의 행위의 결과가 인간의 불행을 가능한 한 최대로 회피하거나 줄이는 것과 양립할 수 있도록 행동하라"는 것이다(아르투어 카우프칸, 2007, 704쪽).

윤리교육은 구체적인 문제에 대해 구체적인 답을 할 수 있는 문제해결형 교육이 되어야 한다. 이미 50년 전쯤 파울로 프레이리가 『페다고지』에서 주장한 교육 방법이다(파울로 프레이리, 2010). 이미 제정된 법령, 규정, 지침, 가이드라인을 해석하고 외우는 것이 아니라 실제 현장의 사례에서 무엇이 문제이고 해결 방법은 어떠해야 하는지를 자신의 머리로 결정하는 것이어야 한다. 해결 방법은 토론을 통해 찾는다. 법령, 규정, 지침, 가이드라인은 그냥 참고사항일 뿐이다. 현실은 문자화된 법령이나 가이드라인보다 훨씬 위험하고 훨씬 복잡하다. 여기에서 믿을 것은 자신의 논리와 철학, 관점뿐이다. 그리고 다른 법관들의 소중한 의견이 있을 뿐이다. 법관들과 같이 일상적으로 딜레마 상황을 만나고 또 전문적으로 판단해야 하는 사람들에게는 토론을 통해 답을 찾아가는 것 이상으로 좋은 교육 방법은 없다. 토론을 통해 모든 해결 방법을 책상에 올려놓고 냉정하게 분석하여 최상의 해결 방법을 모색하는 것이 진정한 윤리교육이다. 물론 최상의 해결 방법이 없는 경우가 대부분이겠지만 이를 통해 문제의 본질은 정확히 알 수 있고 왜 인간이 중요한가를 깨닫게 될 것이다. 법관들을 모아 놓고 일방적으로 강의하는 암기 위주의 교육 방식은 최악의 교육 방식이다.

윤리의 한계

윤리가 사법개혁 및 사법의 운용에서 중요한 역할을 하는 것은 틀림없으나 이를 과대평가해서는 안 된다. 현대 사회는 윤리 위기의 시대, 윤리 실종의 시대이며 법률가 윤리 역시 위기를 겪고 있다. 다원주의 사회에서 윤리의 기능은 점점 약화된다. 카우프만의 관용의 원칙은 타당하게 보이지만, 달리 보면 현대 다원주의 사회에서 윤리가 얼마나 무기력한 것인지를 보여주는 격언에 지나지 않을 수 있다. 적극적으로 노동해방, 여성해방, 인간해방 등 더 나은 삶을 의도하지 않기 때문이다. 소극적인 행태에만 만족하라는 요구가 공공연히 나올 정도로 현대 사회의 윤리는 위기이다.

윤리를 강조하면서도 윤리에 기대하지 않는 현상은 사법개혁위원회의 건의문에서도 확인할 수 있다. 사법개혁위원회는 "법조윤리의 확립을 위해서는 무엇보다 법관 및 검사의 윤리의식을 고양할 수 있는 방안"이 필요하다고 하면서 기껏 법관윤리규정 및 검사윤리규정의 구체화, 법관 및 검사에 대한 징계 및 감찰 기능의 활성화 정도를 요구하고 있다.

다원주의 현대 사회에서 윤리의 강제력이 미치는 범위는 매우 좁다. 범죄행위 또는 징계의 대상이 되는 행위만을 지정하고 이를 규제할 뿐이다. 범죄행위, 비리를 대상으로 하므로 형법, 특별법, 규칙, 규정, 강령, 지침, 가이드라인의 형태로 잘 정리될 수 있다. 이렇게 되면 강제력은 있지만 적용 범위는 좁고 기껏해야 법조비리를 막는 데에 집중할 뿐이다. 이런 윤리는 아무리 익혀도 개혁된 사법제도를 적극적으로 실천하는 법관, 사법부의 독립을 의연하게 지켜내는 법관, 시민들과 소통하면서 시민들의 자유와 권리를 결사적으로 지키는 법관, 시민의 존경을 받는 법관이 되기는 어렵다. 법조비리를 저지르지 않는 법관이 될 수 있을 뿐이다. 법조비리를 막는 법관을 양성하는 게 법조윤리의 목적의 전부라고 이야기하는 것은 너무 초라하다.

이런 현상은 윤리의 토대가 변했기 때문에 발생한다. 과거의 윤리는 소규모 공동체를 대상으로 했다. 자신의 인생을 결정하는 가장 친밀한 소규모 공동체를 중심으로 윤리가 발생했다. 그래서 가족윤리가 가장 먼저 발생한다. 동양에서 가족 간의 윤리, 효가 강조된 것은 바로 이 때문이다. 가족을 단위로 하는 효는 국가를 단위로 하는 충과는 다르지만 동양의 초기 윤리 발전 과정에서 가족과 국가는 크게 차이가 나지 않았다. 귀족사회에서는 왕족, 귀족은 곧 국가였기 때문이다. 동양의 윤리가 확립되었던 주나라의 예법은 가족관계를 기반으로 한 것이었다. 이런 이유로 효와 충은 큰 차이가 없는 윤리가 되었다.

과거의 윤리는 지금은 통하지 않는다. 일단 자신을 규정하는 공동체가 다양해지거나 혹은 사라졌다. 가족이라는 단위가 개인을 절대적으로 규정하지 않을 뿐 아니라 실제로 가족이 있는지조차 불분명한 것이 현실이다.

공동체는 다양해지거나 사라지고 있고 또 공동체 내부의 이해관계도 다양해졌다. 도덕경에서 중시하는 소국과민(小國寡民)은 지금은 관념상으로도 존재할 수 없다. 공동체의 다양화 현상, 공동체의 거대화 현상, 공동체 내부의 이해관계 충돌 현상은 필연적이지만 반드시 바람직한 것은 아니다. 공동체의 다양화는 다른 말로 자신을 규정하는 강력한 공동체가 없어진다는 것을 말한다.

자신을 규정하는 공동체가 없어지면 두 가지 현상이 발생한다. 하나는 자신의 정체성을 형성하는 데에 어려움을 겪는다. 사람은 모두 정체성을 확립하는 과정에서 공동체의 도움을 받는다. 심리학은 가족 구성원 사이의 유대, 특히 어머니와 자식의 유대관계가 인생에서 결정적으로 중요하다는 것을 밝혀냈다. 개인의 정체성은 가족이라는 1차적 공동체에서 아주 어렸을 때부터 형성된다. 정체성에는 윤리나 도덕이 당연히 포함된다. 정체성은 개인의 주관적인 것이기도 하지만 객관적인 기준을 받아들이는 과정에서 형성되는 것이므로 외부의 객관적인 기준이 없다면 정체성, 윤리는 생성되지 않는다. 공동체의 기준이 있어야 이에 대응하면서 개인의 정체성, 윤리가 만들어진다.

공동체가 없어도 문제지만 공동체가 너무 많아도 곤란하다. 공동체가 너무 많으면 어디에서 자신의 일관된 정체성을 형성해야 하는지 알 수 없다. 각각의 공동체에서 요구하는 것은 많고 한 공동체의 요구가 다른 공동체의 요구를 배제하지 못한다. 만일 자신을 규정하는 공동체가 없다면 공동체의 도움을 받지 못해 정체성을 형성하는 데에 어려움을 겪는다. 현대 사회, 특히 한국 현대 사회는 공동체가 없어지고 있는 사회이다. 어쩌면 공동체가 이미 없어졌는지도 모른다.

다른 하나는 공동체의 도움을 받지 못하기 때문에 개인이 자신의 정체성과 윤리감을 스스로 형성해야 하는 어려움이 발생한다. 옛날 한두 개의 공동체가 강력하게 존재했을 때에는 그 공동체의 정체성, 윤리감을 받아들이면 충분했다. 공동체는 태어나는 아이들에게 평생을 함께할 선물꾸러미를 주었다. 서양 중세에는 출생부터 사망까지 모든 행사가 정형화되어 있었고 이를 가톨릭교회가 제공했다. 서양 중세인은 가톨릭교회에만 다니면 출생에서 사망까지, 정체성, 윤리, 도덕, 생활 등 인생의 중요한 거의 모든 문제를 해결할 수 있었다. 물론 그 대가로 포기해야 하는 것은 자아의 발견, 자신의 개성적인 정체성, 자기실현이었다. 르네상스 이후 개인이 재발견되고 개인의 역할이 극대화되었다. 바람직한 현실이지만 개인이 직접 정체성과 윤리감을 형성해야 하는 어려움이 등장했다. 이 과정은 결코 만만한 것이 아니다. 다원주의 사회에서 여러 이해관계는 사실상 동등한 것으로 이해되는데 여기에서 우선순위를 정해야 하는 것이기 때문이다.

사정을 더 어렵게 만드는 것은 선택의 자유라는 말이 갖는 이상과 현실의 차이이다. 선택의 자유라는 표현은 추상적으로는 매우 좋은 말이다. 하지만 실제 현실의 선택은 비참한 경우가 더 많다. 이번 여름휴가 때 여행지를 뉴욕과 파리 중에서 정하는 것은 분명 신나는 결정이다. 애플에 취직할 것인가 아니면 구글에 취직할 것인가 역시 유쾌한 결정이다. 그러나 취업을 앞둔 대학생 앞에 아르바이트, 비정규직밖에 선택지가 없다면 이는 우울한 선택이다. 몸이 아파 병원을 갔는데 암이어서 장기를 제거해야 하는 수술을 할 것인가 아니면 항암치료를 할 것인가를 선택해야 하는 것도 우울한 일이다. 더 나아가 자기가 원하는 것이 무엇인지도 모르는 상황인데도 선택을 해야만 하는 경우도 있다. 몸이 아파서 병원에 갔을 때 수술 방법, 치료 방법을 설명해주지만 아무리 설명을 들어도 알 수는 없고 원하는 것은 그냥 이 통증, 이 고통으로부터 벗어나는 것뿐인데 자꾸 선택을 하라고 한다. 자기결정권이 항상 축복인 것은 아니다.

아무리 윤리가 위기라고 하더라도 윤리가 완전히 없어지지는 않는다. 윤리가 없다면 공동체가 유지될 수 없기 때문이다. 과학자, 기업가, 정치인, 법률가만 있는 공동체는 깔끔하지만 인간미가 없다. 이런 공동체는 유지되지 않는다. 윤리가 없는 과학자는 인간의 생명을 경시하는 괴물이 될 뿐이다. 윤리가 없는 기업가는 사람의 몸에 상처를 내면서까지 돈을 받으려고 하는 샤일록이나 크리스마스도 기억하지 못하는 스크루지가 된다. 윤리 없는 정치인은 쿠데타로 수 없이 많은 시민들을 살해하고도 반성하지 않는 전두환, 노태우 같은 인물이 된다. 윤리 없는 법률가는 사건 조작을 알면서도 유죄판결을 버젓이 내리는 판사, 사건 조작에 참여하는 검사, 전관예우라는 법조비리를 저지르는 변호사가 된다.

윤리가 없다면 사회는 너무 차가워서 소외된 자들을 보살피지도 않고 실패자들에게 다시 기회를 주지도 않는다. 바람직한 공동체가 아니다. 공동체의 유지는 인간 생존의 조건이기 때문에 공동체를 유지하는 윤리를 발전시키지 않을 수 없다. 과학, 기술, 경제, 정치, 법률 등으로 채워지지 않는 공동체 구성원리로 윤리를 발전시켜온 것이다(앙드레 콩트-스퐁빌, 2010). 물론 윤리도 충분하지 않다. 그래서 사랑이나 자비, 박애와 같은 가치가 함께 발전해왔다.

윤리는 필요하지만 현대 사회의 윤리는 무력하다. 무형의 사회자산인 윤리는 다른 원리와 함께해야만 제대로 된 기능을 할 수 있다. 윤리를 뒷받침하는 또 다른 무형의 사회자산은 전통이다. 사법개혁 과정에서도 법원의 윤리와 함께 법원의 전통을 강조할 필요가 있다. 원래 윤리는 관습에서 발생한 것이므로 전통과 가깝다.

사법부의 전통

사법부도 역사가 오래되었다. 1895년의 「재판소구성법」에서부터 근대 사법이 시작되었다는 법원의 말을 따르면 120년 정도의 역사를 가지고 있다.

일제 강점기의 사법은 조선인은 위한 사법이 아니었으므로 이를 제외하더라도 70년 이상의 역사를 가지고 있다.

역사가 오래되면 전통이 생기기 마련이다. 고난의 시대라면 고난을 이겨낸 전통이, 민주화 시대라면 사법의 자유를 꽃피운 전통이 있기 마련이다. 그런데 한국 사법부의 전통이라고 하면 자랑스러운 전통보다는 오히려 청산해야 할 과거가 먼저 생각난다. 대한민국 국민들이나 세계 시민들에게 자랑할 만한 사법부의 전통은 별로 생각나지 않는다. 전직 대통령을 네 명이나 재판에 회부하여 단죄한 것은 사법부의 자랑이라고 할 만하다. 그러나 그 힘의 뿌리는 6월 민주항쟁과 촛불혁명이라는 시민혁명에 있는 것이고 사법부의 기여는 별로 없어 보인다.

사법부 전통의 부재는 존경할 만한 사법부 인물이 없다는 것에서 확인된다. 대법원장만 하더라도, 지금까지 권한대행을 제외하면 16명이 있었다. 그중 존경할 만한 인물은 별로 없어 보인다. 초대 대법원장인 가인 김병로 대법원장 정도가 거론될 수 있다. 개인적으로는 송씨 일가 사건에서 무죄 취지의 판결을 두 번이나 했던 제10대 이일규 전 대법원장, 역사상 처음으로 사법개혁을 이끌었던 제14대 이용훈 전 대법원장이 생각난다. 대법관으로는 소수의견을 줄기차게 쓴 박시환, 김지형, 전수안, 김영란, 이홍훈 전 대법관이 존경을 받을 만하다. 그 외에 다른 대법원장, 대법관, 일반 법관은 어떨까.

1958년 이승만 대통령의 정적으로 몰려 간첩죄로 기소된 조봉암 당시 진보당 당수에게 간첩죄에 대해 무죄를 선고한 유병진 판사가 먼저 떠오른다. 한승헌 변호사는 1964년 무장군인의 난입 협박에도 굴하지 않고 시위 학생들에게 구속영장 발부를 거부한 양헌 부장판사, 1968년 동베를린 사건 상고심에서 간첩죄에 대해 무죄취지로 파기환송한 대법원 판사들, 야당 지도자의 측근들을 구속한 월간 『다리』 사건 1심에 무죄를 선고하고 옷을 벗은 목요상 판사, 대통령 긴급조치 사건에 무죄판결을 하고 좌천된 후 사임한 이용구 판사, 세 번에 걸친 사법파동에 나섰던 법관들을 기억해야 한다고 기록한다(한승헌, 2018, 43쪽, 53~54쪽). 모두 의미 있는 사건들, 인물들이다. 하지만 더 이상은 없다.

전통은 사건과 사람을 통해 만들어진다. 구체적인 인물의 구체적인 행동을 통해 생겨난다. 전통은 개별적으로 생기지만 다른 사람들에게 감동을 주고 다른 사람의 행동에 영향을 미친다. 전통은 확산되기 마련이고 확산된 전통은 사회적 신뢰의 바탕을 이루며 사회적 공통자본 중의 하나가 된다. 이런 면에서 법관 중에서 시민들이 존경할 만한 인물이 별로 없다는 것은 사법부의 큰 아픔이다. 원인은 무엇일까?

첫째, 사법부의 전통 부재 현상은 법관들이 국민의 자유와 인권의 옹호, 법치주의, 사법부의 독립, 법관의 독립 등 사법부의 가치를 온몸으로 실천해본 경험이 없기 때문이다. 민주주의와 인권이 위기에 처했을 때 사법부는 제 역할을 하지 못했다. 정치인 사건, 민주인사 사건, 민중생존권 투쟁 관련 사건, 일반 시민이 연루된 간첩조작 사건에서 사법부는 국민을 외면했다. 없는 죄를 만들었고 죄가 있더라도 죄에 비해 터무니없이 무겁게 처벌했다. 시민의 자유와 인권을 지키지 않고 범죄행위에 공범으로 가담했다. 간첩조작 사건에서는 더했다. 이용훈 전 대법원장 시절 과거사 정리를 하려고 한 것은 이런 사건이 너무 많아서 한 번에 정리하지 않으면 안 되었기 때문이다. 그러나 법관들은 진실화해위원회의 긴급조치 판결 법관 실명 공개라는 아주 작은 과거사 정리에도 반발했다.

둘째, 사법부의 전통 부재 현상은 사법부가 스스로 개혁하는 것을 보여주지 못했기 때문이다. 사법부가 과거를 청산하고 새롭게 개혁될 수 있는 기회는 여러 번 있었다. 국가적 과제가 된 때만 해도 김영삼 정부 시절 2번, 김대중 정부 시절 1번, 노무현 정부 시절 1번 등 여러 번이었다. 사법개혁의 계기가 되는 법조비리가 터진 사례는 헤아리기 힘들 정도다. 사법부 내부에서도 사법개혁을 요구한 때도 있었다. 1971년의 제1차 사법파동, 1988년의 소장 판사들의 사법개혁 요구가 있었다. 2003년 대법관 제청 사태 때에도 목소리를 냈다.

그러나 모처럼 찾아온 사법개혁 기회에 사법부는 독자적으로 사법개혁으로 나아가지 못했고 그나마 시작된 사법개혁을 성공시키지 못했다. 기술적이고 전문적인 내용의 개선은 있었지만 사법부의 독립을 지키면서 민주주의와 인권의 튼튼한 보루가 되어야 하는 사법부로 개혁되지 못했다. 아예 개혁에 나서지도 않은 경우도 있고 마지못해 나선 적이 대부분이다. 사법개혁에 나서더라도 대부분 성공하지 못했다. 그나마 노무현 대통령 당시 청와대, 행정부, 변호사, 학자, 시민사회와 함께 하면서 성공을 이룬 것이 거의 유일한 성과이다. 사법개혁에 나서지도 않고 성공하지도 않으니 좋은 전통이 생길 리 없다.

셋째, 사법부의 전통 부재 현상은 그나마 좋은 역사와 전통마저 사장시켜버렸기 때문이다. 성공하지는 못하더라도 사법부 독립, 법관의 독립을 지키기 위한 노력은 소중하다. 사법개혁의 시도 역시 소중하다. 오래된 사법부의 역사에서 이런 사례가 없을 리 없다. 어찌 한 명이라도 민주주의와 국민의 자유와 인권을 지키기 위하여 희생한 사람이 없겠는가. 이런 시도와 인물이 기억되고 전승되고 이야기되면 전통이 된다. 예전 같으면 신화가 되지만 요즘 시대에는 전통이 된다. 유병진 판사의 사례와 한승헌 변호사가 지적한 사례는 충분히 전통이 될 만하다.

사법부로서는 이런 많지 않은 사례를 기록하고 기억하고 이야기하고 역사로 만들었어야 했다. 이것이 바로 전통을 만드는 길이다. 그러나 사법부는 반대로 행동했다. 유병진 판사의 재임용 탈락, 제1차 사법파동을 무마시킨 민복기 전 대법원장의 회유, 김재규 사건 당시 소수의견을 쓴 대법관들에 대한 보복, 양승태 체제의 이용훈 체제 지우기 등이 그 사례이다. 지금도 과거 역사를 정리하고 않고 있다. 다만 최근 사회 민주화의 영향으로 좋은 판결이 나오는 것은 바람직한 현상이다. 앞으로 더욱 많은 좋은 판결이 나오도록 노력하고 이를 전통으로 만들어야 한다.

사법부에 전통이 없다면 사법부에서 사법개혁을 추진할 리더십은 쉽게 나오지 않는다. 사법개혁을 제대로 추진하려면 외부의 리더십도 필요하지만 내부의 리더십 역시 필요하다. 사법부의 전통이 취약한 상태에서 사법부의 비전을 설정하고 이를 실천할 리더십이 사법부 내부에서 나오기를 바라는 것은 무리이다.

3. 사법부의 신뢰

사법시스템 신뢰도, 42개국 중 39위

사법 불신은 사법개혁의 출발점 중의 하나이다. 지금까지의 모든 사법개혁은 사법 불신 해소를 목적으로 했다. 우리나라의 사법에 대한 신뢰수준은 매우 낮다. 사회적 자본 중의 하나인 신뢰가 낮다는 것은 그만큼 우리 사회가 위험하고 불안정하고 불공정하다는 것을 말한다. 사법에 대한 신뢰도는 국가와 사회, 다른 사람에 대한 신뢰도와 함께 거의 세계 최하위이다.

2015년 OECD에서 발표한 사법시스템에 대한 신뢰도 조사에서 우리나라는 조사 대상 42개국 중 39위(27퍼센트)를 차지했다. 우리보다 신뢰도가 낮은 나라는 콜롬비아(26퍼센트), 칠레(19퍼센트), 우크라이나(12퍼센트) 정도이며, OECD 국가 평균은 54퍼센트로 우리의 두 배에 이른다. 주요 선진국의 사법제도 신뢰도는 압도적으로 높다. 덴마크 83퍼센트, 독일 67퍼센트, 일본 65퍼센트, 미국 59퍼센트이다(신의기, 2017, 135쪽).

한국행정연구원이 주관해 매년 실시하고 있는 '사회통합실태조사'에 따르면, '법원을 신뢰한다'는 비율은 34.3퍼센트(약간 믿는다 32.2퍼센트, 매우 믿는다 2.1퍼센트)였다. 검찰은 31.3퍼센트, 경찰은 40.7퍼센트였다(한국행정연구원, 2017). 형사사법기관 중 경찰의 신뢰가 그나마 제일 높고, 그다음이 법원이다. 이를 두고 경찰의 신뢰가 높다고 단정할 수는 없다. 모두 하위를 기록하고 있다. 형사절차에 관여하는 기관은 상호 영향을 줘서 동반 상승, 동반 하락의 경향이 있다. 실제로 이들 3대 기관은 모두 2016년에 비하여 2017년에 신뢰도가 4~5퍼센트 정도 상승했다. 기관별 공정한 업무수행에 대해서는 법원에 대한 긍정적인 인식이 43.2퍼센트(약간 그렇다 39.1퍼센트, 매우 그렇다 4.1퍼센트)였다. 검찰은 40퍼센트, 경찰은 44.4퍼센트였다(한국행정연구원, 2017). 역시 서로 영향을 미치고 있는 것을 알 수 있다.

사법정책연구원이 실시한 2015년 설문조사에 의하면, 법원에 대한 일반국민의 신뢰도는 전혀 신뢰하지 않음 2.8퍼센트, 신뢰하지 않는 편 21.5퍼센트, 보통 45.4퍼센트, 신뢰하는 편 30.0퍼센트, 매우 신뢰 0.4퍼센트 정도이다. 5점 척도를 기준으로 하면 3.04점이 된다(장수영·이덕환, 2015, 214쪽). 형사정책연구원이 2017년에 실시한 '전체 형사사법기관의 기관 신뢰도에 대한 인식 조사'에 의하면 '신뢰한다'고 응답한 비율은 경찰 41.8퍼센트, 검찰 35.0퍼센트, 법원 45.6퍼센트, 교정 39.0퍼센트, 보호기관 36.7퍼센트이었다(신의기 외, 2018, 695쪽). 여전히 50퍼센트에 미치지 못하는 낮은 신뢰지수이다.

한국의 경우 사법부만 신뢰가 낮은 것은 아니다. 한국행정연구원의 사회통합 실태 조사를 보면 2017년 중앙부처 신뢰도는 40.8퍼센트, 국회 신뢰도는 15퍼센트, 지방자치단체는 45.4퍼센트, 공기업 38.1퍼센트, 군대 43.2퍼센트, 노동조합단체 38퍼센트, 시민단체 46.3퍼센트이다. 이렇게 다른 국가기관, 중요기관의 신뢰도가 낮은 상태에서 법원만이 신뢰도가 높을 수는 없다. 사법부 신뢰 제고는 다른 국가기관, 중요 기관의 신뢰도가 함께 높아져야 달성된다.

우리나라의 국가에 대한 신뢰가 낮은 이유는 한국의 역사에서 비롯된다.

한국의 압축성장은 여러 면에서 편법과 반칙을 허용했다. 편법과 반칙은 피할 수 있었던 것이었으나 정치권력과 자본권력은 편법과 반칙을 통하여 자신의 권력을 확대했다. 편법과 반칙의 뿌리는 압축성장이고 압축성장의 뿌리는 불평등성장 전략이다.

불평등성장 자체는 나쁜 것이 아니다. 예를 들면 대한민국 경제발전계획에서 농업보다 공업, 제조업에 투자한 것은 좋은 선택이었다. 산업화 초기 경공업에 투자한 것은 훌륭한 선택이었다. 한일청구권협정으로 들어온 돈으로 포항제철을 만든 것은 있을 수 있는 선택을 넘어 잘한 선택 중의 하나였다. 1970년대 후반부터 중화학공업에 투자한 것도 불평등성장의 일환이다. 모든 산업을 골고루 잘 발전시킨다는 것은 사실상 불가능한 것이고 오히려 국가의 무능을 말하는 것이기도 하다. 불평등성장은 자본과 인력의 이동을 촉진시키는 장점이 있다.

문제는 불평등성장을 추구하면서 공정성을 상실한 것이다. 불평등성장이 불평등을 조장하고 확대하고 나아가 고착시킨 것이 문제였다. 그 원인은 불평등성장에 수반하는 자원과 인력의 배분을 자의적으로 한 것이다. 군부독재체제 자체가 편법과 반칙으로 수립된 것이었고 군인들의 통치 방식 역시 국가권력 중심의 편법과 반칙에 기초한 방식이었다. 이후 군부는 퇴진하고 민간정부가 들어섰으나 군부독재 시스템, 권위주의 시스템은 그대로 남았다. 정치권력과 자본권력이 이를 확대하고 강화하면서 국민을 지배해왔다. 민주화 이후 편법과 반칙, 권력의 자의적 지배를 청산해왔고 지금도 청산하고 있지만, 완전히 청산되지는 못했다. 특히 권력기관의 적폐 청산은 한계가 있었다. 이것이 국정농단 사태에서 국민들이 권력기관의 적폐 청산을 요구했던 근본 이유이다.

신뢰수준에 대한 조사는 주관적이고 체험에 근거한 것이므로 반드시 기관의 공정한 운영과 비례하는 것은 아니다. 하지만 큰 틀에서는 같은 경향을 보인다. 낮은 신뢰수준은 국가 및 기관 운영에 큰 장애요인이다. 낮은 신뢰도는 업무의 공정한 처리, 약속 이행, 정보 교류, 정책 결정 및 집행, 정책의 홍보, 계약의 이행 등에 장애를 낳는다. 이 장애를 해결하려면 따로 비용을 들여야 한다. 법원 및 검찰에 대한 낮은 신뢰는 변호사에게 판사나 검사에게 힘을 써달라고 하는 수임료 이외의 다른 비용을 사용하게 만드는 요인이다. 불신은 거래비용을 증가시키고 거래비용 증가는 비리를 낳는다.

사법부의 신뢰를 바라보는 두 가지 시선

사법의 신뢰 제고는 항상 사법개혁의 주요 과제였다. 김명수 대법원장이 사법개혁을 위하여 만든 '국민과 함께하는 사법발전위원회'의 4대 개혁 과제에도 사법의 신뢰 제고는 포함되어 있다. 구체적으로는 "전관예우 우려 근절 및 법관윤리와 책임성 강화를 통한 사법신뢰 회복 방안 마련"이다. 신뢰 회복을 위해서 법조비리를 근절하고 법률가윤리를 강화해야 한다고 보는 것이다.

　사법발전위원회의 문제의식은 2004년의 사법개혁위원회 문제의식과 유사하다. 당시 사법개혁위원회 역시 신뢰 회복을 위하여 법률가의 윤리의식 제고, 법조비리 근절을 주장했다. 구체적인 건의안은 첫째, 법조윤리 확립을 위한 상설기구인 법조윤리협의기구 설치, 둘째, 전관예우 의혹 불식 및 법조브로커 근절을 위한 방안, 셋째, 불구속재판의 확대, 넷째, 법관 및 검사의 윤리의식 강화, 다섯째, 기피·회피제도의 적극 활용, 여섯째, 법관 및 검사의 면담 절차 강화, 일곱째, 변호사 징계 절차 정비, 여덟째, 선임계 미제출 변호 금지, 아홉째, 소개 금지 규정의 홍보 등이다. 사법부의 신뢰 회복은 역시 법률가윤리 강화와 법조비리 근절로 모아진다(사법개혁위원회, 2005, 437~440쪽). 지금 활동하고 있는 사법발전위원회의 방안도 아마 사법개혁위원회의 틀을 벗어나지 못할 것이다.

사법개혁위원회의 활동과 그에 이어진 사법 불신 해소를 위한 각종 방안의 시행에도 불구하고 사법부 신뢰는 좀처럼 높아지지 않는다. 아무리 국가 차원의 신뢰가 낮다고 하더라도 사법부만의 신뢰 제고 방안은 있기 마련이다. 사법부 불신을 좀더 깊이 생각해보아야 한다. 지금과는 다른 관점으로 접근해야 할 때이다.

사법부의 신뢰를 바라보는 시선은 두 가지가 있다. 외부의 시선과 내부의 시선이 그것이다. 이 둘 사이에는 건널 수 없는 심연이 있다. 이것이, 사법부의 신뢰를 그렇게 강조하고 또 다양한 대책을 내놓고 있지만 사법부의 신뢰가 높아지지 않는 근본 원인이다. 우선 이 두 시각 사이에 놓인 심연의 실체를 정확히 보아야 한다.

사법부의 신뢰를 바라보는 일반 시민의 시각, 외부의 시각은 냉정하다. 위에서 본 통계들이 이를 증명한다. 이 중에는 재판을 직접 경험한 시민도 있고 경험하지 않은 시민들도 있다. 이들의 사법부에 대한 불신은 대부분 전관예우로 대표되는 법조비리에 의하여 형성된다. 1990년 후반의 의정부 법조비리와 대전 법조비리는 사법개혁을 국가적 과제로 추진할 만큼 국민적 분노를 불러일으켰다. 법조비리는 주기적으로 발생한다. 2006년의 조관행 부장판사의 뇌물수수 사건, 2016년의 인천지방법원 김수천 부장판사의 뇌물수수 사건 등은 사법부의 고위직 판사들이 법조비리의 주역임을 잘 보여준다. 국정농단 사태 당시 한몫을 했던 것도 최유정 변호사와 홍만표 변호사의 전관예우 법조비리 사건이었다.

직접적인 뇌물 사건 이외에 전관예우는 사법부의 신뢰를 좌우하는 고질적인 요소이다. 고위직 판사를 지낸 사람들이 변호사 개업을 하고 법원에 근무했다는 것을 이유로 높은 수임료를 받고 개별적으로 판사를 접촉하면서 생기는 문제가 전관예우이다. 전관예우 문제는 표면적으로는 고위직 법관들이 퇴임 후 벌이는 행태이다. 하지만 이것은 두 가지 면에서 현직 판사들과 관련이 있다.

첫째, 전관예우를 통하여 변호사들이 판사들을 만나고 이를 통해 사건을 조작한다. 판사들은 이런 경우가 없다고 주장하지만, 최소한 2000년대까지 만연했음은 의정부 법조비리 사건, 대전 법조비리 사건, 조관행 부장판사 사건이 증명한다. 둘째, 판사와 검사는 전관예우를 받기 위하여 현직 때부터 준비한다. 법조비리로 구속된 최유정과 홍만표만 하더라도 현직에 있을 때에는 깨끗했다가 변호사가 되자마자 갑자기 타락했다고 생각할 수는 없다. 사람은 그렇게 잘 바뀌는 존재가 아니다. 현직에서부터 타락을 준비했다고 보아야 할 것이다. 그렇다면 이들이 현직에 있을 때부터 타락을 준비할 수 있는 시스템이 법원과 검찰 내부에 있다는 결론이 된다. 현직에서 타락을 준비하고 옷을 벗고 난 이후 본격적으로 타락하는 것을 허용하고 용인하고 권장하는 문화가 있다. 결국 현재의 법관과 검찰에 문제가 있는 것이다.

잊을 만하면 터지는 법조비리는 판사와 검사를 하나의 거대한 비리집단으로 연상하게 만드는 힘이 있다. 실제 현실에서는 소수의 판사와 검사가 비리에 관계되어 있겠지만 원래 범죄행위는 전체 집단을 불신하게 만드는 힘이 있다. 최근 성폭행 사건에서 여성이 남성을 집단적으로 범죄시하는 것과 같은 이치이다. 아마 많은 판사와 검사는 개인적으로는 깨끗할 것이다. 모든 판사와 검사가 타락했다면 사법제도 자체가 유지되지 않는다. 그나마 우리의 사법제도가 운영되는 것은 다수의 판사와 검사가 타락하지 않았기 때문이다. 하지만 법원과 검찰이라는 조직이 불투명하고 부패의 여지를 두고 있기 때문에 개인의 노력은 개인의 차원에 그칠 뿐이다.

전관예우, 법조비리는 재판 과정에서 벌어지는 불투명성에도 기인한다. 재판의 불투명성은 특히 구속재판, 비공개재판에서 드러난다. 공개되지 않고 재량이 많은 분야에는 불신이 있기 마련이다. 이런 이유로 사법개혁위원회는 불구속재판을 건의했다. 사법절차는 어느 정도의 불투명성과 재량을 가지고 있지만 일반 사회의 정보공개 수준까지 낮아져야 하는데 거기까지 가려면 아직 멀었다. 법원, 검찰의 공개의 정도와 사회의 공개 정도의 차이는 법원과 검찰에 대한 불신의 계기 하나를 제공한다.

이 과정에서 발생하는 사회적 강자에 대한 우호적 재판은 불신을 극대화한다. 대표적으로 국정농단 사태에서 벌어진 삼성 이재용 부회장 재판은 법원이 스스로 권력기관이 되어 한국의 지배카르텔을 구성하고 있다는 합리적인 의심을 주었다. 만일 삼성 이재용 부회장 재판이 국민참여재판으로 진행되었다면 그가 항소심에서 집행유예로 석방되었을까? 국민참여재판으로 1심 재판을 진행했다면 항소심 재판부도 이재용 부회장을 쉽게 석방하지는 못했을 것이다. 최소한 항소심의 재판장이 집행유예로 석방하는 것이 너무나 당연한 것이라고 언론에 나와서 인터뷰는 하지 못했을 것이다. 이 사건에서 시민들의 법감정은 반영되지 못했고 법논리도 문제였다. 그럼에도 법원은 시민들과 전문가들을 설득하지는 않고 법관의 독립, 사법부의 독립이라는 원리 뒤에 숨는다. 비판에는 답하지 않고 그냥 법원의 판결이므로 따라야 한다고 주장할 뿐이다. 이런 상태에서는 사법부의 불신을 해소할 수 없다.

사법부의 신뢰를 바라보는 내부의 시각, 법관들의 시각은 관대하다. 판사들의 평가가 관대한 이유는 현실적인 이유 때문이다. 첫째, 자신을 포함한 주위에 법조비리를 저지르는 판사가 거의 없다. 실제로 법조비리를 저지르는 판사는 소수이다. 법조비리를 공개적으로 저지르던 때도 지났다. 과거처럼 공개적으로 변호사에게 회식비용을 제공받던 시대는 사라졌다. 자신도 그렇고 주위도 법조비리를 저지르지 않으니 사법부에 불신을 느낀다는 시민의 평가를 이해할 수 없다. 하지만 잘 알려진 바와 같이 범죄는 소수의 사람들이 저지르지만 평가는 범죄인이 속한 공동체가 부담한다. 우리가 지금 일제 강점기의 인권침해에 직접적인 관련이 없는 일본의 정치인들에게 사과를 요구하는 것은 바로 이 때문이다. 하나의 조직에 속했다는 이유로 선배, 후배, 동료의 일에 대해 도의적인 책임을 져야 하는 경우는 종종 발생한다.

둘째, 대부분의 평판사들은 권한은 별로 없고 격무에 시달릴 뿐이다. 국회의원이나 권력자와 만나 함께 권력을 행사하는 판사들은 법원행정처 판사 중에서도 소수이고 대부분의 판사는 재판하느라 정신이 없다. 잔업과 야근을 밥 먹듯이 하면서 일한다. 이렇게 일을 많이 하는데 불신까지 한다고 하니 억울한 마음이 든다. 당장 비판적인 시민이나 전문가들에게 당신이 이 자리에서 일해보라고 소리치고 싶은 심정이다. 이런 심정이니 시민들의 가혹한 평가가 귀에 들어올 리 없다.

평판사들의 심정은 충분히 이해한다. 하지만 한국의 대부분의 사람들은 진짜 열심히 일하고 일의 양에 반비례하여 권력에서 소외되어 있다. 판사들의 심리는 이해하지만 시민들에게 떳떳이 말할 만한 이유는 못 된다. 법원이 힘든 직장이라면 일반 기업은 전쟁터이고 그 바깥은 지옥이다. 그리고 정 힘들면 쉬어야 한다. 격무는 휴식으로 풀어야지 불만 호소로 해소할 수는 없다.

셋째, 법원의 무오류주의, 엘리트주의가 무의식중에 작용한다. 사법부는 분쟁, 법률적 다툼을 최종적으로 해결하는 곳이다. 법원 판결은 국가의 최종적인 판단으로서 확정력과 강제력이 있다. 대부분 공정한 절차를 거친 공정하고 합리적인 판결이지만 그렇지 않은 판결도 있다. 그렇지만 분쟁은 법원에서 최종적으로 해결되어야 하므로 모든 판결에 강제력이 부여된다. 법원의 무오류주의, 엘리트주의는 이 지점에서 발생한다. 어려운 시험을 통과했고 어려운 업무를 담당하고 있는 똑똑한 법관들이 내린 판결이 강제력에 의하여 국민들에게 받아들여지고 있으니 법관들의 판단이 항상 옳다는 외관을 믿기 시작한다. 일부 판결에 대한 국민의 침묵을 판결이 공정하고 합리적이었고 법관들이 훌륭하기 때문이라고 본다. 시민단체나 전문가들의 비판은 일부의 습관적인 일이라고 치부해버린다.

법원의 무오류주의는 엘리트주의와 결합하면서 내부적으로 자신들이 오류가 없다는 자신감, 오만으로 발전한다. 최근 대법관 13명이 원세훈 판결에 대해 아무런 문제가 없다고 기자회견을 통해 밝힌 것은 바로 이런 엘리트주의, 무오류주의에 기반한 것이다. 법관들은 자신들에 대한 외부의 평가와 무관하게 무오류주의, 엘리트주의에 기초하여 자신들의 능력을 훨씬 과대평가하고 법원의 결정을 더 많이 신뢰한다. 이러한 현실은 바깥에서 보면 참으로 기이하다. 마치 그들만의 세상인 듯하다.

법원의 무오류주의는 아무런 근거가 없다. 법원은 오판을 범할 수 있는 평범한 판사들로 구성되어 있을 뿐 아니라 과거사 사건에서 확인할 수 있듯이 실제로 오판을 양산했고 적극적으로 사건을 조작하기까지 했다. 법관의 엘리트주의는 국민들의 지식수준, 교양수준이 높아짐에 따라 더욱 근거가 없어져버렸다. 원래 법원의 무오류주의, 엘리트주의가 근거가 없는 것이었지만 지금은 근거라고 주장할 만한 외관도 남아 있지 않다. 법원의 무오류주의, 엘리트주의는 잘 포장해서 박물관으로 보내야 한다.

법원 내부의 관대한 평가와 PR

법원 내부의 관대한 평가는 법원은 잘하고 있는데 외부의 이해가 부족하다는 인식으로 발전한다. 이 인식은 시민들이 와서 실제 법관들이 하는 것을 직접 보면 시민들이 사법을 신뢰할 것이라는 생각으로 발전한다. 이것도 법원의 공개의 일부이기 때문에 상당히 발전된 모습이다. 과거의 폐쇄적인 법원보다는 발전한 것이다. 공개는 제한적이라도 얼마든지 환영할 만한 일이다. 공개를 하면 어떤 형태로든 소통이 일어나기 마련이다.

그런데 이때의 공개와 참여는 결정권이 없는 구경에 그친다는 점을 주의해야 한다. 판사들의 업무환경은 공개되지만 판사들의 업무환경에 관한 충분한 정보와 결정권은 제공되지 않는다. 법원행정이나 사법정책도 같다. 만에 하나 결정권이 일부 주어지더라도 법원이 부여한 틀 내에서만 기능하도록 한다. 이렇게 되면 외형상 시민의 참여는 이루어지고 있는데 법원은 바뀌는 것이 없는 이상한 현상이 발생한다.

이때의 시민의 참여는 실제로는 참여가 아니라 구경일 뿐이다. 시민들은 법원행정의 정당성을 보장하는 장식물이 된다. 지금 우리가 사법부만이 아니라 검찰, 경찰, 기타 행정부의 각종 자문위원회에서 목격하는 현상이다. 공개가 아닌 구경인데, 이를 공개라고 하면서 시민과 가까워지고 있다고 하고 시민들의 신뢰가 높아진다고 자평한다. 하지만 실제로는 변한 것이 없다. 구경에 가까운 참여로는 아무것도 바뀌지 않는다. 왜냐하면 구경이란 결국 PR의 일부일 뿐이지 가치관의 변화는 아니기 때문이다.

어떤 조직이 불신을 받을 경우 취하는 전략은 발전단계에 따라 네 가지가 있다. 로버트 하틀리의 『윤리경영』의 네슬레 사례에 대한 분석은 이를 잘 보여준다(로버트 하틀리, 2006, 301~324쪽). 네슬레는 1970년대 후반 제3세계 국가에 안전하지 않은 이유식을 판매했다. "환하게 미소 짓고 있는 백인 아기 사진이 찍혀 있는 이유식 캔" 광고를 통해 모유 수유를 구시대적이며 불편한 방법이라고 묘사하면서 안전하지 않은 이유식을 판매했다. 네슬레의 문제는 오염된 이유식을 제3세계 국가에 판매했다는 것에서 시작되었으나 곧 네슬레 제품 전체로 퍼졌다.

이때 네슬레가 선택한 대응이 조직의 전형적인 대응이라고 할 수 있다. 첫째는 무시와 공격 단계이다. 네슬레가 아프리카에서 이유식 마케팅을 벌이는 것을 비판한 『유아살인자』, 『네슬레가 아기들을 죽이고 있다』라는 책을 낸 시민단체, 영국의 '빈곤과의 투쟁', 독일 '제3세계 워킹그룹'을 명예

훼손으로 고소했다. 이 재판은 2년 동안 지속되었다. 네슬레는 이 재판에서 이겼지만, 전 세계의 이목이 집중되는, 네슬레로서는 최악의 결과를 낳았다. 사법 불신에 대입해보면 대법원이 사법 불신을 공격하는 시민단체를 무시하거나 공격하는 단계이다. 아직까지 소송은 없지만 무시와 공격은 있다. 최근 대법관 13명이 일치하여 재판 개입 의혹을 부인하고 언론에 유감을 표명한 것은 여기에 해당한다.

둘째는 PR 단계이다. 네슬레는 반대세력이 순순히 물러서지 않고 불매운동이 계속 증가하자 이를 해결하기 위하여 세계 최고의 PR 회사를 고용한다. 그런데 PR만으로는 기업의 이미지는 개선되지 않았고 반대세력을 잠재우지도 못했다. 제품의 문제는 해결하지 않고 포장만 그럴싸하게 했기 때문이다. 당시 PR 전문가는 네슬레에게 일반 소비자들에게 좀더 공손한 자세를 취하고 회사의 활동에 대한 제3자의 승인을 받아야 한다고 충고했다. 사법 불신에 대입해보면 지금의 상황과 유사하다. 사법부의 문제는 없는데 시민들이 오해를 하니 PR로 이 문제를 해결하자. 재판을 받는 시민들에게 더 친절하게 대하자. 우리의 활동과 결정사항을 시민들에게 공개하고 시민들이 직접 보도록 하자. 이런 식의 방법이다. 하지만 이런 방식이 효과가 있을 리 없다. 네슬레든 사법부든 자신의 권한과 이익은 포기하지 않았고 반성도 없기 때문이다.

셋째는 인정 단계, 넷째는 공동작업 단계이다. 네슬레는 PR이 아무런 효과를 거두지 못하자 책임을 인정하고 신뢰회복을 위한 조치를 취한다. 우선 모유대용식품 마케팅에 대한 WHO 규정을 인정하고 자발적으로 따르기로 했다. 자신의 책임을 인정하는 단계이다. 그 다음 네슬레는 자신들이 WHO 규정을 충실히 이행하고 있다는 사실을 보증해줄 윤리단체를 구성하여 이 역할을 맡겼다. '이유식에 대한 감리교 태스크포스'라는 조직이었다. 외부와의 공동작업 단계로 넘어갔다. 마지막으로 네슬레는 의료전문가, 종교인, 시민단체 지도자, 국제정책전문가 등 10명으로 구성된 자문위원회 '네슬레 이유식 감사위원회'를 구성하고 네슬레의 WHO 규정 준수 내용을 공개적으로 모니터하고 네슬레의 마케팅 활동에 대해 제기된 불만 사항을 조사하도록 했다. 감사위원회의 위원장은 미국 국무장관을 지낸 에드먼드 머스키였다. 외부와 공동작업이지만 실제로는 외부의 주도권을 인정하는 단계였다. 이러한 활동의 결과 네슬레는 간신히 신뢰를 회복했다.

네슬레 사태 이후 네슬레 영양조정센터 소장인 라파엘 페이건 주니어는 "기업들은 소비자와 일반 시민들이 무슨 말을 하고 있는지 민감하게 대응하고 주의 깊게 귀를 기울여야 한다. 문제가 발생하면 기업들은 책임자와 대화를 나누기 위해 애써야 하며 함께 문제점들을 해결해나가야 한다"라고 말했다. 사법 불신에 대입해보면 책임 인정과 외부와의 공동작업, 외부의 주도권 인정이 되지만, 사법부로서는 미답의 경지이다.

사법부의 신뢰에 대한 외부의 시각과 내부의 시각은 서로 접근하기 어렵다. 사법부 불신을 바라보는 근본적인 차이가 있다. 역사적인 뿌리도 있고 제도적인 차이, 심리적인 차이도 있다. 두 입장이 하나로 모아지려면 사법 불신의 원인과 해결책에 대한 공감대가 우선 필요하다. 해결책도 중요하지만 지금까지의 해결책이 효과가 없었다는 점을 분명히 인식해야 한다. 본질은 더 깊은 곳에 있다.

더 필요한 것은 법원 내부의 상호신뢰

사법발전위원회는 사법 신뢰 회복을 주요 과제로 제시하고 있다. 사법 신뢰 회복을 전관예우 우려 근절 및 법관윤리와 책임성 강화를 통하여 하겠다는 의지를 보이고 있다. 그런데 지금 더 급한 문제는 법원 내부의 불신이다. 법관이 법원을 신뢰하지 못하고 법관이 다른 법관을 신뢰하고 있지 못한 상태인데 시민들에게 사법 신뢰를 구한다는 것은 있을 수 없는 일이다.

법원 내부의 불신은 뿌리가 깊다. 소장 법관들의 고위직 법관들에 대한 불신, 일반 판사의 법원행정처 행정판사에 대한 불신, 일반 법관의 대법관에 대한 불신, 대법관의 하급심 법관에 대한 불신 등이 심각한 상태이다. 이 결과 법관도 법원을 믿지 못하는 단계, 법관도 대법원장을 포함한 대법관들의 결정을 불신하는 상태가 되었다. 법관이 법원을 믿지 못하는 참담한 상태에서는 사법부에 대한 국민의 신뢰를 구할 수 없다. 국민도 법원을 믿고 싶어도 믿을 수 없다.

법원 내부의 불신 사태는 다양하게 발현되어왔다. 최근의 경험은 판사 블랙리스트와 재판거래 사건에 대한 법원의 처리 방향을 둘러싼 불신 사태이다. 명백한 불법행위, 범죄행위임에도 불구하고 대법원장은 처리를 미루었고, 대법관들은 재판거래 행위가 없다고 강변했다. 이 과정에서 소장 법관들은 법관대표회의를 통하여 의견을 모았고 부장판사 이상의 고위직 법관들은 따로 의견을 모았다. 이들의 의견은 하나로 모아지지 않았고 해결 방식은 표류했다. 서로상대방의 해결 방식이 부적절하다고 주장했다. 이 과정에서 서로에게 불신이 쌓였다. 대법원장이 책임지고 사태를 해결하지 않는 가운데 소장 법관들과 고위직 법관, 대법관과 하급심 법관 사이에 불신은 깊어졌다.

또 다른 법원 내부 불신 사태는 신영철 대법관 제청 사태를 두고 벌어진 갈등이었다. 당시 단독판사들은 신영철의 결단, 즉 신영철 대법관의 사퇴를 요구했다. 이용훈 전 대법원장을 비롯한 법원 상층부는 아무런 대응을 하지 않았고, 신영철 대법관 사태는 그냥 무마되었다. 신영철 대법관은 임기를 탈 없이 마쳤다. 피해를 본 판사는 있는데 아무런 해결책도 나오지 않았다. 법원 상층부의 무능력과 책임 회피로 평판사들의 불신이 깊어졌다.

역사적으로는 제1차 사법파동과 제2차 사법파동도 불신의 계기로 작용했다. 제1차 사법파동 당시 소장 판사들은 정치권력의 사법부 개입에 사직서를 제출하면서 저항했다. 하지만 당시 대법원장 등 사법부의 지도부는 아무런 역할을 하지 못했다. 소장 판사들의 사법부 독립의 외침을 도와주기는커녕 오히려 개혁적인 소장 판사들을 재임용에서 탈락시켜버렸다. 소장 판사들이 판사직을 걸고 요구한 사법부 독립은 대법원장 등 사법부의 지도부와 구성원들에 의하여 무시되었다. 제2차 사법파동도 사정이 같다. 6월항쟁 이후 민주화의 바람을 타고 소장 판사들은 사법부의 민주화를 요구했지만 모두 노회한 사법부의 지도부에 의하여 묵살되었다. 민주적인 판사들의 사법부 지도부에 대한 불신이 쌓여왔다.

다른 한편, 대법원장, 대법관 등 사법부 지도부는 개혁적인 판사들을 불온시했다. 판사 블랙리스트의 뿌리는 개혁 성향의 민주적인 동료 판사들을 잠재적인 범죄자 취급해온 법원 지도부의 시각 때문이다. 서로가 서로를 불신하는 상태, 조그마한 개혁 요구도 감시하고 특정 학회 가입 경력이 사찰의 배경이 되는 체제에서 상호신뢰는 있을 수 없다.

이런 불신은 판결에서도 그대로 나타난다. 대법관들은 하급심 판사들이 기존의 판례에 맞추어 판결을 쓰지 않고 독단적으로 판결을 내리고 있다고 비난하면서 선배들을 편하게 하는 판결을 쓸 것을 요구한다. 하급심 판사들은 법리적 이유가 아닌 다른 이유로, 혹은 이미 지나간 과거 독재시대의 이론으로 자신들의 판결을 뒤집는 대법관들을 이해할 수 없다. 판례는 시대가 바뀌면 바뀌어야 하는데 여전히 유신시대의 판결을 양산하는 대법관 등의 고위직 법관이 자신의 판결을 바꾸는 상태를 이해할 수 없다. 판결을 두고 불신이 쌓이는 것이다.

법관이 동료 법관을 믿지 못하고 법원 전체도 신뢰하지 못하는 상태, 법원이 과연 국민의 자유와 권리를 지키기 위하여 일관된 길을 걸어가고 있는가에 대해 법원 구성원들이 모두 불신하고 있는 상태, 이것이 현재 법원의 상태이다. 법원이 인권의 최후의 보루로서의 역할을 충실히 하기 위해서는 법원 내부에 서로가 서로를 신뢰하는 사회적 자본이 필요하다. 그래야만 부족한 부분을 서로 채워가면서 법원 본래의 역할을 제대로 할 수 있다.

법원 내부의 불신은 문제가 터졌을 때 적시에 해결하지 못한 사법부 지도부의 책임이다. 법원 내부의 불신을 해소하기 위해서는 문제를 정확하고 단호하고 냉정하고 신속하게 해결하는 대법원장 등 법원 지도부의 결단이 필요하다. 법관이 법원을 믿지 못하고 법관이 동료 법관을 믿지 않는 이런 상태에서는 아무리 사법부가 제도개혁을 하고 전관예우를 없애도 국민의 신뢰를 받을 수 없다. 사법 신뢰 회복은 법원 내부의 상호신뢰 회복으로부터 시작해야 한다.

글을 마치며

역사는 김명수 법원을 어떻게 기록할 것인가

김명수 대법원장 체제는 거대한 개혁의 흐름 속에 탄생했다. 역사상 가장 큰 개혁의 흐름을 타고 있다. 김명수 대법원장 체제는 문재인 정부와 함께 출발했다. 문재인 정부를 출범시킨 것은 촛불혁명이다. 문재인 정부는 촛불혁명의 영향으로부터 자유로울 수도 없고 자유로워서도 안 된다. 촛불혁명의 영향은 10년, 20년을 넘어 계속 영향을 미칠 것이다. 4·19 혁명, 5·18 광주민주화운동, 6월 민주항쟁이 우리에게 끊임없이 민주화의 희망을 주었듯이 촛불혁명도 그런 영향을 미칠 것이다. 문재인 정부만이 구속되는 것이 아니라 향후의 정부도 이 영향에서 자유로울 수 없다. 보수세력이 다시 등장하더라도 영향에서 자유롭지 못하다. 광주를 무력진압한 전두환, 노태우 정권이 광주에서 자유롭지 못했듯이 앞으로 어떤 정권도 촛불혁명으로부터 자유롭지 못할 것이다. 현재 및 미래의 모든 정부는 촛불혁명으로 나타난 국민의 열망을 제도화하고 정착하는 일을 최우선의 과제로 해야 한다.

김명수 대법원장도 문재인 대통령과 같은 운명을 안고 있다. 촛불혁명이 없었다면, 문재인 대통령이 당선되지 않았다면, 김명수 대법원장도 없었을 것이다. 그만큼 사법부 내에서 촛불혁명의 과제를 이루어야 할 사명을 안고 있다. 촛불혁명의 요구는 김명수 대법원장 체제를 넘어 미래의 사법부를 계속 규정할 것이다. 사법부 내부에만 관심을 갖지 말고 촛불혁명으로 나타난 시민들의 거대한 요구를 이해하는 것이 무엇보다 중요하다.

김명수 대법원장 체제가 촛불혁명의 요구를 수행하기 위해서는 무엇보다도 먼저 자신의 위치를 자각할 필요가 있다. 모든 일은 자신이 어떤 처지에 있는가, 내가 과연 무엇을 해야 하는가 하는 자각에서 시작된다. 김명수 대법원장 체제가 자각해야 하는 첫 번째는 현재 사법부가 사법개혁, 국가개혁이라는 거대한 흐름에 서 있다는 것이다. 촛불혁명의 대의를 정확하게 인식하고 이를 사법 영역에서 실현하는 것이다. 촛불혁명이 없었다면, 그래서 박근혜 전 대통령이 탄핵당하지 않았다면, 김명수 대법원장은 대법원장이 되지 못했을 것이다. 그는 그냥 상식적이고 정의감이 있는 평범한 법원장으로 정년까지 법관직을 훌륭하게 수행하고 퇴직했을 지도 모른다. 촛불혁명이 그의 인생을 바꾸어놓았다. 촛불혁명이 그를 대법원장으로서 사법개혁을 추진할 인물로 선택했다. 이제 김명수 대법원장이 촛불혁명을 일으킨 시민들에게 답변을 해야 할 때이다.

김명수 대법원장 체제가 자각해야 하는 두 번째는 구체적인 사법개혁의 내용이다. 사법개혁 과제를 구체적으로 정하는 것은 김명수 대법원장 체제의 성공 여부를 넘어서서 촛불혁명 이후 사법부의 위상을 정하는 데에 결정적인 역할을 한다. 의지도 필요하지만, 의지만으로는 아무 것도 할 수 없다. 정확한 현실 인식과 이를 해결하기 위한 과학적인 해법 제시가 필요하다. 사법개혁을 개인적인 경험과 느낌만으로 시도해서는 안 된다. 구태의연한 방법으로는 사법개혁을 할 수 없다. 사법개혁 과제에 대한 학습과 연구, 토론과 소통이 필요하다. 법원의 틀을 뛰어넘는 사법개혁 과제가 무엇인지는 촛불혁명과 사법개혁의 역사가 잘 보여주고 있다. 촛불혁명과 사법개혁 역사에 대한 학습이 필요하다.

모든 평가는 결과에 대한 평가이다. 김명수 대법원장 체제가 남길 결과는 개혁 과제의 달성 여부와 좋은 판결 여부이다. 개혁의 시대, 변화의 시대, 국민주권의 시대에 개혁의 요구가 집중되는 사법부로서는 이 두 가지의 결과물로 평가를 받지 않을 수 없다.

개혁 과제로는 사법부 자체의 5대 개혁 과제와 제도개혁 4대 과제가 있다. 사법개혁 5대 과제는 ① 국민참여재판 확대, ② 과거사 정리, ③ 대법원 구성의 다양화, ④ 법원행정 개혁, ⑤ 사법의 지방분권이다. 제도개혁 4대 과제는 ① 공정성 강화, ② 법치주의 제고, ③ 국민주권주의 확대, ④ 군 사법제도 개혁이다. 5+4의 사법개혁 과제가 제대로 이루어지면 국민에 의한 국민을 위한 사법부, 국민과 함께하는 사법부 체제가 될 것이다.

한편 개혁 과제 달성만으로 저절로 사법개혁이 완성되지는 않는다. 제도개혁을 통해 좋은 재판이 되고 좋은 판결이 나올 가능성은 훨씬 높아지지만, 자동적으로 좋은 재판, 좋은 판결이 내려지는 것은 아니다. 제도 개혁 결과는 좋은 재판, 좋은 판결로 모아져야 한다. 좋은 판결을 만들기 위해서는 제도개혁, 시대정신에 대한 이해, 재판을 하는 법관의 변화가 필요하다. 여기에 더해 민주주의와 인권의 발전, 정치의 선진화, 안정적인 경제발전, 재벌개혁 등 사회 다른 분야의 개혁, 신뢰 등 사회자본의 성숙, 사회적 가치의 확대, 불평등의 완화와 공정성 강화 등과 같은 시대의 변화도 함께 해야 한다. 사법부는 이 모든 것으로부터 영향을 받지만 또한 이 모든 것에 영향을 미칠 수 있다.

김명수 대법원장의 임기는 5년 남았다. 사법개혁이 필요한 시점에 김명수 대법원장은 취임했다. 최근 문제가 되고 있는 판사 블랙리스트와 재판거래 사태, 법원행정권 남용 사태 직후의 취임이라 사법개혁의 필요성은 어느 때보다 높다. 그러나 실제 사법개혁은 진행된 것이 없다. 판사 블랙리스트 사태로 시작된 사법개혁 요구는 법원행정처의 개선으로 축소되고 있다. 검찰 수사의 대상이 되면서 사법개혁의 동력으로도 작용하지 못하고 있다. 사법발전위원회도 늦게 구성되었고 사법개혁 과제도 정확히 수립되지 못했다. 과거 사법개혁의 역사를 이어가면서 큰 규모의 사법개혁을 추진하는 것이 아니라 사법부 내부의 개혁 과제에 집중하고 있다. 국가적 차원의 사법개혁 과제도 없고 사법개혁을 추진할 기구도 사법부 내에는 보이지 않는다.

국가 법무행정을 담당하는 행정부도 사정을 비슷하다. 사법부 독립 원리는 재판의 독립을 의미할 뿐 사법 행정의 전면적인 고립, 사법부의 독립공화국 설립을 의미하지는 않는다. 사법개혁에 관한 독립, 사법개혁에 대한 사법부의 전권 부여는 더욱 아니다. 그럼에도 불구하고 법무부를 비롯한 행정부는 사법개혁에 대한 계획을 가지고 있지 않다. 전 행정부를 대표하는 대통령 비서실도 종합계획이 없어 보인다.

사법개혁이 김명수라는 개혁적 대법원장 한 명을 임명한다고 해서 자동적으로 달성될 수 없고 사법개혁은 법원 내 개혁적인 리더십만으로도 이루어질 수 없다. 참여정부 당시 청와대로 대표되는 거의 모든 행정부와 사법부의 힘이 합해졌을 때 처음으로 사법개혁 과제가 제대로 확정되었고 성과를 냈다. 법학전문대학원 제도 도입, 법조일원화, 공판중심주의 등 형사사법 개혁 등이 그 성과이다.

사법개혁 역사는 행정부만으로도, 사법부만으로도 사법개혁은 이루어지지 않는다는 것을 보여준다. 사법개혁을 위해서는 대통령 비서실로 대표되는 전 행정부의 힘과 사법부의 힘이 함께해야 한다. 개혁의 주체와 동력을 혼동하여 사법부에 사법개혁을 맡기는 것, 그것도 대법원장 1명에게 모든 것을 맡기는 것은 사법개혁을 하지 않겠다는 것과 다름없다.

사법개혁을 하기 위해 가장 먼저 해야 할 일은 사법개혁의 주체를 설정하는 것이다. 사법개혁의 주체들이 먼저 설정되어야 이들이 제대로 고민할 수 있다. 그다음 필요한 것은 리더십이다. 사법개혁 주체들이 현재 사법부의 문제를 정확히 인식해야 사법개혁에 대한 리더십이 나온다. 리더십이 제대로 서면 사법개혁 과제도 정확히 설정되고 사법개혁 추진단위나 추진기구도 정확히 설정된다. 리더십이 제대로 서면 사법개혁의 요강도, 로드맵도 만들 수 있다. 리더십이 제대로 서면 사법개혁에 대한 국민의 요구, 의견도 모을 수 있다. 리더십이 제대로 서면 개혁의 대상인 법관들의 윤리를 제고할 수 있고 교육도 할 수 있고 법관들을 설득하여 개혁에 반대하지 않고 개혁에 따라오도록 할 수 있다. 리더십이 제대로 서면 의회나 행정부를 설득하여 제도개혁을 성공시킬 수 있고 제도개혁을 바탕으로 시대정신을 반영하는 좋은 판결도 만들 수 있다.

지금 필요한 것은 사법개혁에 대한 문제의식과 의지, 창의성이 충만한 리더십이다. 리더십으로 무장한 사법개혁 주체가 필요하다. 청와대와 사법부로 대표되는 사법개혁의 주체들은 자신들의 위치를 자각해야 한다. 리더십을 수립하여 국가적 과제이자 촛불혁명의 명령인 사법개혁을 완수해야 한다. 새로운 대법원장의 취임 이후 제법 시간이 흘렀지만, 지금이라도 사법개혁을 시도하고 또 성과를 내야 한다.

참고문헌

『경향신문』, 2005, 「배기원 대법관 퇴임 "진보, 보수보다 옳고 그름 우선"」, 2005. 11. 30.

『경향신문』, 2011, 「'맷값 폭행' 최철원 "2000만원은 맷값＋합의금"」, 2011. 1. 13.

『경향신문』, 2015, 「민일영 전 대법관, '법관 독립성 침해 발언'」, 2015. 12. 29.

『경향신문』, 2018, 「판사 블랙리스트 사태로 본 법원행정처의 민낯」, 2018. 1. 28.

국방부, 2018, 「군 사법개혁, 국민의 신뢰 회복을 위한 첫걸음」(보도자료), 2018. 2. 12.

권석천, 2017, 『대법원 이의 있습니다』, 창비

김인회, 2005, 「법조일원화 도입 방안 보고서」, 『사법개혁위원회 자료집 Ⅴ』, 사법개혁위원회, 362~425쪽

김인회, 2016, 『시민의 광장으로 내려온 법정―시민을 위한 배심재판 입문』, 나남

김인회, 2018, 『형사소송법』, PNC미디어

대한변호사협회, 2017, 「'법무담당관제도 활성화를 위한 토론회' 개최 보도자료」, 2017. 7. 4.

로버트 하틀리, 2006, 『윤리경영』, e매니지먼트(주) 옮김, 21세기북스

마키아벨리, 2017, 『군주론: 시민을 위한 정치를 말하다』, 이남석 역, 평사리(e-book)

배수찬, 2017, 『배수찬의 서양고전 읽기 1~3』, 지식을만드는지식(e-book)

법원행정처, 2017, 『사법연감』

사법개혁위원회, 2005, 『사법개혁위원회 자료집 Ⅳ』

사법제도개혁추진위원회, 2006, 『사법 선진화를 위한 개혁, 사법제도개혁추진위원회 백서(상)』

신동운, 2014, 『신형사소송법(제5판)』, 법문사.

신의기, 2017, 「법원 개혁 방안의 쟁점」, 『사법개혁에 관한 현안 정책과제 발굴 및 쟁점 연구』, 한국형사정책연구원, 133~176쪽

신의기·이유나·이민호·원소연·임성근, 2018, 『한국의 형사사법체계 및 관리에 관한 연구 Ⅱ : 조직구조, 충원 그리고 기관 신뢰도를 중심으로』, 한국형사정책연구원

아르투어 카우프만, 2007, 『법철학』, 김영환 옮김, 나남

앙드레 콩트-스퐁빌, 2010, 『자본주의는 윤리적인가?』 이현웅 옮김, 생각의나무

야스토미 아유무, 2018, 『단단한 삶―나답게 자립하고 성장하는 사람이 되기 위하여』, 박동섭 옮김, 유유(e-book)

임보미, 2017, 「시민참여형 형사재판의 항소심에 관한 비교법적 연구」, 『비교형사법연구』 제19권

제3호, 한국비교형사법학회, 149~184쪽

장수영·이덕환, 2015, 『국민의 사법절차에 대한 이해도 및 재판에 대한 인식 조사 결과의 분석』, 사법정책연구원

장영수, 2017, 「사법개혁, 사법민주화와 사법부 독립의 사이에서」, 『유럽헌법연구』 24호, 유럽헌법학회, 263~289쪽

전수안, 2005, 「정의가 강물처럼 흐르는 사회를 꿈꾸며」, 『사법감시』 제26호, 참여연대

정태욱, 2009, 「법치주의와 사법부의 독립—민주주의 후퇴 시절의 법철학적 단상」, 『인하대학교 법학연구』 제12집 3호, 37~64쪽

정해구·이한주·김용기·조영철·박찬희·정영태·김은경·정동일, 2017, 「더불어 잘사는 사람 중심 경제」, 대통령 직속 정책기획위원회 출범기념 토론회 발표자료, 2017. 12. 15.

『중앙일보』, 2005, 「[전문] 유지담 대법관 퇴임사」, 2005. 10. 10.

진순신, 1995, 『중국의 역사 1』, 한길사

최창남, 2012, 『울릉도 1974—긴급조치 시대가 만들어낸 울릉도 간첩단 사건 이야기』, 뿌리와이파리

파울로 프레이리, 2010, 『페다고지』, 남경태 옮김, 그린비

『한국경제』, 2016, 「국회에 의원 돕는 변호사가 30명」, 2016. 9. 17.

한국행정연구원, 2017, 『사회통합 실태 조사』

한승헌, 2018, 『법치주의여, 어디로 가시나이까』, 삼인

김인회의 사법개혁을 생각한다

2018년 9월 25일 초판 1쇄 찍음
2019년 1월 29일 초판 2쇄 펴냄

지은이 김인회

펴낸이 정종주
편집주간 박윤선
편집 두동원 강민우
마케팅 김창덕

펴낸곳 도서출판 뿌리와이파리
등록번호 제10-2201호(2001년 8월 21일)
주소 서울시 마포구 월드컵로 128-4 2층
전화 02) 324-2142~3
전송 02) 324-2150
전자우편 puripari@hanmail.net

디자인 가필드

종이 화인페이퍼
인쇄 및 제본 영신사
라미네이팅 금성산업

값 16,000원
ISBN 978-89-6462-103-5 (03360)

이 도서의 국립중앙도서관 출판예정도서목록(CIP)은 서지정보유통지원시스템 홈페이지(http://seoji.
nl.go.kr)와 국가자료공동목록시스템(http://www.nl.go.kr/kolisnet)에서 이용하실 수 있습니다.(CIP
제어번호: CIP2018030753)